Die gespiegelte Schweiz

DANZIGER
BEITRÄGE ZUR
GERMANISTIK

Herausgegeben von Andrzej Kątny, Katarzyna Lukas
und Czesława Schatte

Band 54

Ewa Mazurkiewicz

Die gespiegelte Schweiz

Erzählte Zeitgeschichte in ausgewählten Romanen
von Jakob Bosshart, Meinrad Inglin,
Kurt Guggenheim und Charles Lewinsky

Bibliografische Information der Deutschen Nationalbibliothek
Die Deutsche Nationalbibliothek verzeichnet diese Publikation
in der Deutschen Nationalbibliografie; detaillierte bibliografische
Daten sind im Internet über http://dnb.d-nb.de abrufbar.

Umschlagabbildung: Panorama von Danzig
mit dem Motto der Universität Gdańsk.
Abdruck mit freundlicher Genehmigung
der Universität Gdańsk.

Gedruckt mit Unterstützung der Uniwersytet Śląski.

Gutachterin: Dorota Sośnicka

Gedruckt auf alterungsbeständigem, säurefreiem Papier.
Druck und Bindung: CPI books GmbH, Leck

ISSN 1617-8440
ISBN 978-3-631-72757-7 (Print)
E-ISBN 978-3-631-72758-4 (E-PDF)
E-ISBN 978-3-631-72759-1 (EPUB)
E-ISBN 978-3-631-72760-7 (MOBI)
DOI 10.3726/b11400

© Peter Lang GmbH
Internationaler Verlag der Wissenschaften
Frankfurt am Main 2017
Alle Rechte vorbehalten.
Peter Lang Edition ist ein Imprint der Peter Lang GmbH.
Peter Lang – Frankfurt am Main · Bern · Bruxelles · New York ·
Oxford · Warszawa · Wien

Das Werk einschließlich aller seiner Teile ist urheberrechtlich
geschützt. Jede Verwertung außerhalb der engen Grenzen des
Urheberrechtsgesetzes ist ohne Zustimmung des Verlages
unzulässig und strafbar. Das gilt insbesondere für
Vervielfältigungen, Übersetzungen, Mikroverfilmungen und die
Einspeicherung und Verarbeitung in elektronischen Systemen.

Diese Publikation wurde begutachtet.

www.peterlang.com

Dank

Mein herzlicher Dank gilt Herrn Professor Zygmunt Mielczarek, der mich einst zur Forschung über Deutschschweizer Literatur inspiriert hatte und bei der Arbeit an diesem Buch jederzeit mit Rat und Ansporn unterstützte. Bei den Herausgebern der „Danziger Beiträge" bedanke ich mich für die Aufnahme meiner Arbeit in diese Reihe. Meinem Mann Mirek danke ich für die Hilfe und geduldige, verständnisvolle Unterstützung. Ihm und unseren Kindern ist das Buch gewidmet.

Inhalt

Einführung 9

1. Erzählte Zeitgeschichte. Zum Umgang der
   Deutschschweizer Schriftsteller mit
   Vergangenheit und Gegenwart 15

2. Epochenruf eines Einsamen. Jakob Bosshart:
   Ein Rufer in der Wüste 51

   2.1. *Ein Rufer in der Wüste* – zwischen Pessimismus und Idealismus.........59

   2.2. Auf Irrwegen zu einem neuen Menschen 63

3. Die Schweiz im Blick. *Schweizerspiegel* von
   Meinrad Inglin 83

   3.1. Die Hausallegorie – Die Schweiz im Kleinen und im Großen 92

   3.2. Das Schweiz-Konzept: Einheit, Neutralität und Humanität 100

4. Ein Zürcher Panorama in *Alles in Allem* von
   Kurt Guggenheim 121

   4.1. Modernität und Antimodernität bei Kurt Guggenheim 122

   4.2. *Alles in Allem* – Das Zürcher Leben als Schweizer Leben 134

5. Integration, Assimilation, Antisemitismus.
   Das jüdische Panorama der Schweiz im
   Roman *Melnitz* von Charles Lewinsky 163

   5.1. Der ‚jüdische Schweizerspiegel' 166

   5.2. Die ‚schweizerischen Spielarten' des Nationalismus 179

6. Schlusswort 197

7. Bibliografie 201

8. Personenregister 215

Einführung

Obwohl sich die neueste Deutschschweizer Literatur von der Last des nationalen Diskurses, von dem Schweiz-Topos schlechthin befreit zu haben glaubt und deren narratives Interesse längst von schwerwiegenden soziopolitischen Fragen ins Private und Intime verlagert worden ist, scheint die Konjunktur der germanistischen Forschung zu Problemen der Schweizer Identität, zu literarischen Konstruktionen der helvetischen Vergangenheit kaum nachgelassen zu haben.[1] Nach wie vor gilt der Aspekt der nationalen Identitätsbildung sowie die Auseinandersetzung der Schweizer Schriftsteller mit ihrem Heimatland sowohl in der Schweiz als auch in der Auslandsgermanistik als ein gern aufgegriffener Forschungsbereich. Dabei fällt jedoch ins Auge, dass die Germanistik der letzten Jahrzehnte weit mehr an der Untersuchung des Schweiz-Diskurses der Frisch- und Dürrenmatt-Generation sowie der sich in den 1960er Jahren zu Wort meldenden Schriftsteller wie Peter Bichsel, Adolf Muschg, Paul Nizon, Hugo Loetscher und Otto F. Walter interessiert ist als an den „nationale[n] Existenzfrage[n]"[2] der Ende des 19. Jahrhunderts geborenen Autoren, auch etwa jener, deren Schweiz-Bilder in die vorliegende Studie eingegangen sind: Jakob Bosshart, Kurt Guggenheim und Meinrad Inglin.

Die Ursache für die heute fast völlig ausbleibende literaturwissenschaftliche Einbeziehung dieser Autoren in den Schweiz-Diskurs des 20. Jahrhunderts mag in den Umständen begründet liegen, dass jene Schriftsteller nach 1945 zusammen

---

1 Vgl. etwa Barbara Burns, Malcolm Pender (Hg.): *Konstruktionen der Vergangenheit in der Deutschschweizer Literatur*. Würzburg: Königshausen & Neumann 2015; Jürgen Barkhoff, Valerie Heffernan (Hg.): *Schweiz schreiben. Zu Konstruktion und Dekonstruktion des Mythos Schweiz in der Gegenwartsliteratur*. Berlin, New York: Walter de Gruyter 2010; Fabienne Liptay, Susanne Marschall, Andreas Solbach (Hg.): *Heimat. Suchbild und Suchbewegung*. Remscheid: Gardez! Verlag 2005; Corina Caduff, Reto Sorg (Hg.): *Nationale Literaturen heute – ein Phantom? Die Imagination und Tradition des Schweizerischen als Problem*. München: Wilhelm Fink 2004; Charlotte Challie: *Heimdurchsuchungen. Deutschschweizer Literatur, Geschichtspolitik und Erinnerungskultur seit 1965*. University of British Columbia 2004; Klara Obermüller (Hg.): *Wir sind eigenartig ohne Zweifel. Die kritischen Texte von Schweizer Schriftstellern über ihr Land*. München, Wien: Nagel u. Kimche 2003.

2 Beatrice von Matt: *Die schweizerische Nation als poetisches Projekt: Keller bis Hürlimann*. In: Gisela Holfter, Marjeke Krajenbrink, Edward Moxon-Browne (Hg.): *Beziehungen und Identitäten: Österreich, Irland und die Schweiz*. Bern: Peter Lang 2004, S. 57–73, hier S. 57.

mit den Befürwortern der geistigen Landesverteidigung pauschal als Vertreter antimoderner Heimatkunst einer kritischen Revision unterzogen und ins Vergessen gedrängt wurden. Dabei liefern jene Dichter als aufmerksame Beobachter und Zeitzeugen detailreiche epische Panoramen, von denen sich die Schweizer Geschichte der ersten Hälfte des 20. Jahrhunderts nahezu chronikartig ablesen lässt. Denn mit ihrem ästhetisch-sensiblen Blick auf das Tagesgeschehen enthüllen die Schriftsteller oft mehr Konturen und Zusammenhänge als dies dem sachlich vorgehenden Historiker gelingt, wie Hans Ulrich Jost „das komplexe Zusammenspiel zwischen Literatur und Historiografie"[3] auf den Punkt bringt:

> Die Schriftsteller als historische Avantgarde, als Sensoren gesellschaftlicher Umschwünge oder als Historiker mit einer eigenen Sichtweise erweitern ohne Zweifel das Potenzial und die Reichweite der historischen Forschung. Zwar sind die Konvergenzen und Divergenzen zwischen Zeitgeschehen und Literatur, die dem Historiker wichtige Hinweise geben können, unbeständig und launenhaft. Doch das zwischen Fiktion und Alltagserfahrung aufgebaute literarische Werk kann den Historiker so an den Rand des Geschehens führen, dass er dessen Mitte besser erkennt.[4]

Das Interesse der Schriftsteller an Erörterung zeitgeschichtlicher und nationaler Fragen sei in der Schweiz immer viel größer gewesen als in anderen Ländern.[5]

---

3   Hans-Ulrich Jost: *Aufklärung von den Rändern her. Über das komplexe Zusammenspiel zwischen Literatur und Historiografie*. In: Neue Zürcher Zeitung, 22.01.2011. Zu den umfangreichen Studien über die Zusammenhänge von Literatur und Geschichte vgl. etwa Daniel Fulda, Sivia Serena Tschopp (Hg.): *Literatur und Geschichte. Ein Kompendium zu ihrem Verhältnis von der Aufklärung bis zur Gegenwart*. Berlin: Walter de Gruyter 2002; Hans Vilmar Geppert: *Der historische Roman. Geschichte umerzählt – von Walter Scott bis zur Gegenwart*. Tübingen: Francke 2009; Paul Michael Lützeler: *Klio oder Kalliope? Literatur und Geschichte: Sondierung, Analyse, Interpretation*. Berlin: Erich Schmidt 1997; Paul Michael Lützeler, Matias Martinez, Regina Hartmann (Hg.): *Einheit in der Vielfalt? Der Europadiskurs der SchriftstellerInnen seit der Klassik; Vielheit und Einheit des Erzählens? Möglichkeiten einer historischen Narratologie; Globalisierung – eine kulturelle Herausforderung für die Literaturwissenschaft? Germanistische Abgrenzungen*. Frankfurt a.M.: Peter Lang 2012; Erhard Schütz, Wolfgang Hartwig (Hg.): *Keiner kommt davon. Zeitgeschichte in der Literatur nach 1945*. Göttingen: Vandenhoeck & Ruprecht 2008; Geoffrey H. Hartman, Aleida Assmann (Hg.): *Die Zukunft der Erinnerung und der Holocaust*. Konstanz: Konstanz University Press 2012; Hartmut Eggert, Ulrich Profitlich, Klaus R. Scherpe (Hg.): *Geschichte als Literatur. Formen und Grenzen der Repäsentation von Vergangenheit*. Stuttgart: Metzler 1990; Stephanie Catani: *Geschichte im Text. Geschichtsbegriff und Historisierungsverfahren in der deutschsprachigen Literatur der Gegenwart*. Tübingen: Narr Francke Attempto 2016.
4   Hans-Ulrich Jost, ebd.
5   Vgl. Beatrice von Matt, Anm. 2.

Die als eine der bedeutendsten politischen Zäsuren in der helvetischen Geschichte geltende Gründung des Bundesstaates von 1848 erwies sich auch für die Deutschschweizer Literatur als Wendepunkt und Impuls für deren ästhetische Neuorientierung. Vom zunehmenden nationalen Selbstbewusstsein geprägt und durch die sich immer mehr etablierende kulturelle Eigenständigkeit der Eidgenossenschaft ermuntert, begriffen viele Deutschschweizer Dichter jener Zeit ihre „Nation als poetisches Projekt"[6] und sahen sich dazu verpflichtet, ihrem Erzählen ein auf Totalität fokussiertes Format und ihren Figuren und Geschichten die Repräsentativität der Landesgeschichte zu verleihen. Den so verfahrenden Autoren des 19. und 20. Jahrhunderts wurde demnach ein Panorama-Bild der Schweiz, ein narrativ gestaltetes Ganzes zum Hauptanliegen ihrer so konzipierten „Landesinszenierung"[7].

Die vorliegende Arbeit setzt sich zum Ziel, anhand von vier Schweizer Romanen: *Ein Rufer in der Wüste* (1921) von Jakob Bosshart, *Schweizerspiegel* (1938) von Meinrad Inglin, *Alles in Allem* (1952–1955) von Kurt Guggenheim und *Melnitz* (2006) von Charles Lewinsky die aus diversen Perspektiven gespiegelte, zwischen 1871 und 1945 situierte Schweizer Geschichte zu verfolgen. Die Wahl der einzelnen Werke liegt in vier Thesen begründet: Erstens vermitteln die Romane ein komplementäres, großangelegtes, als Zeitgemälde gedachtes Panorama-Bild der Schweiz. Zweitens werden alle vier Romane in der kritischen Rezeption in einen gemeinsamen literarästhetischen Kontext gebracht und jeweils aufeinander bezogen: Jakob Bossharts *Ein Rufer in der Wüste* gilt nämlich als Vorläufer des *Schweizerspiegels*[8], Kurt Guggenheims *Alles in allem* dagegen als dessen Fortsetzung und literarisches Erbe; Charles Lewinskys *Melnitz* erscheint in der literaturwissenschaftlichen Kritik einerseits als „jüdischer Schweizer Spiegel"[9] oder „schweizerischer Judenspiegel"[10], andererseits wird der Roman, aufgrund der Problematisierung jüdischer Integration und Assimilation, mit *Alles in Allem* in engen Zusammenhang gebracht.[11] In allen vier Texten erkennt man darüber hinaus, und dies erfüllt die dritte These, die erzählerische Tradition Gottfried

---

6 Ebd.
7 Ebd.
8 Vgl. Beatrice von Matt: *Meinrad Inglin. Eine Biographie*. Zürich: Atlantis 1976, S. 177 f.
9 Andreas Isenschmid: *Jüdischer Schweizer Spiegel*. In: Neue Zürcher Zeitung am Sonntag, 29.01.2006.
10 Giorgio Girardet: *Der Melnitz-Komplex. Jüdischer Schweizerspiegel oder Schweizer Judenspiegel?* In: Basler Zeitung, 11.03.2006.
11 Vgl. Dominik Müller: *Jüdisches Leben in der Schweiz. Kurt Guggenheims „Alles in Allem" und Charles Lewinskys „Melnitz"*. In: Dariusz Komorowski (Hg.): *Jenseits von*

Kellers und eine deutlich auffindbare Affinität zu dessen Werk *Martin Salander*.[12] Viertens: Die Etikettierung der hier zusammengestellten Romane als ‚Schweizerspiegel' funktioniert neben dem vielerorts klar formulierten literarästhetischen Bezug auf Meinrad Inglins Opus Magnum auch außerhalb des Inglin-Kontextes, und zwar im Sinne einer Kategorisierung von romanhaften Darstellungen, deren Hauptanliegen in Typisierung, Repräsentatitvität und synoptischer Weitansicht der Schweiz situiert ist.

Nahezu zwei Dekaden vor dem Erscheinen des epochalen Romans Inglins betrachteten etwa Otto von Greyerz und Eduard Korrodi Bossharts *Ein Rufer in der Wüste* als einen ‚Schweizerspiegel'.[13] Auch die oben erwähnte Attribuierung von *Melnitz* als „jüdischer Schweizerspiegel" oder „schweizerischer Judenspiegel"[14] scheint auf beide Klassifizierungsmöglichkeiten zuzutreffen – auf die Nähe zu dem 1938 verfassten Werk des Schwyzer Dichters sowie auf die der Spiegelung des schweizerischen Ganzen verpflichtete Art der literarischen Schilderung.

Die genannten Romane von Bosshart, Inglin, Guggenheim und Lewinsky sind darüber hinaus auf einen gemeinsamen topographischen Nenner zu bringen: In ihnen allen spiegelt sich nämlich mit diverser Intensität die Stadt Zürich wider. Während sie bei Bosshart an keiner Stelle beim Namen genannt wird, dennoch dank der plastischen Ausmalungen der Zürichseelandschaft, der Straßen und Brücken deutlich erkennbar ist, stellt die Limmatstadt für Inglin und Lewinsky den klar umrissenen Hintergrund dar, um in *Alles in Allem* eine zentrale kompositorische Funktion zu übernehmen. Zürich als Hauptfigur, als Inkarnation der Mutter Helvetia bestimmt bei Guggenheim den gesamten Roman-Rhythmus und gilt einer jeden von über 150 Gestalten als mehr oder weniger relevanter Existenzraum.

Obwohl die Entstehungszeit der hier zusammengestellten Romane zwischen 1921 und 2006 liegt, ist ihnen die Fokussierung der behandelten Problematik auf die erste Hälfte des 20. Jahrhunderts gemeinsam. Während bei Bosshart mit dem von 1908 bis 1914, bei Inglin dagegen zwischen 1912 und 1918 situierten Zeitrahmen die aus Schweizer Perspektive geschilderte Vor- und Kriegszeit mit

---

Frisch und Dürrenmatt. Raumgestaltung in der gegenwärtigen Schweizer Literatur. Würzburg: Königshausen & Neumann 2009, S. 189–200.

12 Vgl. Dominik Müller, ebd.; Eduard Korrodi: *Ein Rufer in der Wüste*. In: Neue Zürcher Zeitung, 19.12.1921; Otto von Greyerz: *Jakob Bossharts preisgekrönter Roman*. In: Der Bund, 23.04.1922.

13 Vgl. Eduard Korrodi, ebd., Otto von Greyerz, ebd.

14 Andreas Isenschmid, Anm. 9, Giorgio Girardet, Anm. 10.

allerlei Symptomen einer gesamteuropäischen, zivilisatorisch, politisch und sozial bedingten Krise zum Ausdruck kommt, umfassen die beiden übrigen Texte einen viel weiteren zeitlichen Raum und liefern – Guggenheims *Alles in Allem* von 1900 bis 1945 und Lewinskys *Melnitz* von 1871 bis 1945 – nahezu chronikartig gezeichnete Panorama-Bilder einer ganzen Schweizer Epoche. Reiht man die vier Romane aneinander, so ergibt sich eine aus diversen Blickwinkeln chronologisch erzählte, sich an mehreren Stellen überschneidende, Zeitgeschichte der Schweiz – von dem ausgehenden 19. Jahrhundert bis in die düstere Zeit des Zweiten Weltkrieges hinein, dessen – wie dies in *Melnitz* krass dargestellt wird – mit Holocaustopfern drastisch gezogene Bilanz in der Schweiz eine politische wie literarästhetische Zäsur anvisiert.

In den einzelnen Schweiz-Inszenierungen von Bosshart bis Lewinsky spiegelt sich demnach die neuere Geschichte des Landes: etwa das 1893 in die Bundesverfassung aufgenommene, als allererste eidgenössische Volksinitiative geltende Schächtverbot, das größtenteils gegen die jüdische Bevölkerung gerichtet war, die Anfänge und Entwicklung der Schweizer Arbeiterbewegung mit den als deren Höhepunkt geltenden Landesstreiks von 1912 und 1918, der an der Jahrhundertwende fortschreitende Prozess der Landflucht und Verstädterung, der Erste Weltkrieg und die Emigration, das um 1914 kulminierende Problem des Schweizer Grabens – der inneren Spaltung von Deutschschweizern und Romands, die soziopolitischen Ausprägungen der geistigen Landesverteidigung 1933–1945, die Emanzipierung der helvetischen Juden sowie der in der Eidgenossenschaft ansteigende Nationalismus und Antisemitismus, ferner der schwierige Prozess der Integration und Assimilation von während der beiden Kriege Zuflucht suchenden Emigranten, die Mobilmachung und der sogenannte Aktivdienst – der als Abwehr äußerer Bedrohung gedachte Einsatz schweizerischer Soldaten im Ersten und Zweiten Weltkrieg und letztlich ein die gesamte literarisch gestaltete Zeitspanne 1871–1945 umfassender Prozess der Entwicklung der Schweiz vom Agrarland zu einem modernen, seinen Wohlstand konsequent aufbauenden Staat.

Im Folgenden soll versucht werden, vermittels einer Annäherung an ausgewählte literarästhetische Tendenzen sowie Autoren der deutschsprachigen Schweiz des 20. Jahrhunderts aufzuzeigen, inwieweit sich das Land mitsamt dessen Politik, Geschichte und Gegenwart in seiner Literatur spiegelt und Grundlage für das Konstruieren literarischer Fiktion wird.[15] Darüber hinaus werden poetologische Überlegungen einiger Deutschschweizer Schriftsteller über ihren

---

15 Vgl. Barbara Burns, Malcolm Pender (Hg.): *Konstruktionen der Vergangenheit in der Deutschschweizer Literatur*, Anm. 1.

Umgang mit (zeit)geschichtlichem Stoff präsentiert. Selbstverständlich erhebt ein solches Vorhaben keinen Anspruch auf Vollständigkeit, sondern soll einen Hintergrund für weitere Betrachtungen des Schweiz-Bildes bei Jakob Bosshart, Meinrad Inglin, Kurt Guggenheim und Charles Lewinsky darstellen.

1. Erzählte Zeitgeschichte. Zum Umgang der Deutschschweizer Schriftsteller mit Vergangenheit und Gegenwart

> Vergessen ist keine Kunst, Kunst ist die gerechte Erinnerung. Dieses Land ist heute so weit, dass es in ruhigem Ernst auf alles zurückblicken kann, auf die großen Werke seiner politischen Kultur wie auch auf das Böse und die Schuld, und alles annehmen kann als Teil seiner selbst.[1]
>
> Peter von Matt

Aus Anlass der helvetischen Nationalfeier am 1. August 2009 wurde die Festrede auf dem Rütli[2] zum ersten Mal in der Geschichte nicht von einem Politiker, sondern von Peter von Matt, einem der prominentesten Schweizer Literaturwissenschaftler, Schriftsteller und Kritiker gehalten.[3] Vergessen, Erinnern, Kunst der politischen Kultur wurden hier als zentrale Begriffe mit Blick auf schweizerische Zustände verwendet; im öffentlichen Diskurs über nationales Gedächtnis räumte man damit einer ernst zu nehmenden Stimme aus dem Kulturbereich Priorität ein.

Die geschichts- und gegenwartsbezogene Perspektive der Deutschschweizer Schriftsteller unterlag im Laufe der Zeit einem ständigen Wandel. Die Motivation der Schreibenden, sich mit dem eigenen Land zu befassen, variierte dabei zwischen zwei extremen Polen und reichte von Affirmation bis hin zu scharfer

---

1 Peter von Matt: *Die Kunst der gerechten Erinnerung*. In: Ders.: *Die tintenblauen Eidgenossen. Über die literarische und politische Schweiz*. München, Wien: Carl Hanser 2001, S. 85.
2 Die Rede auf dem Rütli am 1. August 2009 ist in dem 2012 im Hanser Verlag erschienenen Band *Das Kalb vor der Gotthardpost* enthalten. Das Buch besteht aus mehreren Texten, Lob- und Festreden, in denen sich Peter von Matt zum Thema der politischen und literarischen Schweiz und zur Rolle der Geschichte in der Literatur äußert. Die Publikation wurde mit dem Schweizer Buchpreis geehrt.
3 Vgl. Jürgen Barkhoff, Valerie Heffernan: *Zu Konstruktion und Dekonstruktion des Schweizerischen in der Literatur*. In: Dies. (Hg.): *Schweiz schreiben. Zu Konstruktion und Dekonstruktion des Mythos Schweiz in der Gegenwartsliteratur*. Berlin, New York: Walter de Gruyter 2010, S. 7.

Kritik. Nach Peter von Matt stehe die Literatur eines Landes „zu seiner politischen Identität immer in einer komplizierten Beziehung"[4]. Um die Verbindung zwischen der deutschschweizerischen Literatur und deren Zeitgeschichte zu systematisieren, bedient sich von Matt Friedrich Nietzsches Theorie „vom dreifachen Verhältnis zur Geschichte"[5], die in dessen Schrift *Vom Nutzen und Nachteil der Historie für das Leben* (1873) erörtert wird. Nietzsche unterscheidet nämlich eine „Dreiheit von Arten der Historie, [...] eine monumentalische, eine antiquarische und eine kritische Art"[6]. Verfolgt man die Literatur der Schweiz seit Jeremias Gotthelf und Gottfried Keller über Carl Spitteler sowie die ihre Nähe zur Konzeption der geistigen Landesverteidigung bekennenden Autoren bis hin zu Max Frisch, Adolf Muschg, Thomas Hürlimann und Urs Faes, so lassen sich auf sie alle sowohl die von Nietzsche benannten Kategorien im Einzelnen als auch deren Kombination anwenden.

Aus der Perspektive der nach 1945 zu Wort kommenden Autorengeneration gilt die Literatur der ersten Hälfte des 20. Jahrhunderts – mit einigen wenigen Ausnahmen – als monumental, „als Arsenal der ragenden Vorbilder und Stimulans der patriotischen Begeisterung. Die vaterländischen Helden und ihre Taten werden dabei zu verpflichtenden Modellen für das politische Denken und Handeln der Gegenwart."[7] Dabei ist zu betonen, dass die in den 1960er Jahren zustande gekommene endgültige Ablösung der als monumental-antiquarisch geltenden Literatur durch die kritische Haltung der Schreibenden gegenüber der Schweiz für lange Zeit ein zunehmendes Verdrängen und Vergessen der ersteren verursachte.

Bereits seit 1848, dem Jahr der Begründung des Bundesstaates und der Verabschiedung der Bundesverfassung, fanden sich immer wieder Schriftsteller, unter ihnen Gotthelf und Keller, die neben der Hinwendung zum Regionalen und Bäuerlichen auch am Politischen interessiert waren und nicht nur auf die Vergangenheit und Gegenwart ihrer Heimat Bezug nahmen, sondern auch – wie etwa der Verfasser des *Grünen Heinrich* – gegenüber der Schweiz Visionäres entfalteten:

---

4 Peter von Matt: *Was bleibt nach den Mythen? Plädoyer für einen neuen Blick auf das literarische Nachdenken über die Schweiz*. In: Jürgen Barkhoff, Valerie Heffernan, ebd., S. 32.
5 Peter von Matt, ebd., S. 33. Vgl. dazu auch Friedrich Nietzsche: *Vom Nutzen und Nachteil der Historie für das Leben*. In: Ders.: *Unzeitgemässe Betrachtungen. Mit einem Nachwort von Alfred Baeumler*. Stuttgart: Alfred Kröner 1938, S. 95–195.
6 Friedrich Nietzsche, ebd., S. 112.
7 Peter von Matt, Anm. 4, S. 33.

Es wird eine Zeit kommen, wo in unserem Lande, wie anderwärts, sich große Massen Geldes zusammenhängen, ohne auf tüchtige Weise erarbeitet und erspart worden zu sein; dann wird es gelten, dem Teufel die Zähne zu weisen; dann wird es sich zeigen, ob der Faden und die Farbe gut sind an unserem Fahnentuch![8]

Während sich alle drei von Nietzsche kategorisierten Formen des Umgangs mit Historie in der Deutschschweizer Literatur des 20. Jahrhunderts widerspiegeln, wird die Zeit nach 1945, verschärft durch die gesellschaftspolitischen Verhältnisse der 1960er und 1970er Jahre, eindeutig von der Literatur in Opposition zum Staat und dessen Erinnerungskultur dominiert, die in die Literaturwissenschaft auch als „engagierte Literatur"[9] oder „kritischer Patriotismus"[10] Eingang fand.

Die Tradition des schriftstellerischen Engagements für politische Angelegenheiten der Schweiz reicht bis in die zweite Hälfte des 19. Jahrhunderts zurück[11] oder – nach Gottfried Kellers Ermessen – sogar viel weiter:

Das politische Leben der Schweizer hat lange vor 1848 [...] die konservativen Parteien die Brauchbarkeit der Belletristik einsehen lassen, und zu einer Zeit, wo Freiligraths und Herweghs gereimter Handschuhwechsel noch ganz vereinzelt dastand, besaßen die Schweizer schon umfangreiche poetische und unpoetische Manifeste, welche mit geharnischtem Ton gegen den Radikalismus auftraten.[12]

Neben Gottfried Keller und Jeremias Gotthelf, den für jene Zeit repräsentativen Autoren, integrierten auch etwa Jakob Frey, der Autor von *Schweizbilder. Erzählungen aus der Heimath* (1864), Robert Weber, Germanist und Verfasser von *Die poetische Nationalliteratur der deutschen Schweiz* (1867) sowie Abraham Emmanuel Fröhlich, ein konservativer protestantischer Theologe und Schriftsteller,

---

8   Gottfried Keller: *Züricher Novellen: Das Fähnlein der sieben Aufrechten*. In: Ders.: *Sämtliche Werke in drei Bänden*. Bd. 2. München: Carl Hanser 1970, S. 810–870, S. 833.
9   Klara Obermüller (Hg.): *Wir sind eigenartig ohne Zweifel. Die kritischen Texte von Schweizer Schriftstellern über ihr Land*. München, Wien: Nagel u. Kimche 2003, S. 7.
10 Diesen Begriff prägte Peter von Matt in seinen Texten zur literarischen und politischen Schweiz, allen voran in seinem Essay: *Kritischer Patriotismus. Die Auseinandersetzung der Schweizer Schriftsteller mit der guten und mit der bösen Schweiz*. In: Ders.: *Die tintenblauen Eidgenossen*, Anm. 1, S. 131–143.
11 Vgl. dazu: Rémy Charbon: *»Kein Rückzug in die Innerlichkeit«. Demokratische Tendenzen in der deutschsprachigen Schweizer Literatur nach 1948*. In: Walter Erhart, Georg Jäger u.a. (Hg.): *Internationales Archiv für Sozialgeschichte der deutschen Schweiz*. Bd. 26 (2001), H. 2. Tübingen: Niemeyer, S. 158–172; François de Capitani, Georg German (Hg.): *Auf dem Weg zu einer schweizerischen Identität 1848–1914. Probleme, Errungenschaften, Misserfolge*. Freiburg: Universitätsverlag 1987.
12 Gottfried Keller: *Jeremias Gotthelf: Zeitgeist und Berner Geist*. In: Gottfried Keller: *Sämtliche Werke in drei Bänden*. Bd. 3. München: Carl Hanser 1963, S. 946.

Historisches und Politisches in ihre auf die Schweizer Problematik fokussierten Prosatexte.[13]

Durch die Berufung auf die Helvetische Revolution von 1798 und mehrere Volksaufstände zwischen dem 16. und 18. Jahrhundert sowie die Beschwörung des langen Ringens der Schweizer um ihre Eigenständigkeit setzten sich die Schreibenden zum Ziel, einerseits die jungen Staatsstrukturen zu festigen, andererseits zukunftsorientiert auf ihre nationale Identität zu verweisen. Dabei erfolgte die Verknüpfung des Politischen und des Alltäglichen meistens aus der Perspektive der kleinen Leute, „nicht Regierungsmitglieder oder Generäle, sondern Bauern und Bürger, die einmal im Leben eine historische Aufgabe übernehmen und sich dieser Aufgabe gewachsen erweisen, dann aber in die Anonymität zurücktreten"[14]. Zugleich vollzog sich die in den Texten jener Zeit dokumentierte politische und nationale Selbstbehauptung der Schweizer, im Unterschied zu der Identitätskonstruktion in der Zeit der geistigen Landesverteidigung, als man das ‚Eigene' in Opposition zu dem ‚Fremden' und der ‚Überfremdung' zu definieren bemüht war, größtenteils ohne feindliche Stereotype, durch „Berufung der Helden auf Verfassung und Gesetz, und ihr unerschrockenes Auftreten gegen angemaßte Autorität"[15]. Der schweizerischen Prosa der zweiten Hälfte des 19. Jahrhunderts ist ein sich durch die aktive Teilnahme der Bürger an demokratischen Prozessen[16] konstituierendes helvetisches Selbstverständnis zu entnehmen, ganz im Sinne Gottfried Kellers: „keine Regierung und keine Bataillone vermögen Recht und Freiheit zu schützen, wo der Bürger nicht im Stande ist, vor die Haustüre zu treten und nachzusehen, was es gibt."[17]

---

13 Vgl. Rémy Charbon, Anm. 11.
14 Ebd., S. 165.
15 Ebd., S. 164.
16 Gemeint sind in diesem Zusammenhang etwa die schon für die Schweizer Demokratie des 19. Jahrhunderts typischen, als Äußerung der freien Meinung gedachten Manifestationen, Versammlungen, Demonstrationen, wie dies etwa dem hier nach Charbon zitierten Text *Heimkehrer* von Jakob Frey zu entnehmen ist, ein Zusammenkommen von mehreren Tausenden Eidgenossen am 15. Juni 1873, um zur Totalrevision der Verfassung Stellung zu nehmen: „Zu Fuß, zu Roß, auf dem kleinen bäuerlichen Wägelchen, in stattlichen Karrossen, auf bekränzten Leiterwagen wogte es auf allen Straßen, so weit der Blick durch den hellen Morgen zu reichen vermochte. [...] Der graubärtige Greis am Arme des Jünglings, dessen Lippe kaum ein weicher Flaum bedeckte, der [g]elbe Bauernkittel und die Arbeiterblouse neben dem städtischen Moderocke." Zit. nach Rémy Charbon, ebd.
17 Gottfried Keller: *Fähnlein der sieben Aufrechten*, Anm. 8, S. 811.

Das Interesse der Schweizer am eigenen Staat und deren sich seit dem besagten historischen Datum 1848 zunehmend konsolidierendes Selbstbewusstsein gingen mit dem sich gegen Ende des 19. Jahrhunderts verändernden Verständnis ihrer doppelten Zugehörigkeit einher.[18] Noch Mitte des 19. Jahrhunderts war eine kulturelle Autarkie der Schweiz kaum Thema unter den Schriftstellern. Sie hielten sich gern im als Kulturzentrum aufgefassten Deutschland auf – besonders in den Metropolen – und ließen dort ihre Bücher verlegen. Das mehrmals unternommene Vorhaben mancher Schweizer Dichter, in der Eidgenossenschaft einen autonomen Schriftstellerverein zu gründen, hatte in der zweiten Hälfte des 19. Jahrhunderts immer noch keine Erfolgschance.[19] In Jakob Baechtolds 1892 edierter *Geschichte der deutschen Literatur in der Schweiz*[20] definierte sich die Schweizer Literatur durch ihre Bindung an den deutschen Kulturraum.[21] In seinen literaturkritischen Texten[22] wandte sich Carl Spitteler um die Jahrhundertwende zum einen den deutschschweizerischen kulturellen Verhältnissen, zum anderen dem Schweizer Selbstverständnis und der nationalen Ästhetik zu. Er bemerkte zugleich ein „Auseinanderdriften sowohl der Literaturen als auch der Gesellschaften Deutschlands und der deutschen Schweiz"[23]. Die Konzeption der doppelten Zugehörigkeit der deutschschweizerischen Literatur ist auch in Emil Ermatingers Literaturgeschichte *Dichtung und Geistesleben der deutschen Schweiz* (1933) auffindbar – als eine Verschränkung der „national-politischen

---

18 Vgl. dazu etwa: Ursula Amrein: «*Los von Berlin!» Die Literatur- und Theaterpolitik der Schweiz und das «Dritte Reich»*. Zürich: Chronos 2004, S. 159; Rémy Charbon: *Zweieiige Zwillinge? Schweizer Schriftsteller und Deutsches Reich 1871–1914*. In: Corina Caduff (Hg.): *Figuren des Fremden in der Schweizer Literatur*. Zürich: Limmat 1997, S. 109–129.
19 Vgl. Rémy Charbon: *Zweieiige Zwillinge*, ebd., S. 111.
20 Vgl. Jakob Baechtold: *Geschichte der deutschen Literatur in der Schweiz*. Frauenfeld: Huber 1919, Neudruck der ersten Auflage von 1892, S. 2. Zum Diskurs des helvetischen literarischen Selbstbewusstseins äußern sich auch u.a.: Ursula Amrein: *Diskurs der Mitte. Antimoderne Dichtungstheorien in der Schweizer Germanistik vor und nach 1945*. In: Corina Caduff, Michael Gamper (Hg.): *Schreiben gegen die Moderne. Beiträge zu einer kritischen Fachgeschichte der Germanistik in der Schweiz*. Zürich: Chronos 2001, S. 43–64.
21 Zum Bewusstsein der Schweizer als einer im deutschen Sprach- und Kulturraum lebenden Nation vgl. Peter von Matt: *Deutschland, die Schweiz und die Literatur*. In: Ders.: *Das Kalb vor der Gotthardpost. Zur Literatur und Politik der Schweiz*. München: Carl Hanser 2012, S. 178–182.
22 Vgl. Rémy Charbon, Anm. 18, S. 128.
23 Ebd., S. 123.

Bestimmtheit"[24] mit dem „Anteil an der allgemeinen geistigen und literarischen Bewegung des großen deutschen Sprach- und Bildungskreises, von dem das deutsche Schrifttum in der Schweiz ein Teil ist. Diese innige Verflochtenheit in die allgemeine deutsche Kultur ist", setzt Ermatinger fort, „dem literarischen Leben des schweizerischen Teils je und je tiefstes Bedürfnis und die notwendige Quelle seines Wachstums gewesen"[25]. Von der Überzeugung über die geschichtlich fundierte, unzertrennliche Bindung der Schweiz an den deutschen Kulturraum ausgehend, betonte Ermatinger doch die Zäsur der helvetischen Staatsgründung 1848 als einen epochalen Umbruchsmoment nicht nur für die politische, sondern auch für die kulturelle Eigenständigkeit des Landes, „er sieht den entscheidenden (unterscheidenden) Wesenszug der deutschschweizerischen Literatur in der unvergleichlichen Stärke des *Willens zum Staate* und des Bewusstseins vom Staate"[26].

In der gesamten helvetischen Literatur ließ sich nach der Keller-Ära eine allmählich zunehmende Entfernung von historisch-politischer Problematik zugunsten einer Heimatidyllik vernehmen.[27] Den antimodernen, gegenüber der Weltliteratur rückständigen Geist der lokalen Literatur desavouierte Jakob Bührer in seinem 1914 verfassten Aufsatz *Über das jüngste schweizerische Schrifttum*, indem er neben einer kritischen Beurteilung der als qualitativ nicht einwandfreie Exportware nach Deutschland geltenden einheimischen Bauernliteratur vor allem deren mangelndes Interesse an aktueller Schweizer Problematik beanstandete und bemerkte, dass die meisten narrativen Texte rustikal geprägt sind, dass

---

24 Emil Ermatinger: *Dichtung und Geistesleben der deutschen Schweiz*. München: Beck 1933, S. 27.
25 Ebd.
26 Karl Schmid: *Versuch über die schweizerische Nationalität*. In: Ders: *Gesammelte Werke*. Hg. von Thomas Sprecher und Judith Niederberger. Bd. 2 1951–1957. Zürich: Verlag Neue Zürcher Zeitung 1998, S. 273–359, hier S. 356. Eine detaillierte Analyse der 1933 von Ermatinger verfassten Literaturgeschichte vor dem Hintergrund der antimodernen Dichtungstheorien der Schweiz liefert Ursula Amrein, die betont: „Über die topographische Abgrenzung vom «Geistesleben des Reiches» sowie im anthropologisch begründeten Rekurs auf die Einheit in der Vielheit konstruierte Ermatinger die Identität der Schweizer Literatur ganz nach dem Programm der geistigen Landesverteidigung." Ursula Amrein: *Diskurs der Mitte. Antimoderne Dichtungstheorien in der Schweizer Germanistik vor und nach 1945*. In: Corina Caduff, Michael Gamper (Hg.), Anm. 20, S. 45.
27 Zur Schweizer Literatur der ersten Dekaden des 20. Jahrhunderts vgl. Charles Linsmayer: *Nachwort*. In: Charles und Andrea Linsmayer (Hg.): *Frühling der Gegenwart. Schweizer Erzählungen 1890–1950*. Bd. 1. Frankfurt a.M.: Suhrkamp 1990, S. 462–477.

über 95 Prozent aller Erzählungen auf dem Dorf oder auf den Bergen spielen, daß die dargestellten Personen in der überwiegenden Mehrzahl Bauern sind. [...] Es scheint aber, daß der schweizerische Bauernroman in Deutschland <zieht>, und so schreibt man halt Bauernromane, weil's einmal in der Mode ist. Indessen spielen sich in unsern Städten und Vororten die kulturell und wirtschaftlich bedeutsamsten Kämpfe und Veränderungen ab, eine gewaltige Umwälzung ist im Gang; die Technik leistet das Erstaunlichste, was sich denken läßt, der Klassenkampf treibt seine guten und schlechten Früchte, und an all dem geht der schweizerische Schriftsteller stumm vorüber, als sehe und ahne er nichts davon.[28]

Bührers Mahnung galt etwa Autoren wie – um nur einige wenige Beispiele anzuführen – Jakob Christoph Heer und dessen Romanen *Der König von Bernina* (1900) oder *An heiligen Wassern* (1898) sowie Ernst Zahn und den Texten *Herzenskämpfe* (1893) und *Bergvolk* (1897), einer Literatur also, die gegenüber den progressiven Strömungen der europäischen Ästhetik um die Jahrhundertwende „einen heillos verkrampften Eindruck"[29] machte. Die Distanz zum sozialpolitischen Geschehen der Schweiz wurde auch als poetologisches Postulat in literaturkritischen Schriften sichtbar. In der dem Heimatroman Primat gewährenden Zeitschrift „Die Schweiz" plädierte deren Mitherausgeberin Maria Waser für eine Abkehr von der an aktueller Gegenwart orientierten Literaturauffassung, denn auf ihr laste „der Fluch der Aktualität"[30]. Waser rekurrierte auf diese Weise – sie schrieb es im Jahr 1915 – auf die in einigen Schweizer Texten aufgegriffene Kriegsproblematik. Somit wirkte jenes Literaturverständnis der Tradition von Gottfried Keller entgegen, in dessen ästhetischem Umfeld und als dessen Kulturerbe es sich doch zu definieren glaubte. Keller behauptete nämlich, das Literarische und das Politische seien bei der Konstruktion einer Fiktion zusammen zu denken: „heute ist alles Politik und hängt mit ihr zusammen, von dem Leder an unserer Schuhsohle bis zum obersten Ziegel am Dache"[31].

Eine Zäsur, die von den Schweizern verlangte, sich zu ihrer Identität zu bekennen, bildete mit dem Kriegsanfang das Jahr 1914.[32] Dabei – wie dies etwa Carl Spitteler mit seinem Appell *Unser Schweizer Standpunkt* betonte – sollte die

---

28 Jakob Bührer: *Über das jüngste schweizerische Schrifttum.* In: O mein Heimatland, 1914. Hier zit. nach Charles Linsmayer, ebd., S. 472.
29 Dieter Fringeli: *Von Spitteler zu Muschg. Literatur der deutschen Schweiz seit 1900.* Basel: Friedrich Reinhardt Verlag 1975, S. 20.
30 Maria Waser, zit. nach Charles Linsmayer, Anm. 27, S. 470.
31 Gottfried Keller, Anm. 12, S. 948.
32 Zum Thema des Ersten Weltkrieges in der Schweiz vgl. Georg Kreis: *Insel der unsicheren Geborgenheit. Die Schweiz in den Kriegsjahren 1914–1918.* Zürich: Verlag Neue Zürcher Zeitung 2014.

Schweiz bei der Aufrechterhaltung deutschschweizerischer Bande von „Kunst und Literatur, [...] von geschäftlichen Wechselbeziehungen, von geistigem Einverständnis, von Freundschaft"[33], „bei aller Solidarität [...] mit dem deutschen Geistesleben"[34], angesichts der Krisensituation doch vor allem ihre politische Einheit wahren und nach außen „die Stellung der neutralen Zurückhaltung in freundnachbarlicher Distanz diesseits der Grenze"[35] einnehmen. Mit seinem epochalen Auftritt bestätigte der spätere Nobelpreisträger und „Doyen unter den Schweizer Autoren"[36] zwar den Willen der Helveten, sich weiterhin zum kulturellen Großraum der deutschen Sprache zugehörig zu fühlen, motivierte seine Zeitgenossen jedoch nachdrücklich dazu, als Willensnation einig zu bleiben und bürgerliche Verantwortung für ihr Land zu übernehmen.

In dem Schweiz-Entwurf Spittelers, dem zwar eine nach innen wie nach außen hin konfliktfreie Schweiz und deren integrale Neutralität am Herzen lag, sieht aber die Zürcher Germanistin Ursula Amrein eine methodologische Grundlage für die Kulturpolitik der geistigen Landesverteidigung, besonders für das in den 1930er Jahren lancierte „Abgrenzungskriterium gegenüber dem nationalsozialistischen Deutschland"[37]. In Spittelers Logik erkennt Amrein die „Aufwertung der geschichtlich begründeten Willensnation gegenüber der Kulturnation"[38], die den Kulturpolitikern der 1930er Jahre dazu dienen sollte, die „Schweizerische Staatsidee zum Ursprungsmoment der Eidgenossenschaft"[39] zu erheben. Neben dem bei aller rhetorischen Kraft des Ausdrucks doch im Ton moderaten Aufruf zur Einheit vermittelt nämlich *Unser Schweizer Standpunkt* die von den Eidgenossen in Krisensituationen zu befolgende Strategie des passiven Zuschauers und verweist bildhaft auf den Schweizer Staat als einen vom Hauptgeschehen isolierten Zuschauerraum: „Nun wohl: eine Ausnahmegunst des Schicksals hat uns gestattet bei dem fürchterlichen Trauerspiel, das sich gegenwärtig in Europa abwickelt, im Zuschauerraum zu sitzen."[40]

---

33 Carl Spitteler: *Unser Schweizer Standpunkt*. In: Ders.: *Gesammelte Werke*, Bd. 8: *Land und Volk*. Zürich: Artemis 1947, S. 579–594, hier S. 582. Weitere Betrachtungen zum Text Spittelers, vgl. Kap. 3.
34 Ebd., S. 585.
35 Ebd.
36 Ursula Amrein, Anm. 18, S. 102.
37 Ebd., S. 104.
38 Ebd.
39 Ebd.
40 Carl Spitteler, Anm. 33, S. 594.

Die Haltung des als richtig empfundenen neutralen und passiven Zuschauens gegenüber den europäischen Konflikten, besonders während des Zweiten Weltkrieges, wurde bald durch den schweizerischen Staat und dessen Kulturpolitik vermittels des Programms der geistigen Landesverteidigung gefördert, einer Überlebensstrategie für die Schweiz also, die bis in den Kalten Krieg hinein forciert wurde. Somit „wird die Spitteler-Rede zum Gründungsdokument der helvetischen Zuschauerposition bei den Weltkatastrophen emporstilisiert"[41]. Diese Politik, die in Spittelers Zuschauer-Topos ihren Ursprung zu haben scheint, erwies sich jedoch als ein zweischneidiges Schwert, spätestens nach 1945, als innerhalb und außerhalb der Schweiz deren politische Strategie angesichts der Kriegsgefahr hinterfragt wurde und die neue Autorengeneration keine Schweizer Frage dazu offen ließ.

Spittelers als patriotische Pflicht gedachter Vortrag[42], der eine Ausnahme in seinem sonst von politischem Tagesgeschehen abseits stehenden Oeuvre darstellt[43], stieß in der Schweiz und in Deutschland auf breiten Widerhall. Der Autor konnte im Nachhinein nicht mehr in deutschen Verlagen publizieren, und auch vonseiten deutschfreundlicher Schweizer Kreise, zu denen u.a. Robert Faesi zählte, ließen sich gegenüber Spittelers These, die Schweiz müsse gegenüber Deutschland eine politische Distanz wahren, kritische Stimmen vernehmen.[44] Durch die offizielle Kulturpolitik wurde der Dichter jedoch als Vorbild der helvetischen Staatsidee bis in die 1960er Jahre hinein gefeiert (der Autor starb 1924); bei der Landesausstellung 1939 wurde er zum Inbegriff der helvetischen Einheit in der Vielheit, 1954 fand an der Zürcher Universität das 40-jährige Jubiläum der Rede statt und zehn Jahre später wurde Spitteler nochmals aus Anlass des 50. Jahrestages von *Unser Schweizer Standpunkt* mit einer Festpublikation dieser Rede geehrt.[45] Solange der Konzeption der geistigen Landesverteidigung in den offiziellen kulturpolitischen Kreisen der Rang der Schweizer Staatsräson beigemessen wurde, und dies schien etwa noch Emil Staiger mit seiner 1966 gehaltenen Literaturpreis-Rede zu bestätigen, entsprach der von Spitteler

---

41 Peter Utz: *Hinhören auf den fernen Donner*. In: Neue Zürcher Zeitung, 17.10.2014.
42 Zu Carl Spitteler und seiner Rede vgl. auch Sabine Altorfer: *Eine politische Rede kostete Carl Spitteler fast den Literatur-Nobelpreis*. In: Aargauer Zeitung, 1.04.2014.
43 Vgl. zu Carl Spitteler etwa Dorota Sośnicka: *Der schweizerische Nobelpreisträger Carl Spitteler – ein Epigone oder Bahnbrecher der modernen Erzählkunst in der Deutschschweizer Literatur?* In: Colloquia Germanica Stetinensia, Nr. 19. Szczecin 2011, S. 37–55; Dieter Fringeli: *Von Spitteler zu Muschg*, Anm. 29, S. 21–28.
44 Vgl. Dieter Fringeli, ebd.
45 Vgl. Peter Utz, Anm. 41.

vertretene, den politischen Rückzug ins Innere, das Abseits-Stehen und Zuschauen sanktionierende Standpunkt „dem Selbstverständnis der Schweiz als einer ‚Friedensinsel'."[46]

Was Spitteler als Deutschschweizer mit seinem Engagement für die integrale Neutralität der Schweiz leistete, vollbrachte für die französischsprachige Schweiz der aus der Romandie stammende, nach Bern umgesiedelte Paul Dubois, Medizinprofessor und ein vom idealistischen Geist geprägter Humanist.[47] In der deutschen Schweiz ansässig, wurde der welsche Intellektuelle mit der angesichts des Kriegsausbruchs ansteigenden Graben-Stimmung[48], dem innerschweizerischen Zwiespalt zwischen deutschen und französischen Eidgenossen, konfrontiert. In der Attitüde eines um die Einheit der Schweiz Besorgten auftretend, näherte sich Dubois mit seiner Rhetorik an jene Spittelers und betonte in seinem 1914 im „Journal de Genève" publizierten Text *Neutralitè morale*, der daraufhin auch unter dem Titel *Unsere Neutralität* in mehreren deutschsprachigen Zeitungen erschien:

> Die Schweiz kann nur existieren, wenn sie geeint bleibt. Die Unterschiede in Sprache, Religion, Mentalität sollten uns nicht entzweien, keine Disharmonie schaffen, sondern uns verbinden und uns gegenseitige Toleranz lehren, wie sie auch zwischen großen Nationen herrschen müsste.[49]

Topographisch inmitten und politisch doch abseits des von allen Seiten als Weltkatastrophe verstandenen Ersten Weltkrieges situiert, versuchten Schweizer Autoren auf diversen ästhetischen Wegen und aus unterschiedlichen Perspektiven mit der aktuellen Problematik literarisch fertig zu werden. Obwohl für die meisten Schreibenden jener Zeit die Naturschönheit und lokale Harmlosigkeit der Alpenlandschaft weiterhin mehr Relevanz erhielten als das aktuelle politische Geschehen und die ersteren somit größtenteils Einzug in die Literatur fanden, sahen sich manche doch verpflichtet, als Außenstehende oder Engagierte zum Krieg Stellung zu nehmen. Dabei ist zu betonen, dass die in der Schweiz zum Kriegsgeschehen ergriffenen Stimmen auch jene von Emigranten einschlossen, für die damals die

---

46 Ebd.
47 Vgl. Christine Odermatt (Hg.): *«Dieser Krieg ist uns zum Heil». 1914 – Wortgefechte in Texten der Zeit.* Zürich: Limmat 2014, S. 170.
48 Mehr zum Phänomen des Schweizer Grabens siehe Christophe Büchi: *Röstigraben. Das Verhältnis zwischen deutscher und französischer Schweiz – Geschichte und Perspektiven.* Zürich: Verlag Neue Zürcher Zeitung 2000.
49 Paul Dubois: *Neutralitè morale*. Hier zit. nach folgender Fassung: Paul Dubois: *«Wir sind neutral, weil wir pazifistisch sind». Neutralitè morale.* Zürich 1915. In: Christine Odermatt, Anm. 47, S. 175.

helvetischen Grenzen noch offen standen, um sich mit der Zeit im Namen der Neutralität doch vor Hilfesuchenden immer mehr zu sperren.

Unter dem Einfluss der europäischen Künstler und Intellektuellen jeglicher Couleur nahm das Schweizer Kulturleben mehr Farben an. Während sich die in Wien, Berlin und Prag vorherrschenden modernen Strömungen nach Zürich kaum durchsetzen konnten, gelang es den Flüchtlingen aus Deutschland und Frankreich, in der Zeit des Ersten Weltkrieges mit ‚Cabaret Voltaire' und der Dada-Bewegung der Limmat-Stadt einen Hauch von Avantgarde zu verleihen. Die Emigranten zeigten sich nicht nur als aufmerksame Beobachter ihres Gastlandes, sondern waren auch für ihr sozialpolitisches Wirken bekannt. Hugo Ball etwa, dem Zürich „international und provinziell zugleich"[50] vorkam und der zu den Eidgenossen vermerkte, dass sie „mehr zum Jodeln als zum Kubismus"[51] neigen, notierte in seinem Tagebuch wie folgt:

> Die Schweiz ist die Zuflucht all derer, die einen neuen Grundriss im Kopfe tragen. Sie war und ist jetzt, während des Krieges, der grosse Naturschutzpark, in dem die Nationen ihre letzte Reserve verwahren.[52]

Ball, vom Kriegsbefürworter zum entschiedenen Pazifisten geworden und in Zürich von der Arbeiterbewegung und von sozialistischen Ideen beeinflusst, glaubte an die Schweiz als ein Modell für Europa: „Von hier, von der Schweiz aus wird sich Europa wieder beleben."[53]

Die facettenreichen Betrachtungen der Kriegszeit aus der Schweizer Perspektive sind sowohl ideologisch als auch literarästhetisch zu kategorisieren. Als dokumentarische und fiktionale Stellungnahmen zum Kriegsgeschehen auf beiden Seiten der Schweizer Grenze, beziehungsweise als dessen unter dem Schutzmantel der Neutralität vernommenen Reflexe erschienen unmittelbar während des Ersten Weltkrieges oder erst aus zeitlicher Distanz Texte, in deren Zentrum das vom Krieg dominierte Zeitgeschehen steht. Anders als die an der Front kämpfenden Soldaten der übrigen europäischen Länder leisteten die Schweizer

---

50 Christine Odermatt, ebd. S. 180.
51 Hugo Ball, Emmy Hennings: *Damals in Zürich. Briefe aus den Jahren 1915–1917.* Zürich 1978, hier zit. nach Christine Odermatt, ebd.
52 Hugo Ball: *Die Flucht aus der Zeit.* München 1927, hier zit. nach Christine Odermatt, ebd., S. 179.
53 Ebd. Eine Erwähnung verdient in diesem Kontext auch ein ähnlich betiteltes Buch und zwar von Denis de Rougemont: *Die Schweiz, Modell Europas. Der schweizerische Bund als Vorbild für eine europäische Föderation.* Aus dem Französischen übertragen von Sigmund Eisler. Wien, München: Molden 1965.

Männer den sogenannten Aktivdienst – eine in Zeitabständen erfolgende, u.a. mit Exerzier- und Marschierübungen verbundene Wachtpflicht an der Grenze.[54]

In die Schweizer Literatur jener Zeit gingen folglich einige Grenzdienst-Romane ein, die das Erleben der Krisenzeit als einer Zwangslage, Einsatzbereitschaft und Verunsicherung über den andauernden Zustand des Wartens, die Besorgnis um Zukunft sowie allerlei Konflikte zwischen den aus verschiedenen sozialen Gruppen stammenden Soldaten schildern. Jene Romane, von denen Inglins *Schweizerspiegel* als das meist repräsentative Beispiel für die Darstellung der Schweiz im Ersten Weltkrieg[55] gilt, zeigen unter ähnlicher Perspektivierung, wie etwa Robert Faesis *Füsilier Wipf* (1917), Felix Moeschlins *Wachtmeister Vögeli* (1914 geschrieben, 1922 erschienen), Hans Zurlindens *Symphonie des Krieges* (1919), einerseits persönliche Not und Ängste eines vom direkten Kriegsgeschehen isolierten, jedoch immer wieder in höchste Alarmbereitschaft versetzten Soldaten, andererseits bemühen sie sich, die von Spitteler postulierte große Schweizer Aufgabe zu erfüllen, und zwar trotz Konflikte und innerer Spannungen angesichts einer Krise Kompromisse zu schließen und als Nation Einheit zu bewahren. In solchen als monumental zu deutenden Schweiz-Entwürfen manifestiert sich bereits die einige Jahre später formulierte Idee der geistigen Landesverteidigung, die vor und während des Zweiten Weltkrieges, als das Land erneut einer Bedrohung von außen standhalten musste, die Schriftsteller zu den bewährten literarischen Mitteln als einem literarischen Réduit greifen ließ.

In mehreren literarischen und journalistischen Stellungnahmen zum Ersten Weltkrieg spiegelt sich – je nach Sprachraum – entweder die Sympathie der Schweizer für Deutschland oder für Frankreich bzw. für die ganze Entente wider. Ernst Zahn, Rudolf von Tavel und Jakob Christoph Heer etwa nahmen für Deutschland Partei.[56] Nachdem Zahn, der Präsident des gerade seit 1912 bestehenden Schweizer Schriftstellervereins, in der deutschen Zeitschrift „Land und Meer" mit dem Gedicht *Sturmlied* die Feinde Deutschlands angegriffen hatte, wurde er vom Verein zum Rücktritt gezwungen. 1915 musste Rudolf von Tavel unter ähnlichen Umständen als Präsident des SSV sein Amt niederlegen, als im

---

54 Vgl. dazu Charles Linsmayer: *Der Kaddisch für einen Juden, an dessen Grab ein Kreuz stand. Wie der Erste Weltkrieg zwischen 1914 und 2006 in der Schweizer Literatur zur Darstellung gelangte. Der Erste Weltkrieg in der Schweizer Literatur.* www.linsmayer.ch, Zugang am 20.04.2016.
55 Zu ausführlichen Betrachtungen des Romans *Schweizerspiegel* vgl. Kap. 3.
56 Vgl. Christine Odermatt, Anm. 47, S. 19; Charles Linsmayer, Anm. 54.

„Berner Tagblatt" sein sich gegen die französischsprachige Schweiz richtender Text *Graben zwischen Deutsch und Welsch* erschien.[57]

Die enge Verbindung zwischen Literarischem und Politischem zur Zeit des Ersten Weltkrieges kam zum Ausdruck auch in dem 1915 vom SSV herausgegebenen Band *Grenzwacht. Der schweizerischen Armee gewidmet vom Schweizer Schriftstellerverein*. Mit Texten u.a. von Jakob Bosshart, Meinrad Lienert, Felix Moeschlin, Robert Faesi oder Carl Spitteler zum Thema Grenzdienst und Soldatenschicksal erhielten die eidgenössischen Wehrdienstmänner eine geistige Unterstützung. Erst 1934 erschien eine von Frauen verfasste und den Frauen gewidmete Anthologie *Der Grenzdienst der Schweizerin 1914-1918. Von Frauen erzählt*, die auch der weiblichen Erfahrung jener Zeit Rechnung trägt und darüber berichtet, wie die Frauen zwischen 1914 und 1918 „den Platz der an die Grenze gerufenen Männer eingenommen und Familien, Betriebe und öffentliche Einrichtungen unter oftmals großen Opfern am Leben gehalten hatten"[58].

Von ganz anderem Schweiz- wie Selbstverständnis sind die Reflexionen Robert Walsers angesichts des Krieges geprägt. 1913 kehrte der Schriftsteller nach einem literarisch erfolgreichen Aufenthalt in Berlin (1905-1913) ungern in die Schweiz zurück. Aus der weltoffenen Metropole herausgerissen, sehnte sich der einsame Walser nach jener geistigen Weite und versuchte der Schweizer Wirklichkeit aus der Perspektive eines Abseitsstehenden gerecht zu werden.[59] Selbst als Füsilier am Grenzdienst beteiligt, war er jedoch nicht geneigt, jene Erfahrung gemäß dem im Land gerade geltenden Kanon zu literarisieren. Vielmehr interessierte ihn die innere Kondition eines Einsamen, umgeben vom regelmäßig vernehmbaren Kanonendonner des Krieges.

Seinen Empfindungen zum aktuellen Geschehen gab Walser Ausdruck in dem 1917 im Berner „Bund" publizierten Feuilleton *Büren*.[60] Auf dem Spaziergang die Aare entlang zeigt sich der Erzähler in dem kleinen Städtchen Büren als ein von Sehnsucht nach offenem Europa Ergriffener, „auf der alten Aarebrücke stehend, phantasiert er sich dem Fluss und seinen Städten entlang bis zum Rhein und bis nach Amsterdam"[61]. Auch der direkte Bezug auf das Kriegsgeschehen erfolgt bei Walser auf anderen Wegen, als dies in den meisten Schweizer Texten

---

57 Vgl. Charles Linsmayer, ebd.
58 Ebd.
59 Zu der für Robert Walser und mehrere Schweizer Schriftsteller des 20. Jahrhunderts typischen Außenseiterposition vgl. Zygmunt Mielczarek: *Sonderwege in der Literatur. Schweizer Schriftsteller im Außenseiterdiskurs*. Wrocław, Dresden: Neisse Verlag 2007.
60 Vgl. Peter Utz, Anm. 41.
61 Ebd.

jener Zeit präsent ist. Der Ich-Erzähler, ein sensibler Beobachter des Kleinen und scheinbar Belanglosen, nimmt die Infrastruktur des Ortes Büren unter die Lupe. Das ihm gerade ins Auge fallende Gedeihen der dortigen Uhrenindustrie, der Fabrik Büren Watch als Teil des britischen Unternehmens Williamson Ltd., eines strategischen Partners der englischen Armee[62], darf er nur am Rande seiner Überlegungen erwähnen, um – an dieser Stelle scheint die Walsersche Ironie eine eindeutig politische Färbung anzunehmen – der Schweizer Neutralität nicht zu schaden. Demnach ist dem Text Robert Walsers, angesichts des in jener Zeit vorherrschenden geschichtspolitischen wie literarischen Diskurses, eine Pionierfunktion zuzuschreiben. Durch die literarische Darstellung der Schweizer Beteiligung am Weltkrieg, die nicht nur in der 1914–1918 ihre Gewinnrekorde verzeichnenden Uhrenindustrie klar auf der Hand liegt – Uhren dienen nämlich als Zubehör allerlei moderner Waffen – anvisiert Walser bereits 1917 die einige Jahrzehnte später von den Schweizer Schriftstellern initiierte Debatte um die Haltung der als neutral geltenden Eidgenossenschaft während der beiden Weltkriege, „so zeigt sich die ummauerte Kleinstadt Büren – stellvertretend für den Kleinstaat Schweiz – in vielfacher Weise in den Krieg involviert"[63].

Im literarästhetischen Umfeld seiner Zeit bleibt Robert Walser ein Outsider, so wie einige seiner damals vom Mainstream des Schweizer Literaturbetriebs kaum beachteten Zeitgenossen. Gemeint sind in diesem Zusammenhang etwa der jegliche gesellschaftliche Ordnung kontestierende und mit den Dadaisten zusammen wirkende Friedrich Glauser[64], Annemarie Schwarzenbach, eine aus ihrer großbürgerlichen Familie und deren Normen ausbrechende sowie jegliche „Fixierung auf den Status quo"[65] meidende Schriftstellerin und Journalistin, der an der Schweizer Enge leidende Ludwig Hohl[66] sowie Hans Morgenthaler,

---

62 Vgl. ebd.
63 Ebd.
64 Vgl. Heiner Spiess, Peter Edwin Erismann (Hg.): *Friedrich Glauser. Erinnerungen von Emmy Ball-Hennings u.a.* Zürich: Limmat 1996; Zygmunt Mielczarek: *Friedrich Glauser. Schwierige Wege ins Freie*, Anm. 59, S. 143–163.
65 Zygmunt Mielczarek, Anm. 59, S. 190.
66 Vgl. Ludwig Hohl: *Von den hereinbrechenden Rändern. Nachnotizen. Aus dem Nachlass.* Hg. von Johannes Beringer u. Hugo Sarbach. Frankfurt a.M.: Suhrkamp 1986, S. 59.

einer der ersten die helvetische Enge problematisierenden und den „Heimat-Fetischismus aus Dichtermund"[67] verurteilenden Schriftsteller.[68]

In den 1920er und 1930er Jahren wird die schweizerische Literaturszene von Autoren und Autorinnen unterschiedlichen ideologischen und ästhetischen Profils mitbestimmt: u.a. von Felix Moeschlin, Jakob Bührer, Meinrad Inglin, Jakob Schaffner, Albin Zollinger, Otto Wirz, Ernst Zahn, Cécile Ines Loos. Als sich das Schweizer Selbstverständnis ab 1933 angesichts der Auseinandersetzung mit dem Dritten Reich zunehmend über die Abwehrhaltung gegenüber dem Nationalsozialismus gestaltete, stellten sich viele Schriftsteller in den Dienst der geistigen Landesverteidigung, eines kulturpolitischen Programms[69], das mithilfe des auf die helvetische Kunst und Literatur konzentrierten Schaffens die Festigung der schweizerischen nationalen Identität, des schweizerischen Geistes postulierte. In seiner Schrift *Geistige Landesverteidigung* (1937) fragte Philipp Etter, einer der Mitbegründer dieser Konzeption, in Bezug auf die militärische Landesverteidigung wie folgt:

> Warum sollte es nicht möglich sein, so eine Art geistiger Landesverteidigungskommission ins Leben zu rufen, deren Aufgabe es wäre, die geistige Verteidigung des Landes zu organisieren und die geistigen Kräfte zur Mobilisation aufzurufen?[70]

Die Code-Bezeichnung ‚geistige Landesverteidigung' wurde nach 1945 zu einem der meistdiskutierten Begriffe im Kontext der Schweizer Kulturgeschichte des 20. Jahrhunderts[71], unter dem sogar eine Form von „Komplizenschaft mit der nationalsozialistischen Gleichschaltungspolitik"[72] und eine Nationalästhetik gedeutet wurde, die wiederum aufgrund ihrer gegen Fremde und Überfremdung,

---

67 In seinem Text *Ich selbst. Gefühle* schreibt Morgenthaler: „Ich kann nicht helfen, aber mir ist diese ganze Heimatverherrlichung, dieser Heimat-Fetischismus aus Dichtermund immer etwas verdächtig." In: Hans Morgenthaler: *Ich selbst. Gefühle*. Zürich: Orell Füssli 1923, S. 13.
68 Zum Oeuvre der an dieser Stelle angeführten Autoren vgl. Zygmunt Mielczarek, Anm. 59.
69 Vgl. Beatrice Sandberg: *Geistige Landesverteidigung (1933–1945)*. In: Peter Rusterholz, Andreas Solbach (Hg.): *Schweizer Literaturgeschichte*. Stuttgart: Metzler 2007, S. 210–231; zu den einzelnen Aspekten und Ausprägungen der geistigen Landesverteidigung vgl. auch die folgenden Kapitel.
70 Philipp Etter: *Geistige Landesverteidigung*. Sonderabdruck aus der Monatsschrift des Schweizerischen Studentenvereins 1937, S. 14.
71 Vgl. die umfangreiche Studie zur Schweizer Kulturpolitik 1933–1945 von Ursula Amrein, Anm. 19.
72 Ebd., S. 38.

gegen ausländisches, also unschweizerisches Kulturgut gerichteten Rhetorik „einer antiintellektuellen, kulturkonservativen Normierung des Kulturbetriebs Vorschub leistete"[73]. In ähnlich kritischem Ton setzt sich Charles Linsmayer mit der Ära der geistigen Landesverteidigung auseinander, deren schreibenden Befürwortern er vorwirft, dass sie „sich von der Woge der nationalistischen Begeisterung fortreißen"[74] ließen, ohne zu reflektieren, wie sehr sie sich mit ihrem so konstruierten Schrifttum in die ideologisch-ästhetische Nähe von der Blut- und Bodenliteratur begeben. Somit wurden sie „zu Teilhabenden, vielfach sogar zu führenden Exponenten der geschlossenen, auf Abwehr eingestellten schweizerischen Schicksalsgemeinschaft und verloren dabei jene Distanz, die nötig gewesen wäre, um auch gegenüber dem eigenen nationalen Egoismus eine höhere, universal gültige Menschlichkeit vertreten zu können."[75]

In seinem 1997 verfassten Essay *Die «Geistige Landesverteidigung» in den 1930er Jahren* erörtert Josef Mooser die helvetische Kulturpolitik jener Zeit in deren Vielschichtigkeit und Komplexität und verweist sowohl auf konservative als auch auf sozialliberale und linke Zusammenhänge.[76] Moosers tiefgründige Analyse des in vielen Quellen zu ortenden Ursprungs sowie des breiten Umfelds der geistigen Landesverteidigung ergibt bei klar geäußerter kritischer Position gegenüber der damaligen politischen Kultur doch ein heterogenes Bild jenes Konzepts. Der Autor differenziert die Ausprägungen der geistigen Landesverteidigung bereits an deren Quelle und geht von einem doppelten Verständnis des Schweizer Wesens in den 1930er Jahren aus: Neben der noch im helvetischen Liberalismus à la Carl Hilty verwurzelten Definition der Schweiz als einer von Herkunft, Rasse oder Sprache unabhängig bestehenden Willensnation setzte sich zu jener Zeit allmählich, zumal die Krise des Liberalismus auf dem Vormarsch ist, eine neue Deutung der eidgenössischen Nation durch, nämlich der von Philipp Etter forcierte und von dem erzkonservativen Schriftsteller und Intellektuellen

---

73 Ebd.
74 Charles Linsmayer: *Die Krise der Demokratie als Krise ihrer Literatur. Die Literatur der deutschen Schweiz im Zeitalter der geistigen Landesverteidigung*. In: Charles und Andrea Linsmayer (Hg.): *Frühling der Gegenwart. Schweizer Erzählungen 1890–1950*. Bd. 3. Frankfurt a.M.: Suhrkamp 1990, S. 436–493, hier S. 436.
75 Ebd., S. 469.
76 Vgl. Josef Mooser: *Die «Geistige Landesverteidigung» in den 1930er Jahren*. In: Schweizerische Zeitschrift für Geschichte, Jg. 47, Nr. 4 (1997), S. 685–708.

Gonzague de Reynold[77] mit Vehemenz weiter verbreitete neue Konservatismus[78], der auf der Opposition gegen jegliche Erscheinungsform der Moderne als „Destruktion von Ordnung und Werten"[79] aufbaute. Zugleich sahen die Befürworter der konservativen Erneuerung im Bauerntum und der ländlichen Umgebung ein ihrer Konzeption adäquates soziales Umfeld, weit weg von dem als feindlich aufgefassten urbanisierten kapitalistischen Milieu. Aus diesem Zusammenhang lässt sich ohne Zweifel die Konjunktur der Bauernliteratur in der Zeit der geistigen Landesverteidigung erklären. Zu den für das Schweizer Selbstverständnis bedeutendsten Erscheinungsformen der geistigen Landesverteidigung zählt Mooser darüber hinaus den angesichts der Bedrohung aus Deutschland in der Politik lancierten Anti-Germanismus[80], die konsequente Betonung der christlichen Schweiz als Grundlage nationaler Identität, die starke Polarisierung allerlei gesellschaftlicher Bereiche in das Schweizerische und Unschweizerische sowie die „Politisierung der Kultur."[81]

Obwohl die Literatur im Umfeld der geistigen Landesverteidigung programmatisch „zu einer völkischen Ideologie und einer eigenen schweizerischen Schollen-, Landschafts- und Gebirgsmystik"[82] neigte, entstanden in der Zeit 1933–1945 mehrere epische und dramatische Texte, die aufgrund ihrer kritischen Auseinandersetzung mit dem Zeitgeschehen als wichtige geschichtspolitische Stimmen gelten. So zählt Martin Stern „das kritische Zeitstück zu den besten Anstrengungen jener Periode, die Demokratie als offene Gesellschaft, trotz ihren Mängeln und Widersprüchen, auch unter innerer und äußerer Bedrohung am Leben zu erhalten"[83]. Exemplarisch für das Schweizer politisch engagierte Drama der Jahre 1933–1945 versammeln die beiden Germanisten Ursula Käser-Leisibach und Martin Stern in ihrer Anthologie *Kein einig Volk*[84] fünf Zeitstücke, in denen die aktuelle schweizerische und europäische Problematik

---

77 Zur Person von Gonzague de Reynold vgl.: Aram Mattioli: *Zwischen Demokratie und totalitärer Diktatur. Gonzague de Reynold und die Tradition der autoritären Rechten in der Schweiz*. Zürich: Orell Füssli 1994.
78 Vgl. Josef Mooser, Anm. 76, S. 690.
79 Ebd., S. 691.
80 Vgl. ebd., S. 698.
81 Ebd., S. 699.
82 Martin Stern: *Nachwort*. In: Ursula Käser-Leisibach, Martin Stern (Hg.): *Kein einig Volk. Fünf schweizerische Zeitstücke 1933–1945*. Bern, Stuttgart, Wien: Verlag Paul Haupt 1993, S. 528 f.
83 Ebd., S. 534.
84 Vgl. Ursula Käser-Leisibach, Martin Stern, ebd.

zum Ausdruck kommt: der Antisemitismus, der Schweizer Waffenexport, die zerstörerische Macht der Diktaturen, das Interesse am Sozialismus und Kommunismus sowie die sozialen Ungleichheiten als Folgen der Wirtschaftsentwicklung und Urbanisierung.

Neben dem in der genannten Anthologie präsentierten Drama *Wer wirft den ersten Stein* von Elsie Attenhofer (1943), einem durch Schweizer Mundart an die helvetischen Verhältnisse angepassten, als Appell gedachten Stücks zu Juden- und Flüchtlingsproblematik im Zweiten Weltkrieg entstehen in jener Zeit mehrere Schweizer Texte, die nicht nur auf die Judenfeindlichkeit des deutschen Nationalsozialismus aufmerksam machen, sondern auch den schweizerischen Antisemitismus anprangern. Bereits vor 1933 äußerte sich Carl Albert Loosli als Verteidiger der Menschenrechte gegen den Antisemitismus in der Schweiz. Nach den Schriften *Die schlimmen Juden* (1927) und *Die Juden und wir* (1930) publizierte er in der Monatsschrift „Die Zeitglocke" 1933 und 1934 in drei Teilen den Text *Antisemitismus und Menschenrechte*.[85]

Als direkte Reaktion auf den Faschismus und Antisemitismus sind auch Jakob Bührers Tragikomödie *Die Pfahlbauer* (1932), Walter Leschs Dialektkomödie *Cäsar in Rüblikon* (1936) sowie Werner J. Guggenheims Drama *Erziehung zum Menschen* (1938) zu verstehen. Das Stück von Guggenheim wurde für die Aufführung an der Landesausstellung 1939 empfohlen, von der zuständigen Arbeitskommission jedoch nicht angenommen. Für das Thema des Antisemitismus fand sich erst 1944 der geeignete Moment, um auf eine Schweizer Bühne gebracht zu werden – das Stück wird eben 1944 in St. Gallen uraufgeführt. Ähnliches trifft für das der Judenverfolgung nachspürende Stück *Wer wirft den ersten Stein* von Elsie Attenhofer zu. Im Jahre 1943 für den Wettbewerb am Schauspielhaus Zürich gemeldet, wurde der Text mit folgender Begründung abgewiesen: „[...] solche Stücke, noch dazu im Schweizer Dialekt, könnten im Schauspielhaus nicht aufgeführt werden."[86] Hans Rudolf Hilty äußert sich zu dem Zeitphänomen wie folgt: „Dass es auch antifaschistische Stücke gab, die man in Zürich nicht zu spielen wagte, hat die zur Ikonographie umgeschmolzene Zeitgeschichte verdrängt."[87] Auch Jakob Bührers Roman *Sturm über Stifflis* (1934) gilt als ein wichtiger Beitrag zur literarischen Auseinandersetzung

---

85 Vgl. ebd., S. 512.
86 Hans Schaffner, hier zit. nach Martin Stern, ebd., S. 461.
87 Hans Rudolf Hilty: *Schweizer Waffenhandel, dramatisch*. In: Der Tagesanzeiger, 4.12.1987.

mit dem Nationalsozialismus und dessen schweizerischer Ausprägung – dem Fröntlertum.[88] Als engagierter Arbeiterdichter und Sozialist wurde Bührer zum schärfsten Antagonisten des mit den Frontisten sympathisierenden Jakob Schaffner, „im Gegensatz zu Schaffner erkannte er die zersetzende Wirkung, die vom nazistischen Pseudo-Patriotismus ausging"[89].

Zu beachten sind darüber hinaus die auf Grausamkeiten des Faschismus verweisenden Texte von den in der Schweiz Zuflucht suchenden Emigranten: die Dramen *Die Rassen* (1933) von Ferdinand Bruckner und *Professor Mannheim* (1934) von Ferdinand Wolf, der KZ-Bericht *Moorsoldaten* (1935) von Wolfgang Langhoff, der selbst in einem der ersten Konzentrationslager Häftling war und nach der aufgrund einer Amnestie erfolgten Entlassung in die Schweiz floh, sowie der Roman *Vor grossen Wandlungen* (1936) von Ludwig Renn.[90]

Angesichts der sich in den 1930er Jahren verschärfenden militärischen Lage in Europa und der zunehmenden Aufrüstung auf allen Seiten des Abendlandes erlebte die eidgenössische Rüstungsindustrie ihre Hochkonjunktur. Während die schweizerische Wirtschaft aufgrund steigender Waffenausfuhr sich der höchsten Exportgewinne erfreute, kamen bei den Literaten erste moralische Bedenken auf. Bereits 1933 verfasste Jakob Bührer das Drama *Kein anderer Weg?*, in dem er die Probleme der Arbeiter und Bauern behandelt und dabei Bezüge zu dem schweizerischen Waffenhandel herstellt. Mit seinem Stück *Friedenstragödie* (1936) machte Albert Steffen eine Anspielung auf die aktuelle Situation in der Schweiz der 1930er Jahre; auf ähnliche Weise vermittelte W. J. Guggenheim in seinem Stück *Bomber für Japan* (1938) mit dem Motiv des von der helvetischen Realität weit entfernten japanischen Angriffs auf China ein akutes Problem der Gegenwart, nämlich die Lieferung der Schweizer Waffen in mehrere Staaten, die sich wenig später am Zweiten Weltkrieg beteiligten.

Am Rande des Hauptstroms des schweizerischen Literaturbetriebs der 1930er und Anfang der 1940er Jahre, der die Aufgabe übernahm, unter anderem mithilfe der Landesausstellung 1939 als Zäsur für das Schweizer Selbstverständnis den nationalen Stolz, die unkritische Begeisterung für die Heimat, „die totale Einordnung des einzelnen in die staatliche Gemeinschaft"[91] an den eidgenössischen Leser zu übertragen, machten sich dennoch Autoren bemerkbar, die ihre kritische Haltung gegenüber der Schweiz nicht aufgaben. In seiner Zeitdiagnose

---

88 Vgl. Eugen Weber: *Gedenkblatt für Jakob Bührer.* In: Profil. Sozialdemokratische Zeitschrift für Politik, Wirtschaft und Kultur. Bd. 55 (1976), H. 1, S. 8–10.
89 Dieter Fringeli, hier zit. nach Eugen Weber, ebd., S. 10.
90 Vgl. Martin Stern, Anm. 82, S. 512 f.
91 Charles Linsmayer, Anm. 74, S. 452 f.

verwies etwa der Außenseiter Ludwig Hohl auf die durch die offizielle Kulturpolitik herbeigeführte intellektuelle Lähmung:

> *Schweiz.* Die Starrheit ergreift nach und nach, ohne daß sie es merken, auch die Besten, und sie werden wie mit einer Glasur überzogen. Du siehst es mit Entsetzen und fürchtest, daß sie nach und nach ganz zementiert werden.[92]

In seinen zwischen 1934 und 1936 verfassten *Notizen* beschreibt Hohl zutreffend nicht nur die Lage derjenigen Dichter, die aufgrund ihrer anders geformten Sensibilität sich in die vorherrschende gesellschaftspolitische und kulturelle Richtung nicht fügen wollten, sondern er konnte beinahe prophetisch etwa die Situation um die Landesausstellung und die darauf folgende Entwicklung vorzeichnen. Von der allgemeinen Euphorie jener Veranstaltung ließ sich, wie die Mehrzahl der Schriftsteller, auch der junge Soldat Max Frisch mitreißen; in seinem Text *Blätter aus dem Brotsack* notierte er 1939:

> Wir denken noch oft an die Landesausstellung. Natürlich besonders nach unserem Urlaub. Sie kam wohl zur äußersten, zur besten Zeit. Wie begeisterte sie uns, unter viel anderem, für den Grundzug schweizerischer Eidgenossenschaft, für diese freie Bruderschaft verschiedener Sprachen![93]

Nur wenigen Autoren wurde die groß gefeierte Landesausstellung zum Vorwand, kritische Reflexionen über die Position eines Künstlers innerhalb der Gesellschaft anzustellen, über die nötige weite Perspektive eines Schaffenden, um mit distanziertem Blick das Wesentliche zu erfassen. Es wurden darüber hinaus Fragen aufgeworfen, zu welcher Aufgabe gegenüber der Gemeinschaft der Schriftsteller verpflichtet sei, und es wurde eine klare Antwort im Sinne eines Walter Muschg gegeben, „daß der wahre Künstler und Dichter sich die Distanz zur Gemeinschaft unter Umständen auch durch Verzicht und Verfemung zu erkaufen habe"[94]. Der durch den Staat vermittelte Drang zur kulturellen Homogenität und Konformität, der Aufruf, sich angesichts der Bedrohung in den Dienst des Landes und der Gemeinschaft zu stellen, stießen bei den gegenüber dieser Konzeption skeptischen Schriftstellern auf Widerstand. Dem Lyriker Hermann Hiltbrunner bedeutete eine solche politische Kultur den Missbrauch des bürgerlichen Vertrauens und die Einengung der demokratischen Freiheit:

---

92 Ludwig Hohl: *Die Notizen oder Von der unvoreiligen Versöhnung.* Bd. 2. Zürich: Artemis 1954, S. 220, hier zit. nach Charles Linsmayer, ebd.
93 Max Frisch: *Blätter aus dem Brotsack.* In: Max Frisch: *Gesammelte Werke in zeitlicher Folge 1931–1944.* Bd. 1. Frankfurt a.M.: Suhrkamp 1976, S. 133.
94 Charles Linsmayer, Anm. 74, S. 454.

Der Ruf nach Gemeinschaft kann zum Geschrei werden – und ehe wir wissen, was geschah, ist der Mensch verstaatlicht. Seht in das sorgenvolle gütige Antlitz Pestalozzis: nie hat der leidvolle Eifer dieses Mannes aufgehört, zu mahnen, daß der Mensch nicht verstaatlicht werden dürfe, sondern daß der Staat vermenschlicht werden müsse.[95]

Während das Kriegsende in Deutschland die als Stunde Null genannte literarästhetische Zäsur setzte, ein Umdenken und von ideologischem Missbrauch befreites Neugestalten von Sprache und Form forderte, strebte die junge Schriftstellergeneration um 1945 in der Schweiz danach, nicht mehr die „Herrschaftssprache"[96] sprechen zu müssen und die im Sinne der geistigen Landesverteidigung jahrelang durchgesetzte „Intoxikation mit den Heldenfabeln"[97] in eine wieder nach innen wie außen offene, kritische Distanz nicht scheuende Literatur zu transformieren.

Ein Durchbruch gelang Max Frisch 1950 mit seinem *Tagebuch 1946–1949*, das bei dem neugegründeten bundesdeutschen Suhrkamp erschien, weil seine Veröffentlichung von einem Schweizer Verlag abgelehnt wurde. Frischs literarisches Engagement war symptomatisch für die schwierige Umbruchszeit – als der von konservativer Schweiz gepflegte emotionale Patriotismus[98] gegen den kritischen in Konfrontation ging. Das Buch erwies sich nicht nur als eine Keimzelle der wichtigsten späteren Romane und Theaterstücke – das Drama *Andorra* etwa (1961) ist eine Fortschreibung des Textes *Der andorranische Jude*, *Biedermann und die Brandstifter* (1958) hat seine Grundlage in *Burleske*, ihre Quellen finden dort die späteren Romane *Stiller* (1954) und *Homo faber* (1957) – sondern es ist vor allem eine der ersten kritischen Stimmen in der Schweiz der Nachkriegszeit. In *Tagebuch 1946–1949* entwickelte Frisch sein Andorra-Konzept[99], einen seiner aussagekräftigsten literarischen Entwürfe, den er bereits 1947 mit *Tagebuch mit Marion* initiierte und in der Schweiz nicht mehr fortsetzen konnte, da der Verleger Martin Hürlimann kein Interesse an der behandelten Problematik zeigte.

---

95 Hermann Hiltbrunner: Der Außenseiter an der LA. Hier zit. nach Charles Linsmayer, ebd., S. 453 f.

96 Max Frisch äußerte sich viele Jahre nach dem Krieg in ähnlich kritischem Ton, den er kurz nach 1945 gegenüber dem helvetischen Staat verwendete: „Die Literatur spricht immer eine andere Sprache als die Herrschaftssprache, welche Herrschaft es auch sei, und ist dadurch eine Irritation." Max Frisch: *Die Poesie wühlt um. Ein Interview*. In: Konkret, H. 4, Hamburg 1983, S. 90–92, S. 90, hier zit. nach Charles Linsmayer, ebd., S. 491 f.

97 Peter von Matt: *Die tintenblauen Eidgenossen*, Anm. 1, S. 11.

98 Vgl. ebd., S. 134.

99 Vgl. Peter von Matt: *Was bleibt nach den Mythen? Das neue literarische Nachdenken über die Schweiz*. In: Ders.: *Das Kalb vor der Gotthardpost*, Anm. 22, S. 152 ff.

Zuerst in *Du sollst dir kein Bildnis machen* und *Der andorranische Jude* und später in dem Drama *Andorra* ausgeführt, leitete Frisch mit seinem Schlüsselmotiv nicht nur eine Debatte über die Schuld, Verantwortung und das Schweizbild im Zweiten Weltkrieg ein, sondern fügte sich in eine lange literarische Tradition in der Schweiz ein, die seit Gotthelf über Keller bis hin zu Dürrenmatt das Problem der „schuldigen Gemeinschaft"[100] in den Mittelpunkt der Darstellung stellte. So erwies sich Frischs erster Auftakt zu einer nach neuen Mustern gestalteten Literatur, die gegen den politischen Mainstream in Opposition steht, zugleich als eine ideelle Fortschreibung von *Schwarze Spinne* und *Leute von Seldwyla*, und wurde eine Dekade später um den wichtigen Diskurs von Dürrenmatts *Besuch der alten Dame* ergänzt.

Über ein halbes Jahrhundert lang unterließ es Max Frisch nicht, gegen den viele Jahre nach dem Krieg in der offiziellen helvetischen Politik lancierten Mythos und Sonderfall Schweiz anzuschreiben und das beschönigende Bild der Eidgenossenschaft zu revidieren. Neben den vielen belletristischen Texten verfasste er unzählige Essays, Presseartikel und politisch zugespitzte Reden, unter anderem auch auf den Parteitagen der Sozialdemokratie, in denen die Schweizer Erinnerungskultur eine neue Qualität erhielt. Dem Staat und Bürger wurde da die jüngste Vergangenheit ungeschminkt vor Augen geführt, die einheimische Neutralität als Illusion und „das korrekte Schweigen eines Vasallen"[101]

---

100 Ebd., S. 146.
101 Max Frisch: *Demokratie ohne Opposition*. In: Klara Obermüller, Anm. 9, S. 128. In seinem 1965 publizierten Text *Unbewältigte Schweizer Vergangenheit* initiierte Frisch eine Diskussion über den Umgang mit der neuesten Geschichte der Schweiz und fragte: „Wieweit wird die schweizerische Vergangenheit, die Zeit von 1933 bis 1945, erkennbar in unserer Literatur?" Dabei beklagt er sich über die in der Schweizer Literatur ausbleibende Auseinandersetzung mit der jüngsten Geschichte: „Was schreibt die junge Generation? Die Geschichte des Landes, seine jüngste Vergangenheit, sein Verhalten angesichts der Katastrophe, deren Folgen auch unsere Existenz bestimmen, sind kaum ihr Gegenstand; die jüngere Literatur der Schweiz [...] ist fast ausnahmslos apolitisch oder abstrakt-politisch, und es gibt hier nichts zu bewältigen, scheint es, im Gegensatz zu Deutschland und Frankreich und Italien." Max Frisch: *Unbewältigte Schweizer Vergangenheit*. In: Ders.: *Gesammelte Werke in zeitlicher Folge, 1964–1967*. Bd. 5, T. 2. Frankfurt a.M.: Suhrkamp 1976, S. 370–373, hier entsprechend S. 372 und S. 371. Aus der literaturgeschichtlichen Perspektive von heute unterliegt Frischs Meinung einer Ergänzung, denn eben 1965 publizierte W.M. Diggelmann seinen fingierten Tatsachenbericht „Die Hinterlassenschaft", in dem er sich der jüngsten Vergangenheit der Schweiz, u.a. der Schließung der Grenze vor Flüchtlingen aus dem Dritten Reich schonungslos stellt.

desavouiert, das Verhältnis des kleinen „Herrenvolks"[102] zu Ausländern kompromisslos kritisiert und von der Schweizer Demokratie eine tiefgehende Korrektur verlangt. Denn – wie Frischs bekannte Sentenz besagt – „Demokratie heißt, sich in eigene Angelegenheiten einzumischen." Indem der Schriftsteller die nach seiner Überzeugung falschen Bilder von der Schweiz zu zerstören versucht, so wie er Stiller symbolisch seine Gipsfiguren vernichten lässt, indem er die eidgenössische Humanität und Toleranz in Frage stellt[103], den uralten Wilhelm Tell-Mythos dekonstruiert und in seinem *Wilhelm Tell für die Schule* (1971) das Rütli „zur kritischen Spielwiese"[104] umdeutet, tritt er konsequent gegen die im Schweizer Bewusstsein fest verankerten Musterbilder von der sicheren, von Kriegsgefahren verschonten Insel an, einer Insel – die nach dem Zweiten Weltkrieg weiterhin in ihrer Isolation und Igelstellung verharren will, weil sie in der Ära des Kalten Krieges der „antikommunistischen Angstpsychose"[105] verfällt.

Somit schuf Frisch, dessen „Roman *Stiller* [heute] wie eine Ouvertüre"[106] der dem Staat gegenüber kritischen Perspektive der Nachkriegszeit gedeutet wird, nicht nur ein neues Paradigma auf dem Terrain der Literatur, das eine Auseinandersetzung mit dem Schweizer Selbstverständnis und die Notwendigkeit einer neuen Erinnerungsarbeit zum Ziel hat, sondern löste auch einen auf politischem Feld und in der Öffentlichkeit ausgetragenen Konflikt aus, in dem „mit der Zeit zwei große gegensätzliche Bilder von dem Lande Schweiz, zwei Kontrast-Images [entstehen]: *die gute Schweiz und die böse Schweiz*. […] Auf der einen Seite die etablierte Macht im Land, die Politiker, die alle deutlich noch von der Kriegszeit

---

102 Max Frisch: *Überfremdung I (1965)*: „Ein kleines Herrenvolk sieht sich in Gefahr. Man hat Arbeitskräfte gerufen, und es kommen Menschen." In: Ders.: *Gesammelte Werke in zeitlicher Folge*, ebd., S. 374–376, hier S. 374.
103 In dem Text *Überfremdung I* schreibt Frisch sarkastisch: „Wäre das kleine Herrenvolk nicht bei sich selbst berühmt für seine Humanität und Toleranz und so weiter, der Umgang mit den fremden Arbeitskräften wäre leichter; man könnte sie in ordentlichen Lagern unterbringen, wo sie auch singen dürften, und sie würden das Straßenbild nicht überfremden." Max Frisch, ebd.
104 Adolf Muschg: *Apfelschuß war nicht verlangt*. In: Der Spiegel, Nr. 33, 9.08.1971, S. 98.
105 Vgl. dazu Jean Rudolf von Salis: *Die Schweiz im Kalten Krieg*. In: Ders.: *Schwierige Schweiz. Beiträge zu Gegegenwartsfragen*. Zürich: Orell Füssli 1968; *Schnüffelstaat Schweiz. Hundert Jahre sind genug*. Hg. von: Komitee Schluss mit dem Schnüffelstaat. Zurich: Limmat 1990; Jakob Tanner: *Wirtschaftswachstum und Kalter Krieg*. In: Ders.: *Geschichte der Schweiz im 20. Jahrhundert*. München: Beck 2015, S. 292–352.
106 Peter von Matt, Anm. 1, S. 135.

geprägt waren, das konservative Bürgertum insgesamt, und auf der anderen Seite die streitlustige Intelligenz."[107]

Im kritischen Ton wie Frisch äußerten sich auch mehrere Schweizer Autoren der nachfolgenden Generationen, etwa die des sog. Zweiten Durchbruchs[108] (O.F. Walter, A. Muschg, P. Bichsel, H. Loetscher, J. Federspiel, W. Vogt) und dann die immer Jüngeren (S. Blatter, E.Y. Meyer, Th. Hürlimann, R. Hänny), sodass der kritische Patriotismus Anno 1950 und der etwa zu Beginn der 1990er Jahre sich in ihren wesentlichen Zügen kaum voneinander unterscheiden. Nach wie vor werden Themen wie die Flüchtlingspolitik, der Antisemitismus, die Schweizer Neutralität und Demokratie, das Verhältnis zur Armee gängige Motive in der Deutschschweizer Literatur. Inzwischen wurde die Schweiz von mehreren Skandalen[109] erschüttert – etwa von der Fichenaffäre, den Berichten zu Goldtransaktionen im Zweiten Weltkrieg und den nachrichtenlosen Konten[110], sodass die Schweiz der 1990er Jahre von den Schreibenden mit noch größerer Vehemenz unter die Lupe genommen und angegriffen wurde und allerlei staatliche Institutionen an Glaubwürdigkeit verloren: „nun wird der Leser durch die Literatur nicht mehr aus der Wirklichkeit hinausversetzt in etwas Schöneres, Reineres, Besseres, sondern das dichterische Wort soll in die Wirklichkeit hineinversetzen,"[111] nimmt Karl Schmid Stellung zur Aufgabe des Schriftstellers gegenüber der Gesellschaft, „die nicht wissen, sondern sich wohlfühlen will"[112].

---

107   Ebd.
108   Die sich in den 1960er Jahren zu Wort meldenden Schriftsteller, u.a. Otto F. Walter, Adolf Muschg, Peter Bichsel, Heinrich Wiesner, Paul Nizon werden als Autoren des sog. zweiten Durchbruchs bezeichnet. Vgl. dazu Peter André Bloch, Edwin Hubacher (Hg.): *Der Schriftsteller in unserer Zeit. Schweizer Autoren bestimmen ihre Rolle in der Gesellschaft. Eine Dokumentation zu Sprache und Literatur unserer Zeit.* Bern: Francke 1972. Zu den einzelnen Schriftstellergenerationen in der Schweizer Literatur nach 1945 vgl. auch Dorota Sośnicka: *Den Rhythmus der Zeit einfangen: Erzählexperimente in der Deutschschweizer Gegenwartsliteratur unter besonderer Berücksichtigung der Werke von Otto F. Walter, Gerold Späth und Zsuzsanna Gahse.* Würzburg: Königshausen & Neumann 2008, S. 25 ff.
109   Vgl. Heinz Looser, Hansjörg Braunschweig: *Die Schweiz und ihre Skandale. Mit einem Vorwort von Urs Widmer.* Zürich: Limmat 1995.
110   Vgl. Unabhängige Expertenkommission Schweiz – Zweiter Weltkrieg (Hg.): *Die Schweiz und die Goldtransaktionen im Zweiten Weltkrieg.* In: www.uek.ch, Zugang am 21.04.2016.
111   Karl Schmid: *Engagement und Opposition,* hier zit. nach Klara Obermüller, Anm. 9, S. 9.
112   Ebd.

Auch Frischs Zeitgenosse Friedrich Dürrenmatt bemühte sich auf diversen Wegen seiner schriftstellerischen Tätigkeit den Mythos Schweiz als falsches Konstrukt zu entlarven. In mehreren essayistischen Schriften – wie etwa im Text *Zur Dramaturgie der Schweiz* (1968/1970) – setzte er sich mit dem helvetischen Zeitgeschehen auseinander: Entgegen dem offiziellen Bild der Schweiz beurteilt der Autor ihre Neutralität als „eine politische Taktik, keine Moral"[113], den Antikommunismus des Kalten Krieges als weit übertrieben – „zu einem Ritual geworden, zu einem Stammestanz der Schweizer"[114], und den staatlich etablierten Patriotismus als obsolet, denn die moderne Eidgenossenschaft braucht einen neuen, „einen kühleren und sachlicheren, einen Patriotismus, der sich auf die heutige Schweiz bezieht, auf die Schweiz der Mirage-Affäre und der Überfremdung und nicht auf jene von Sankt Jakob an der Birs"[115].

Darüber hinaus stellt Dürrenmatt die in der Zeit der geistigen Landesverteidigung beschworene Einheit in der Vielheit in Frage. Während noch Carl Spitteler aus Sorge um die Nation an alle Generationen appellierte, angesichts der Bedrohung von außen das „Einigkeitsexamen"[116] zu bestehen, desillusioniert Dürrenmatt jene als Vorbild für Europa hingestellte Tugend und behauptet: „wir leben nicht mit den französischen und italienischen Schweizern zusammen, sondern beziehungslos nebeneinander her."[117] Im Ton des kritischen Patriotismus nimmt der Autor Bezug auf das ruhmlose Image der Eidgenossenschaft während des Zweiten Weltkrieges und zögert nicht, im Schweizer Kontext von Schuld zu sprechen, „hier erweist sich die Schweiz als klein, kleiner noch als auf der Landkarte."[118]

Als eine unmittelbare Reaktion auf die Fichenaffäre, die auf die jahrelange Bespitzelung der Bürger durch den eigenen Staat zurückgeht, ist *Die Schweiz – ein Gefängnis* (1990), Dürrenmatts Rede auf Vaclav Havel, zu verstehen, die in ihrem wesentlichsten Teil auf dem für den Autor charakteristischen Prinzip des Paradoxen aufgebaut ist. Die Schweiz sei ein Gefängnis, in das sich die Bürger aus freiem Willen einsperren lassen und zugleich die Rolle der Insassen und Wächter zu erfüllen haben, „weil sie nur im Gefängnis sicher sind, nicht überfallen zu

---

113 Friedrich Dürrenmatt: *Zur Dramaturgie der Schweiz*. In: Ders.: *Gesammelte Werke*. Bd. 7: *Essays, Gedichte*. Zürich: Diogenes 1996, S. 814–830, hier S. 816 f.
114 Ebd., S. 819.
115 Ebd., S. 825 f.
116 Carl Spitteler, Anm. 33, S. 146.
117 Friedrich Dürrenmatt, Anm. 113, S. 828.
118 Ebd., S. 823.

werden, fühlen sich die Schweizer frei, [...] frei als Gefangene im Gefängnis ihrer Neutralität."[119]

Eine vergleichbar polemische Diktion begleitet unzählige publizistische Texte, die den Schweizer Schriftstellern seit den 1960er Jahren als ein permanentes Forum kritischer Auseinandersetzung mit der Eidgenossenschaft dienen. Da es den Rahmen der vorliegenden Arbeit sprengen würde, im Einzelnen auf ihre Problematik einzugehen oder gar sie nur repräsentativ aufzuzählen, sei lediglich auf einige wenige Beiträge verwiesen, die die vehementesten Debatten ausgelöst haben und bis heute als die den kritischen Schweizer Erinnerungsdiskurs konstituierenden Texte gelten.

Zum Auslöser der ersten literarischen Debatte nach 1945, in deren Kern der Kampf zwischen der durch die Ästhetik der geistigen Landesverteidigung konservierten und der modernen Schweiz steht, wurde Emil Staigers Preisrede *Literatur und Öffentlichkeit* (1966). Die Rhetorik des durch die völkisch-nationale Literaturauffassung geprägten Professors zielte gegen das „Häßliche" und „Nihilistische"[120] moderner Dichtung und ermahnte deren Vertreter zu Maß, Sittlichkeit und Heiterkeit in der Wirklichkeitsdarstellung. Nachdem Staiger die neue Literatur als „Kloake"[121] und die Exponenten der sich nach neuen ästhetischen Mustern orientierenden Texte der Gegenwartsliteratur als „Zuhälter, Dirnen und Verbrecher"[122] etikettiert hatte, meldeten sich die in Opposition zu dem in den 1930er Jahren festgelegten Kultur- und Literaturverständnis stehenden Schriftsteller und Intellektuellen mit Proteststimmen – unter ihnen etwa Max Frisch, Hugo Loetscher, Paul Nizon, Hans Heinz Holz. Die progressiv denkenden Autoren verwendeten in ihrer „Staiger-Schelte"[123] allerlei auf den Faschismus und jegliche Art von Totalitarismus bezogene Parallelen, um den Befürwortern jener Kulturkonzeption und Emil Staiger selbst vor dem Hintergrund des letzten Weltkrieges bewusst zu machen, wie gefährlich eine pauschale Verfemung des Neuen und Anderen und wie dünn die Grenzlinie zwischen verbaler Bücherverdammung und realer Bücherverbrennung sind.[124]

---

119 Friedrich Dürrenmatt: *Die Schweiz – ein Gefängnis*. In: Ders., ebd., S. 891.
120 Emil Staiger: *Literatur und Öffentlichkeit*, zit. nach: Günter Scholdt: *Ein Vorspiel nur. Der Zürcher Literaturstreit 1966*. In: Sezession 27, Dezember 2008, S. 24–29, hier S. 25.
121 Ebd.
122 Ebd.
123 Günter Scholdt, Anm. 120, S. 26.
124 Neben Max Frisch erwies sich die gegen Staigers Rede gerichtete Polemik von Hans Heinz Holz in der Basler „National Zeitung" vom 15.01.1967 als vornehmlich stark.

Eine rege Diskussion über die Schweizer Identität, insbesondere des Schweizer Künstlers, entfaltete 1970 Paul Nizon mit seinem essayistischen Werk *Diskurs in der Enge*.[125] Ausgangspunkt seiner Überlegungen ist die These, die Schweiz sei für einen Künstler zu provinziell, sodass er in der „sonderfall-mäßigen" Enge zu ersticken droht und daher die Flucht nicht nur als existentiell, sondern vor allem als ästhetisch bedingte Alternative wählen muss, denn „dem Künstler stellt sich das Problem der schweizerischen Enge als Stoffproblem"[126]. Dabei nimmt Nizon auf spektakuläre Beispiele aus der jüngsten Schweizer Literatur Bezug: auf Robert Walser, der nach seinem erfolgreichen Berlin-Aufenthalt in der kleinen Heimat „aus unstillbarem Hunger nach Lebensstoffen"[127] bald verstummte, auf Albin Zollingers Roman *Die große Unruhe* als Vorbild der Erschaffung einer Ersatzheimat sowie auf Frischs *Stiller*, der seine „Zugehörigkeit zur Heimat ablehnt, indem er sie leugnet"[128]. Seine 1977 wegen der permanenten künstlerischen „Unterernährung"[129] und aus Mangel an helvetischer Städtekultur erfolgende Übersiedlung nach Paris betrachtet er somit als notwendiges Exil. Darüber hinaus besitze die Schweiz keine Geschichte im Sinne von Weltgeschehen, sie biete dem Schreibenden demnach auch keine Geschichten. Nizons ästhetisches Konzept der Enge war jedoch keine neue Komponente des Schweizer Kultur-Diskurses – bei Max Frisch etwa wurde der Kleinstaat „hermetisches Modell des unschöpferischen Pharisäertums"[130] und Karl Schmid bestimmte in seinem Essayband *Unbehagen im Kleinstaat* (1963) die Existenz eines Schweizers in seinem Land als „Widerspruch

---

Dort verwies er auf einen 1933 von Staiger verfassten Aufsatz, in dem er die faschistischen Bücherverbrennungen zum „Indiz für den Aufbruch zu einer neuen, geistig gesunden Volksgemeinschaft" erhob.
125 Vgl. Joanna Jabłkowska: „*Wie klein unser Land ist?" Zum Problem der Enge in der Schweizer Nachkriegsliteratur*. In: Dariusz Komorowski (Hg.): *Jenseits von Frisch und Dürrenmatt. Raumgestaltung in der gegenwärtigen Deutschschweizer Literatur*. Würzburg: Königshausen & Neumann 2009, S. 39–48.
126 Paul Nizon: *Diskurs in der Enge. Verweigerers Steckbrief. Schweizer Passagen*. Hg. u. mit einem Vorwort versehen von Peter Henning. Frankfurt a.M.: Suhrkamp 1990, S. 168.
127 Ebd., S. 173.
128 Ebd., S. 174; vgl. dazu auch Annarosa Zweifel Azzone: *Die Konstruktion der Vergangenheit in Max Frischs Roman ‚Stiller'. Die Suche nach der Identität und das Leiden unter der Enge*. In: Barbara Burns, Malcolm Pender (Hg.), Anm. 11, S. 201–212.
129 Ebd., S. 167.
130 Karl Schmid über Max Frisch. In: Karl Schmid: *Unbehagen im Kleinstaat. Untersuchungen über Conrad Ferdinand Meyer, Henri-Frédéric Amiel, Jakob Schaffner, Max Frisch, Jakob Burkhardt*. In: Ders.: *Gesammelte Werke*. Bd. 4, 1961–1965. Hg. von

zwischen dem Willen nach offener Weite und der imperativen Enge"[131]. Den radikalen, kategorisch formulierten Impuls zur ‚Flucht aus der Enge' und zur Reflexion über das Leiden an ihr gab aber Nizon nun mit einer „hyperbolischen Pirouette"[132] und wurde somit vielen helvetischen Dichtern zum Vorbild; so verbreitete sich die Diskussion über das Unbehagen in der ‚Schweizer Enge' und das literarisch geäußerte Mitempfinden jenes Leidens beinahe „endemisch"[133] und wurde zugleich zu einer Regionalismus-Debatte. In der Folge drückten Nizons Zeitgenossen ihre Meinung sowohl bejahend als auch polemisch zur Diskurs-Kategorie ‚Enge', um es dann „zum billigen Klischee"[134] verkommen zu lassen. „Ist unsere Schweiz in den letzten paar Jahrzehnten wirklich so klein und so eng geworden?"[135], fragte 1989 Peter Bichsel in einer seiner Reden und meinte dabei den zunehmenden Fremdenhass und den nicht nachlassenden Isolationswillen der Eidgenossen. Gegen die These, schweizerischer Provinzialismus und Lokaldenken seien für einen Schreibenden von Nachteil, äußerte sich 1987 auch Hermann Burger in seinem Essay *Schweizer Literatur nach 1968*:

> Regionalismus als literarische Intention ist kein Verzicht, keine Tugend, die aus der provinziellen Not geboren wird, sondern eine Weiterentwicklung der Schweizer Literatur.[136]

In der Schweizer Literatur der 1970er und 1980er Jahre machte sich eine Verlagerung des Interesses vom aktuellen Geschehen und der kritischen Auseinandersetzung mit der Vergangenheit zum Privaten und Autobiographischen bemerkbar. Den Auftakt zur Abkehr von politisch geprägter Problematik und zur Hinwendung zu Selbstreflexion und Rückzug auf Subjektives gab Max Frisch

---

Thomas Sprecher und Judith Niederberger. Zürich: Verlag Neue Zürcher Zeitung 1998, S. 226.

131 Karl Schmid, ebd.
132 Pia Reinacher: *Warum die Schweiz ohne junge Schweizer Literatur auskommen muß*. In: Frankfurter Allgemeine Zeitung, 19.08.2003. Vgl. dazu auch Pia Reinacher: *Je Suisse. Zur aktuellen Lage der Schweizer Literatur*. München: Nagel & Kimche im C. Hanser 2003.
133 Roman Bucheli: *An der Schicksalslosigkeit leiden. Über die lang anhaltende Macht eines Topos in der Schweizer Literatur*. Neue Zürcher Zeitung, 23/24.03.2002.
134 Peter von Matt, Anm. 1, S. 136.
135 Peter Bichsel: *Der Virus Reichtum*. In: *Des Schweizers Schweiz. Aufsätze*. Frankfurt a.M.: Suhrkamp 2013, S. 70.
136 Hermann Burger: *Die Schweizer Literatur nach 1968*. In: Ders.: *Als Autor auf der Stör*. Frankfurt a.M.: Fischer 1987, S. 233; vgl. dazu auch Zygmunt Mielczarek: *Zum Problem des Regionalismus in der schweizerischen Literatur*. In: Germanica Wratislaviensia, Nr. 21, 1975, S. 37–54.

mit der Erzählung *Montauk* (1975). An die Stelle des in der Schweizer Tradition fest verankerten realistischen Romans mit starkem gesellschaftspolitischem Bezug traten ab nun Texte, deren um das eigene Ich kreisender Inhalt wegen der Umweltzerstörung, Entfremdung und Homoerotik mit Motivfeld Krankheit, Einsamkeit, Angst gefüllt wird.[137] Ihre Form ist dabei „in dem weiten Spannungsfeld zwischen Parabolik und dekonstruktiver Postmoderne"[138] situiert, was durch „Depotenzierung der Erzählerinstanz, die Dissoziation einer Protagonistenfigur, [...] die Einbeziehung von ästhetischen Verfahren außerliterarischen Ursprungs wie einer filmischen Schnitt-Technik"[139] zum Ausdruck kommt. In der Schweizer Literatur der 1980er Jahre, die sich dem mehr oder weniger direkt artikulierten gesellschaftspolitischen Engagement bewusst verweigert, lassen sich aber immer noch vereinzelt Romane vernehmen, denen nach wie vor der kritische Diskurs der Erinnerungsarbeit zugrunde liegt. Otto F. Walters Roman *Zeit des Fasans* (1988) und Urs Faes' *Sommerwende* (1989)[140] gehören aufgrund der behandelten Problematik zwar ins Umfeld der ‚littérature engagée', die beiden Texte erschließen jedoch eine neue Dimension der Vergangenheitsaufarbeitung, „indem sie das kollektive Gedächtnis und den individuellen Prozess der Erinnerung problematisieren und die Übel der Gegenwart als Konsequenz einer unverarbeiteten Geschichte darstellen"[141]. Auf zwei Zeitebenen, 1941 und 1987, baut Faes seine literarische Konstruktion auf, deren Kern die Auseinandersetzung mit dem versteinerten Mythos Schweiz ausmacht, mit dem Moraldenken der Eidgenossen während des Zweiten Weltkrieges, mit Mord und Judenhass Anno 1941 und 1987. Somit gelingt dem Autor eine Epochenbilanz, die die Geschichte nicht als abgeschlossenes Reservoir zeigt, dem die Historiker fertigen Stoff entnehmen können, sondern als immer wieder neu zu lösende Aufgabe und eine Materie, die infolge der Erinnerungsarbeit und in der jeweils aktuellen Optik in immer

---

137 Vgl. Jürgen Egyptien: *Zwischen Autobiographie, Parabolik, Postmodernität und Pararealismus. Zur deutschsprachigen Prosa in der Schweiz der achtziger Jahre.* In: Walter Delabar, Werner Jung, Ingrid Pergande (Hg.): *Neue Generation, neues Erzählen.* Opladen: Westdeutscher Verlag 1993, S. 219–236.
138 Ebd., S. 220.
139 Ebd.
140 Vgl. Dorota Sośnicka: *Die Last des Vergangenen. Zur Aufarbeitung der Schweizer Zeitgeschichte in den Romanen „Zeit des Fasans" von Otto F. Walter und „Sommerwende" von Urs Faes.* In: Carsten Gansel, Paweł Zimniak (Hg.): *Reden und Schweigen in der deutschsprachigen Literatur nach 1945. Fallstudien.* Wrocław – Dresden 2006, S. 112–134.
141 Charlotte Challié: *Heimdurchsuchungen. Deutschschweizer Literatur, Geschichtspolitik und Erinnerungskultur seit 1965.* University of British Columbia 2004, S. 323.

neuem Kontext zu schildern ist. So kann Faes durch die Verflechtung und Gegenüberstellung von zwei fast ein halbes Jahrhundert voneinander entfernten Geschichten und Zeiträumen nachweisen, dass die nationalistischen Verhaltensmuster der 1930er und 1940er Jahre etwa in den fremdenfeindlichen Parolen der 1980er Jahre eine düstere Kontinuität erfahren, denn – wie Peter von Matt den Umgang mit Geschichte resümiert – „wer die eigene Epoche, die gegebenenfalls mehrere Jahrzehnte zurückreichen kann, ins literarische Werk holt, Geschichte also versteht als ein Kontinuum, in das er selbst eingebunden ist, und nicht als Gegensatz zur Gegenwart, der arbeitet an der Identitätsfindung seiner Zeit und mithin seiner selbst"[142].

Auch Otto F. Walters Roman *Zeit des Fasans* verfolgt ein anderes Ziel, als nur die verdrängte Schweizer Geschichte zurückzuholen. Ähnlich wie bei Faes wird hier der Erinnerungsprozess von der kritischen Gegenwartsreflexion begleitet, um aufzuzeigen, dass „die Politik von damals ihre fast ungebrochene Fortsetzung in der gegenwärtigen Flüchtlingspolitik findet"[143]. Walters Roman liefert 1988 den Beweis dafür, dass der Schweizer Mythos als Gegenstand der literarischen Auseinandersetzung allein nicht mehr tragfähig ist, „was einst Landesgeschichte als Thema der Literatur war, ist in jüngster Zeit zum Familienroman geworden"[144]. In den generationsübergreifenden Werken von Faes, Walter oder Charles Lewinsky[145] bilden die groß angelegten Familiengeschichten das Zentrum und sind „mit kritischen Seitenhieben zur politischen Geschichte versetzt"[146].

Wenn aber die Schweizer Literatur 1998 auf der Frankfurter Buchmesse unter dem Motto „Hoher Himmel – enges Tal" präsent war und somit die beiden für die Schweizer Identität tragfähigen Begriffe zu vereinigen versuchte, wenn Martin R. Dean in dem 2010 publizierten Text *Fremd gehen* betonte, „das Fremde scheint unabdingbar für die Konstruktion einer Schweizer Identität"[147], jene helvetische Spannung zwischen Heimat und Fremde und zwischen ‚fremd' und ‚eigen' in seiner Umgebung daher immer noch wahrzunehmen glaubte, wenn schließlich

---

142 Peter von Matt: *Die Trieblizenz des historischen Erzählens. Am Beispiel von Gotthelfs »Kurt von Koppigen«*. In: Hartmut Eggert, Ulrich Profitlich und Klaus Scherpe (Hg.): *Geschichte als Literatur. Formen und Grenzen der Repräsentation von Vergangenheit*. Stuttgart: Metzler 1990, S. 162.
143 Otto F. Walter, zit. nach Charlotte Challié, Anm. 141, S. 328.
144 Peter von Matt, Anm. 4, S. 34.
145 Zu dem Roman *Melnitz* von Charles Lewinsky vgl. Kapitel 5.
146 Peter von Matt, Anm. 4, S. 34.
147 Martin R. Dean: *Fremd gehen*. In: www.germanistik.ch, Verlag für Literatur- und Kulturwissenschaft, Zugang am 14.06.2016.

2010 ein Sammelband mit Texten über Schweizer Autoren mit Migrationshintergrund mit dem Titel *Diskurs in die Weite* die bewusst herausfordernde These als Bruch mit der Tradition des kritischen Patriotismus formulierte[148], so ist es berechtigt zu behaupten, der Nizonsche Enge- und Heimat-Diskurs verleitet, trotz der erwähnten Gegentendenzen, nach wie vor zu literarischen Stellungnahmen.

Die gesellschaftspolitischen Ereignisse der 1990er Jahre sorgten in der Schweiz nämlich erneut für vehemente Debatten in Intellektuellen- und Dichterkreisen. Kaum ein anderer Schweizer Schriftsteller beteiligt sich intensiver an nationalpolitischen Debatten als Adolf Muschg.[149] Als die heftigen Auseinandersetzungen etwa bezüglich des Fichenskandals um 1990, diejenigen zu Goldtransaktionen zwischen der Schweizer Nationalbank und dem Dritten Reich sowie den nachrichtenlosen Konten um 1996 in der Öffentlichkeit diskutiert wurden, meldete sich der Schriftsteller Muschg, zugleich ein politischer Redner und Aktivist, zu Wort, um im Namen der Intellektuellen die Regierenden unter Druck zu setzen und anzugreifen. Nachdem er bezüglich der Fichen-Affäre die Öffentlichkeit darauf aufmerksam gemacht hatte, dass aufgrund der jahrelangen Beschattung durch den Schweizer Staat die Grund- und Menschenrechte verletzt wurden, forderte er vor Fernsehkameras den Rücktritt von zwei Bundesräten und warf den Massenmedien Manipulation vor.[150] Zu der Fichenskandal-Debatte trug Muschg auch mit seiner Rede *Kaputtgeschützt* sowie mit dem Aufruf zum Boykott[151] der für 1991 geplanten 700-Jahr-Feier der Eidgenossenschaft bei, dem sich mehrere Schriftsteller und Intellektuelle anschlossen. Was Adolf Muschg mit seinem höchst umstrittenen Essay *Wenn Auschwitz in der Schweiz liegt* (1997) zum Ausdruck brachte – nämlich das kompromisslos und spätestens unter Einfluss der Nazi-Gold-Affäre endgültig revidierte Bild der Schweiz als Sonderfall – ist im

---

148 Vgl. Jeroen Dewulf: *Vom Diskurs in der Enge zum Diskurs in die Weite. Hugo Loetschers Konzept der „Pluralen Heimat" als Schlüsselbegriff in der neueren Literatur der deutschsprachigen Schweiz*. In: German Quarterly, Vol. 86, Nr. 2 (2013), S. 123.

149 Vgl. Ulrike Tanzer: *Ein unbequemer Eidgenosse. Adolf Muschg und die Vergangenheitsdebatte in der Schweiz*. In: Joanna Jabłkowska, Małgorzata Półrola (Hg.): *Engagement, Debatten, Skandale. Deutschsprachige Autoren als Zeitgenossen*. Łódź: Wydawnictwo Uniwersytetu Łódzkiego 2002, S. 477–485.

150 Vgl. Dorothee Liehr: *Skandal und Intervention. Adolf Muschg und seine Eingriffe in die Fichen-Affäre 1989/90 - zur Rolle der Intellektuellen seit den 1990er Jahren*. In: Ingrid Gilcher-Holtey (Hg.): *Zwischen den Fronten. Positionskämpfe europäischer Intellektueller im 20. Jahrhundert*. Berlin: Akademie Verlag 2006, S. 251.

151 Vgl. Fredi Lerch, Andreas Simmen (Hg.): *Der leergeglaubte Staat. Kulturboykott. Gegen die 700-Jahr-Feier der Schweiz. Dokumentation einer Debatte*. Zürich: Rotpunktverlag 1991.

Prinzip eine Vollendung der jahrelangen Ermahnung seiner und der ihm nachfolgenden Generation zur Aufarbeitung der helvetischen Geschichte. In den Werken wie etwa *Die Hinterlassenschaft* (1965) und *Schweizer Tabus, Schweizer Sünden* (1978) von Walter Matthias Diggelmann, *Der Anschluss fand statt* (1970) von Christoph Geiser, *Die Erschiessung des Landesverräters Ernst S.* (1974) von Niklaus Meienberg, *Zeit des Fasans* (1988) von Otto F. Walter, *Sommerwende* (1989) von Urs Faes, *Die Schweiz – ein Gefängnis* (1990) von Friedrich Dürrenmatt, *Der Gesandte* (1991) von Thomas Hürlimann und *Die Schweiz am Ende – am Ende die Schweiz. Erinnerungen an mein Land vor 1991* (1991) von Adolf Muschg wird die Schweizer Geschichte hartnäckig aufgearbeitet, was von dem Historiker Thomas Maissen in seiner 2005 veröffentlichten Studie zu nachrichtenlosen Vermögen und der öffentlichen Diskussion zur Rolle der Schweiz im Zweiten Weltkrieg als „verweigerte Erinnerung"[152] bezeichnet wird.

Den direkten Impuls für Muschgs öffentliche Intervention in der Raubgold-Debatte gab die als Reaktion auf die anklagenden Stimmen aus dem Ausland formulierte Äußerung des damaligen Bundespräsidenten Jean-Pascal Delamuraz, dass Auschwitz doch nicht in der Schweiz liege. „Es war gewiß keine Schande," antwortet Muschg in seinem Essay, „sich um jeden Preis und mit allen Mitteln draußen zu halten. Aber als wir den Preis kannten – denn er trug ein menschliches Gesicht – hätten wir ihn beim Namen nennen müssen. Diese Menschen hatten Namen. Was wir in Kauf nahmen, um uns zu retten, war ihr Leben und danach ihr Gold, auch dasjenige ihrer Zähne."[153] Indem Muschg den Auschwitz-Topos im Kontext der Schweizer Schuld verwendete und die von Staatsoberhaupt Delamuraz explizit geäußerte Vorgehensweise der Eidgenossenschaft außerhalb des Holocaust-Zusammenhangs als bewusst verweigerte Teilnahme an der Europa-Zivilisation verurteilte, provozierte er eine heftige Debatte einschließlich persönlicher Angriffe und Drohungen, im Besonderen von der rechten Seite der politischen Bühne.[154] Seine Auschwitz-Parallele wurde als „semantische Entgleisung"[155] und Muschg selbst als „Landesverräter und Staatsfeind erster Güteklasse"[156] etikettiert. So entfaltete sich die sowohl konservative Politiker als

---

152 Thomas Maissen: *Verweigerte Erinnerung. Nachrichtenlose Vermögen und die Schweizer Weltkriegsdebatte 1989–2004*. Zürich: Verlag Neue Zürcher Zeitung 2005.
153 Adolf Muschg: *Wenn Auschwitz in der Schweiz liegt – Über die Nichtanerkennung historischer Schuld und den langen Schlaf der Selbstgerechten*. In: Die Zeit, 07.02.1997.
154 Vgl. dazu etwa Charlotte Challié, Anm. 141, S. 106; Dorothee Liehr, Anm. 150, S. 139 f.
155 Charlotte Challié, ebd.
156 Ebd.

auch linke Intellektuelle provozierende Beteiligung Adolf Muschgs an der Vergangenheitsdebatte schnell zu einer Debatte um seinen Text *Wenn Auschwitz in der Schweiz liegt*.[157]

Während die Schweizer Öffentlichkeit in den 1990er Jahren durch dynamische Diskussionen über den Fichenskandal, die nachrichtenlosen Vermögen und den EU-Beitritt erschüttert wird, finden sich in der fiktionalen Literatur der jüngsten Generation kaum mehr Spuren sowohl jener Auseinandersetzung als auch des gesamten Erinnerungsdiskurses. Seit über zwei Dekaden entfernen sich nämlich die helvetischen Schriftsteller von dem Paradigma der 1960er Jahre, von dem Primat gesellschaftskritisch engagierter Literatur.[158] Den sich zum Teil als literarische Nachfolger Robert Walsers verstehenden Schriftstellern der 1970er und 1980er Jahre wie etwa Peter Bichsel, Christoph Geiser, Rainer Brambach schließen sich in den 1990er Jahren Vertreter der jungen Literatur an, denen als anders sozialisierten Kindern der 1968er Generation „der nationale Diskurs nur noch leere Hülse"[159] ist, die sich viel mehr von Globalisierung und flexibler Lebensart als Europäer versprechen als von der Schweizer Identität: Peter Weber, Ruth Schweikert sowie von anderem ästhetischen Profil geprägte Aglaya Veteranyi, Tim Krohn, Milena Moser, Zoë Jenny und viele weitere, die sich von der schweizerischen Problematik endgültig emanzipiert haben.

Wie Pia Reinacher betont[160], seien die Vertreter der jüngsten Literatur – im Gegensatz zu den politisch engagierten Autoren der 1960er Jahre – weder am Politischen noch am Tagesgeschehen interessiert und befassen sich vorwiegend mit dem Privaten, weil deren Herz „weder für noch gegen das Vaterland, sondern vielmehr für die eigene Biographie, für Liebe, Sex und Partnerstreß"[161] schlage. Dabei rekurriert Reinacher nochmals auf das Postulat Paul Nizons, der Schweizer Schriftsteller sei auf das Ausland angewiesen, um es in abgewandelter

---

157 Vgl. *Einerseits liegt Auschwitz in der Schweiz, andererseits konnte man nicht anders. Über Schuld und Sühne, die Schweiz und den Holocaust. Schriftsteller, Historiker, Philosophen debattieren über Adolf Muschgs Essayband „Wenn Auschwitz in der Schweiz liegt"*. In: Die Weltwoche, 07.05.1997.
158 Vgl. dazu etwa: Jürgen Egyptien, Anm. 137; Elsbeth Pulver: *Als es noch Grenzen gab: Zur Literatur der deutschen Schweiz seit 1970*. In: Robert Acker, Marianne Burkhard (Hg.): *Blick auf die Schweiz: zur Frage der Eigenständigkeit der Schweizer Literatur seit 1970*. Amsterdam: Rodopi 1987, S. 1–42; Pia Reinacher, Anm. 132; Dorota Sośnicka, Malcolm Pender (Hg.): *Ein neuer Aufbruch? 1991–2011. Die Deutschschweizer Literatur nach der 700-Jahr-Feier*. Würzburg: Königshausen & Neumann 2012.
159 Pia Reinacher, Anm. 132.
160 Vgl. ebd.
161 Ebd.

Form zu erörtern: Den Autoren der 1990er Jahre werde das Ausland zur vorübergehenden oder festen Heimat, wobei jetzt aufgrund ihrer als selbstverständlich empfundenen Mobilität die Landesgrenzen keine literarische Relevanz mehr besitzen: „Die patriotische Hymne ist verklungen, das Kampflied gegen die helvetische Enge nur noch von fern zu hören."[162]

Was etwa Peter von Matt 2010 und früher Pia Reinacher in Bezug auf die Schweizer Literatur diagnostizierten, nämlich dass die auf kritische Konfrontation mit der Schweiz aufbauende Literatur sich „totgelaufen"[163] hat, dass sich die junge Generation von dem „literarisch verbrämten Politgeplauder"[164] distanziert und heutzutage lieber sich nach dem Marktdiktat richtend, Unterhaltung und politikferne Problematik vorzieht, scheint zu einem Schweizer Dauertrend geworden zu sein.[165] „Hat die Schweiz als literarische Kulisse ausgedient?"[166], lautete etwa die Frage nach der Relevanz schweizerischer Topoi im Kontext des Literaturfestivals Buchbasel 2015. Und nach wie vor wird das Problem der Verhältnisse der deutschschweizerischen Autoren mit dem Kulturraum und Verlagsmarkt Deutschland erörtert, die Frage nach Schweizer versus deutscher Literatur scheint demnach weiterhin legitim zu sein.

Dass die Antworten auf Fragen nach helvetischer Ästhetik in der globalisierten Welt nicht mehr selbstverständlich sind, mögen Beispiele aus neuester Schweizer Literatur belegen. Als erste Schweizerin erhielt 2010 die aus dem ehemaligen Jugoslawien, aus ungarischer Minderheit der Provinz Vojvodina stammende Melinda Nadj Abonji den Deutschen Buchpreis für *Tauben fliegen auf* (2010), einen Text, der die schwierigen Beziehungen der Immigranten in der Schweiz nicht ohne kritischen Blick auf das Gastland behandelt. Die Prosatexte des Rätoromanen Arno Camenisch dagegen, darunter *Sez Ner* (2009)

---

162 Ebd.
163 Peter von Matt, Anm. 4, S. 34.
164 Pia Reinacher, Anm. 132.
165 Vgl. Rémy Charbon: „*Die Schweiz als Staat ist für mich kein Thema. Die Schweiz als Lebensraum schon*". Zum Heimatbegriff in der Schweizer Literatur des 20. Jahrhunderts. In: Fabienne Liptay, Susanne Marschall und Andreas Solbach (Hg.): *Heimat. Suchbild und Suchbewegung*. Remscheid: Gardez! Verlag 2005, S. 145–171. Zu aktuellen Tendenzen in der geschichtsbezogenen deutschsprachigen Literatur vgl. Monika Wolting, Edward Białek (Hg.): *Erzählen zwischen geschichtlicher Spurensuche und Zeitgenossenschaft*. Dresden: Neisse Verlag 2015.
166 Daniel Faulhaber: *Hat die Schweiz als literarische Kulisse ausgedient?* In: TagesWoche, 6.11.2015.

im Stil eines „so archaischen wie zeitgemässen alpinen Anti-Idyll"[167] gehalten, *Hinter dem Bahnhof* (2010) mit „Einblick in einen helvetisch-berglerischen Mikrokosmos"[168] und der Roman *Die Kur* (2015), eine von Todes- und Endzeitstimmung geprägte, absurde Berggeschichte, bieten einerseits eine Verbindung von Freude am Erzählen und performativen Sprachspielen mit Deutsch und Rätoromanisch, andererseits frischen sie den schweizerischen Bergtopos auf eine moderne Art und Weise auf, indem sie ihn durch den extrem empfundenen Subjektivismus im Kleinen und in seiner Enge darstellen, ohne das von Nizon lancierte begriffliche Schwergewicht des Wortes je reflektieren zu müssen oder gar zu wollen. Mit oder ohne die helvetische Koordinate entsteht somit im 21. Jahrhundert in der deutschsprachigen Schweiz eine weltoffene Literatur, die sich von dem national-politischen Diskurs befreit sieht und vor allem als kosmopolitisch und europäisch gelten will.

---

167 Sybille Birrer: *Wenn Camels die Curva schneiden*. In: Neue Zürcher Zeitung, 18.11.2010.
168 Ebd.

2. Epochenruf eines Einsamen.
Jakob Bosshart: *Ein Rufer in der Wüste*

Obwohl Jakob Bossharts zwischen 1892 und 1924 liegende literarische Tätigkeit im ästhetischen Umfeld der ihre Blütezeit erlebenden Heimatromane etwa von Jakob Christoph Heer, Heinrich Federer und Ernst Zahn situiert ist, wandte sich der aus einer Bauernfamilie stammende Schriftsteller entschieden von „idyllisierenden Formen der Darstellung"[1] ab und erschloss parallel etwa zu Paul Illg, Jakob Bührer und Carl Albert Loosli eine neue, zeit- und gesellschaftskritische Erzähltradition innerhalb der Deutschschweizer Literatur. Als einer der ersten unter seinen helvetischen Zeitgenossen nahm er die Ideen des Naturalismus in sein Frühwerk auf, ohne sich jedoch von dieser zu jener Zeit in europäischen Literaturen vorherrschenden Strömung allzu sehr beeinflussen zu lassen.[2] In der literarischen Darstellung interessierten ihn zwar die Verhältnisse „von Erbanlage und Umwelteinwirkungen, Determination und freiem Willen, Bewährung und Versagen in Versuchungen aller Art"[3], aufgrund seiner idealistisch geprägten Lebensanschauung musste Bosshart jedoch viele theoretische Grundsätze der Naturalisten ablehnen und blieb in der Anknüpfung an jene Tendenzen durchaus inkonsequent[4], „er versinkt nicht in der materialistischen Weltanschauung dieses Zeitalters, sondern erhebt sich darüber zu einem freien Idealismus."[5] Als Romanist ließ sich der Autor jedoch ohne Zweifel von seinen großen französischen Zeitgenossen wie Flaubert und Maupassant inspirieren.[6] Anstelle der von den Naturalisten bevorzugten wirklichkeitsgetreuen, mimetischen Darstellung glaubte Bosshart jedoch, den Sinn seines Schaffens in subjektiver Textgestaltung, „in der freien Wahrheit des dichterischen Erlebens und Darstellens der Wirklichkeit"[7] zu erblicken.

---

1 François Comment: *Der Erzähler Jakob Bosshart*. Typoskript. Bern 1988, S. 11.
2 Vgl. Berta Huber-Bindscheidler: *Jakob Bosshart*. Frauenfeld, Leipzig: Huber 1929, S. 10 3 f.
3 Martin Stern: *Nachwort zu* Jakob Bosshart: *Ein Rufer in der Wüste. Roman.* Frankfurt a.M.: Suhrkamp 1990, S. 403. (Weißes Programm Schweiz).
4 Vgl. Berta Huber-Bindscheidler, Anm. 2, S. 104–105.
5 Jakob Job: *Jakob Boßhart als Erzähler*. Stuttgart: Verlag Bruno Dummert 1923, S. 88.
6 Vgl. Berta Huber-Bindscheidler, Anm. 2, S. 109.
7 Jakob Bosshart, zit. nach Jakob Job, Anm. 5, S. 88.

Vielmehr als mit den Naturalisten war Jakob Bosshart als Dichter einer literarischen Übergangsgeneration doch noch mit der Erzähltradition des 19. Jahrhunderts verbunden, er wurde als Nachfolger des idealistischen Realismus[8] angesehen, was bei der Kritik in damals nicht zu vermeidenden Vergleichen mit Gottfried Keller, Jeremias Gotthelf und Conrad F. Meyer zum Ausdruck kam. Nicht zu übersehen ist dabei Bossharts Affinität zu Gottfried Keller, dem Verfasser des *Grünen Heinrich*, widmete er einige Texte, u.a. den Artikel *Ein Gang durch Gottfried Kellers Wohnung* (1891), das Vorwort zu *Kleider machen Leute* (1912) und einen begleitenden Text zu eben Keller zugeeigneten Bundesfeierkarten (1919).[9] Die Kritiker betonten bei Keller und Bosshart die gemeinsamen „tiefen weltanschaulichen Grundzüge"[10], deren ähnliches Verständnis des Ethischen und Sittlichen wie der sozialen Zusammenhänge ihrer Zeit.[11] Gegenüber Keller fehle es Bosshart jedoch an epischer Fülle und Weite, an der Vorliebe für die Darstellung des Details, an Phantasiekraft; seine Prosa sei demnach „karger, härter, monotoner"[12].

Als Novellist wurde Bosshart dagegen in die Nähe der Erzählkunst von Jeremias Gotthelf gerückt, dessen Pfarrertätigkeit sich genauso stark auf die Gestaltung seiner Werke auswirkte wie Bossharts Lehrerberuf auf dessen Schaffen.[13] Beiden Dichtern ist darüber hinaus die Vorliebe für die Darstellung von Bauernmilieu, der scharfe Blick auf Bauernfiguren und deren soziale Probleme gemeinsam. Allerdings sind Bossharts Bauernnovellen in ihrer literarästhetischen Qualität weit entfernt von der Tradition der Schweizer Heimatdichtung – etwa nach der Art von Alfred Huggenberger, Meinrad Lienert oder Josef Reinhart; Bosshart „war tiefer und ernster als die Schweizer Erfolgsautoren Ernst Zahn und J.C. Heer"[14]. Seine Landschaften präsentieren sich oft öde und düster, in

---

8   Vgl. Berta Huber-Bindscheidler, Anm. 2, S. 111.
9   Vgl. François Comment, Anm. 1, S. 9.
10 Berta Huber-Bindscheidler, Anm. 2, S. 111.
11 Vgl. Jakob Job, Anm. 5, S. 90.
12 Ebd.
13 Vgl. ebd., S. 89.
14 Martin Stern, Anm. 3, S. 403. Vor dem Hintergrund seiner schreibenden Zeitgenossen situiert Stern Jakob Bosshart wie folgt: „Seine Prosa hat nicht den hintersinnig-traurigen Charme derjenigen eines Robert Walser; er verfügte weder über den unerschütterlichen Glauben noch über die sprudelnde Fabulierkunst eines Heinrich Federer; er war bescheidener in seiner Themen- und Stoffwahl als Jakob Schaffner und Felix Moeschlin, weniger abseitig-eigenwillig als Otto Wirz, Adrien Turel oder Hans Morgenthaler. Aber im Konzert der Autoren der deutschen Schweiz vor, im und kurz nach dem Ersten Weltkrieg gebührt seinem unbestechlichen und knappen, psychologisch

dunklen Farben ausgemalt, die Bauern sind in tragische Konflikte verwickelt, verfolgt von Ängsten um Haus und Hof, nicht frei von Sünde, Intrige, Schuld und Geldgier; so „ist die ‚Heimat' in den Arbeiten des Zivilisationspessimisten Jakob Bosshart alles andere als ein Hort der Sicherheit und des Friedens."[15]

Obwohl einige Kritiker und Literaturwissenschaftler – unter ihnen Eduard Korrodi und Jakob Job – in Bossharts Werk eine Inspiration von C.F. Meyer festzustellen glaubten, nahm der Dichter selbst Stellung zum Schaffen des Schweizer Realisten und betonte, Meyer sei ihm „nie als Muster vorgeschwebt"[16], denn die beiden unterscheiden sich wesentlich im Menschenverständnis: Während Bosshart sich nämlich in die künstlerische Gestaltung eines Individuums einzufühlen und den Menschen mit dessen Leib und Seele lebhaft zu formen vermöge, „sitzt [C.F. Meyer] im Zuschauerraum, im Fauteuil, und sein Geist hält die Gestalten wie in Marmor fest"[17].

Mehr kritisch als die bereits hier zum Teil angeführten Stimmen, etwa von Job, Huber-Bindscheidler, Comment und Konzelmann[18], steht Werner Günther dem Werk Jakob Bossharts gegenüber. Er bemerkt, dem Schriftsteller mangele es „an der Leidenschaft zum Menschen; etwas in ihm, im Menschen und im Dichter, war verhärtet, und die Verschlossenheit erstreckte sich bis ins Quellengebiet des Schöpferischen hinein"[19]. Bedenken äußert Günther auch hinsichtlich Bossharts Erfassung des Bauerntums, dessen Milieu doch zum zentralen Anliegen seiner Novellen wird; jener ländliche Mikrokosmos erscheine wegen der spürbaren Distanzierung des Dichters zum Christentum als eine ihrer geistigen Grundlage beraubte, leere, „entgöttlichte Welt"[20], in der darüber hinaus weder das wirklich Heimatliche, das sich etwa in dem Mundartlichen sowie in der Bindung an eine Landschaft ausdrückt, noch das „Wirtschaftlich-Soziale des Bauernstandes"[21] zur Geltung komme.

---

scharfsinnigen und von tiefer Teilnahme geprägten Erzählen zweifellos ein vorderer Platz." Martin Stern, ebd.
15 Dieter Fringeli: *Von Spitteler zu Muschg. Literatur der deutschen Schweiz seit 1900.* Basel: Friedrich Reinhardt Verlag 1975, S. 21.
16 Jakob Bosshart, zit. nach François Comment, Anm. 1, S. 9.
17 Ebd.
18 Vgl. Max Konzelmann: *Jakob Bosshart. Eine Biographie.* Zürich, Leipzig: Rotapfel Verlag 1929.
19 Werner Günther: *Jakob Bosshart.* In: Ders.: *Dichter der neueren Schweiz.* Bd. 1. Bern: Francke 1963, S. 281–330, hier S. 284.
20 Ebd., S. 286.
21 Ebd., S. 287.

Wie wenig Bossharts im Bauerntum verankertes schriftstellerisches Dasein der traditionellen Heimatdichtung verpflichtet ist, spiegelt sich nicht zuletzt in seiner Auffassung des Religiösen auf der Handlungsebene seiner Prosa. Die christliche Ethik befolgend glaubt sie Bosshart doch mehr im Diesseits, in der Natur und im menschlichen Geist, als im Jenseits zu finden: „Das religiöse Gefühl muss sich auf das Erdenleben, die Erde beziehen. Gott wandelt im Diesseits."[22] Bereits in seiner Jugendzeit, durch die Enttäuschung vom Religionsunterricht initiiert, formte sich Bossharts zunehmendes Misstrauen gegenüber der katholischen Kirche, die weniger als eine Glaubensgemeinschaft, sondern vielmehr als eine politische Institution angesehen wurde: „Wir haben zwei Staaten nebeneinander, den politischen und den kirchlichen, und beide reichen sich meistens die Hände."[23] Dabei scheint dem Dichter der Protestantismus schöpferischer und somit viel näher zu sein als der Katholizismus, der „auf Autorität, Unterordnung, Gehorsam gegründet"[24] ist.

Bosshart suchte in der Religion die Freiheit des Denkens und der Tat, daher erschien ihm die katholische Kirche zu hermetisch und im Dogmatischen verfangen, „von außen wird dem Menschen die Richtung angegeben, werden ihm seine Pflichten diktiert. Auch seinen Gott gibt man ihm vollständig und sein eigenes Wesen definiert man ihm unzweideutig. Alles geschieht und regelt sich außerhalb des Menschen"[25]. Dem Protestantismus brachte der Dichter als Gott suchender, jedoch seine Souveränität schätzender Christ mehr Vertrauen entgegen, „da wird alles Suchen, alles Gestalten ins Innere verlegt. Selbst muss der Mensch seinen Gott gestalten, selbst sich ein Ziel setzen, selbst seine Überzeugung erbauen. Das Gewissen ist ihm höchste Instanz und nicht die Kirche oder das Dogma."[26]

Das Interesse der Schweizer Pressekritik wie der Literaturwissenschaft an Jakob Bosshart fing bereits 1898 mit dessen Buchdebüt *Im Nebel. Erzählungen aus den Schweizer Bergen* an und nahm mit jedem Novellenband wesentlich zu. Gleich zu Anfang seiner Schriftstellerkarriere erschienen Beiträge zu Bossharts Texten in den wichtigen meinungsbildenden Schweizer Zeitungen, wie etwa in „Der Bund"[27], in der „Neuen Zürcher Zeitung"[28] sowie vereinzelt in München und Frankfurt.

---

22 Jakob Bosshart: *Bausteine zu Leben und Zeit.* Zusammengestellt und herausgegeben von Elsa Bosshart-Forrer. Leipzig, Zürich: Grethlein 1929, S. 145.
23 Ebd., S. 167.
24 Ebd., S. 168.
25 Ebd.
26 Ebd.
27 Vgl. etwa Josef Victor Widmann: *Bossharts Berner Novelle. Die Barettlitochter.* In: Der Bund, 13.12.1901.
28 Vgl. Fritz Marti: *Schweizerische Belletristik.* In: Neue Zürcher Zeitung, 18.12.1901.

Zwischen 1898 und 1924, dem Todesjahr des Dichters, wurden mehrere Sammlungen von Novellen und Erzählungen, u.a. *Durch Schmerzen empor* (1903), *Früh vollendet* (1910), *Erdschollen* (1913), *Träume der Wüste. Orientalische Novelletten und Märchen* (1918), *Opfer. Novellen* (1920) sowie *Neben der Heerstrasse. Erzählungen* (mit Holzschnitten von E.L. Kirchner) ediert. Bereits nach dem Tod des Autors wurden 1924 im Grethlein-Verlag in Leipzig seine *Gedichte* veröffentlicht. Aus dem Nachlass erschienen dann noch einige Erzähl- und Novellenbände: *Die Entscheidung und andere nachgelassene Erzählungen* (1925), *Auf der Römerstraße. Nachgelassene Jugenderinnerungen und Erzählungen* (1926) und die von Bossharts Ehefrau Elsa Bosshart-Forrer aus Notizen und Tagebüchern zusammengestellten *Bausteine zu Leben und Zeit* (1929).

Den eigentlichen Durchbruch und die Gunst des breiten Lesepublikums brachte dem nahezu sechzigjährigen Schriftsteller erst sein einziger, 1921 publizierter Roman *Ein Rufer in der Wüste*. Konzipiert wurde der Text als erster Teil einer Trilogie, deren Entwurf und umfangreiche Notizen vor dem Tod des Autors zwar angefertigt, jedoch nie in Buchform herausgebracht wurden. Obwohl Bosshart sich bereits vor dem offiziellen literarischen Debüt am Drama übte und 1892 den Text *Der Arbeiterführer* verfasste, blieb das Stück unveröffentlicht, in seinem gesamten Oeuvre fehlt es demnach an dramatischem Werk. So blieb Jakob Bosshart trotz des spektakulären Erfolgs seines einzigen Romans doch der Meister der kurzen, strengen Form der Novelle und Erzählung.

Während Bossharts Prosa zu dessen Lebzeiten reges Interesse weckte und neben den erwähnten unzähligen Pressebeiträgen auch umfangreiche, hier bereits angeführte Monographien erschienen sind, war der Schweizer Schriftsteller bereits in den 1930er Jahren immer seltener Objekt literaturwissenschaftlicher Forschung. Es sind zwar in den Schweizer Zeitschriften Notizen zu einzelnen Werken oder Nachrufe jeweils zu Bossharts Todestagen bis in die 1960er Jahre hinein zu vernehmen, der Autor geriet jedoch mit der Zeit fast gänzlich in Vergessenheit. Die Ursache für das mangelnde Interesse an Bossharts Werk nach seinem Tod sei nach Comment zum einen in der oft vorurteilsvollen Etikettierung des Autors als Heimat- und Bauerndichter, zum anderen in der absichtlichen Verdrängung der kritischen Ansätze seiner Texte durch die Schweizer Presse zu suchen: „Diese gewollt einäugige Sicht gewisser Kritiker unterdrückt den Aufruf zur Erneuerung des Menschen, den Jakob Bosshart unmissverständlich erhebt."[29]

Eine Wiederentdeckung und Rehabilitierung des Schriftstellers erfolgte erst in den 1970er Jahren, als man sich mit der Literatur der ersten Dekaden des

---

29 François Comment, Anm. 1, S. 216.

20. Jahrhunderts aufs Neue auseinanderzusetzen versuchte. Bei Dieter Fringeli etwa gewinnt Bosshart seinen Rang wieder, er sieht es als „verfehlt, seine Werke als ‚Heimatkunst' zu propagieren oder abzutun"[30]; im Gegensatz zu der Prosa von Heer, Federer oder Lienert sei diejenige von Bosshart „von jeder voreiligen, süsslichen Verherrlichung der Natur und des Bodens frei"[31]. Als Mahner und Warner, als Kämpfer um soziale Gerechtigkeit und Erneuerung des Geistes, verweist Bosshart mit seiner Weltanschauung und Ästhetik vielmehr in die Zukunft der literarischen Entwicklung der Schweizer Literatur und stellt sich in eine Linie mit Jakob Schaffner, Carl Albert Loosli, Felix Moeschlin, Jakob Bührer, Meinrad Inglin, Kurt Guggenheim und reicht bis hin zu Max Frisch.[32]

Die neueste Monographie zu Bossharts Werk stammt von François Comment aus dem Jahr 1988 und fußt zum Teil auf die Erkenntnisse der ersten Untersuchungen von Jakob Job (1923), Berta Huber Bindscheidler (1929) und Max Konzelmann (1929). Editorisch kam das Werk nach Bossharts Tod auch lange Zeit zu kurz. Erst in dem Zeitraum 1950/51 wurde von Fritz Hunziker bei Huber Verlag eine sechsbändige Werkausgabe veröffentlicht, 1982 gab Charles Linsmayer den Roman *Ein Rufer in der Wüste* als Teil der Edition *Frühling der Gegenwart*[33] in Zürich und 1990 in der Reihe *Weisses Programm Schweiz* als Taschenbuch bei Suhrkamp Verlag heraus.

Seinen einzigen, die Vorkriegszeit behandelnden Roman schrieb Bossahrt aus der zeitlichen Perspektive des Ersten Weltkrieges; die ersten Entwürfe mit dem ursprünglichen Titel *Ante Bellum* stammen aus dem Jahr 1916, die erste Niederschrift dauerte vom Mai bis Oktober 1918.[34] Der Text wurde dann zwischen Juli und November 1919 ausgearbeitet, in der Folge bis 1921 noch wesentlich gekürzt und umgestaltet. Im Sommer 1921 erschien *Ein Rufer in*

---

30 Dieter Fringeli, Anm. 15, S. 20.
31 Ebd., S. 21.
32 Vgl. François Comment, Anm. 1, S. 227. Comment erläutert Bossharts literarästhetische Verbindungen zu den einzelnen Schriftstellern wie folgt: „Wie Bosshart wendet sich Schaffner gegen Kapitalismus und Sozialismus, mit ihm prangern Loosli und Bührer soziale Missstände an, in seiner Nachfolge bekämpft Moeschlin die Zerstörung bäuerlicher Traditionen für materialistische Ziele, wie er hält Inglin seinem Land einen Spiegel vor, gleich ihm versteht sich Guggenheim als Zeitchronist, und mit Bosshart teilt Frisch das Ziel einer Gesellschaft, ‛die den Geist nicht zum Aussenseiter macht.'" Ebd., S. 227 f.
33 Nach dem Erscheinen der Neuausgabe erscheint eine Rezension von Hardy Ruoss: *Verlorene Söhne. Romane von Jakob Bosshart und Jakob Vetsch in Neuausgaben*. In: Neue Zürcher Zeitung, 8/9.10.1983.
34 Vgl. Max Konzelmann, Anm. 18, S. 142.

der Wüste regelmäßig als Feuilleton in siebzig Folgen in der „Neuen Zürcher Zeitung" und im Dezember 1921 in Buchform im Verlag Grethlein Leipzig und Zürich. Der Roman wurde durch die Schweizer Kritik sehr positiv aufgenommen und der Schriftsteller erhielt 1922 den Grossen Schillerpreis der Schweizerischen Schillerstiftung und kurz danach den zum ersten Mal verliehenen Gottfried Keller-Preis der Martin Bodmer-Stiftung. Die Stimmen der Kritik waren sich in dem lobenden Ton und teilweise in der Wortwahl einig: sowohl Eduard Korrodi in der „Neuen Zürcher Zeitung"[35] als auch Otto von Greyerz im Berner „Bund"[36] sprachen in Bezug auf den Roman vom „Schweizerspiegel" und knüpften somit an Gottfried Kellers *Martin Salander* an, als dessen Erbe der *Rufer in der Wüste* vorwiegend gesehen wurde. Als Nachfolger Kellers „erfüllt auch Bosshart […] den hohen erzieherischen Beruf des Schweizer Dichters, seinem Volke nicht bloß das Bild der allgemeinen Zeitkrankheit vorzuhalten, sondern auch die gesunden Kräfte, durch welche eine Heilung von innen heraus möglich ist, zu tapferer Selbsthilfe aufzurufen"[37]. Während jedoch Eduard Korrodi in seiner Beurteilung des Romans auf die tiefgreifende Vielfalt der sozialen und gesellschaftspolitischen Aspekte verwies und Bossharts anspruchsvolle Aufgabe hervorhob, um „Querschnitte durch mehrere Schichten des Volkes zu geben, die schicksalhafte Verzahnung durch die fünf Lebenssphären […] glaubwürdig zu machen"[38], versuchte von Greyerz Bossharts durchaus pessimistisches, düsteres, eine herannahende Katastrophe anvisierendes Bild der Schweiz am Vortag des Ersten Weltkrieges in ein die Schweiz größtenteils affirmativ darstellendes Zeitgemälde zu verklären und erkannte in dem Text vor allem „eine belebende, begeisternde Kraft"[39], das Werk „leuchtet von farbigem Leben, es schwirrt und summt vom bunten Treiben der Menschen, es treibt und sproßt von Frühlingskräften, die alle Mattigkeit des Gefühls, alle Nüchternheit des Verstandes überwinden"[40].

Bossharts *Rufer* entspricht jedoch kaum jener Beschreibung[41], vielmehr ist er ein verzweifelter Schrei eines besorgten Zeitzeugen, eine Anklage der in der Schweiz vorherrschenden, am fortschreitenden Materialismus orientierten soziopolitischen Verhältnisse und zugleich ein Bekenntnis zum Idealismus. In den

---

35 Eduard Korrodi: *Ein Rufer in der Wüste*. In: Neue Zürcher Zeitung, 19.12.1921.
36 Otto von Greyerz: *Jakob Bossharts preisgekrönter Roman*. In: Der Bund, 23.04.1922.
37 Ebd.
38 Eduard Korrodi, Anm. 35.
39 Otto von Greyerz, Anm. 36.
40 Ebd.
41 Vgl. Martin Stern, Anm. 3, S. 410 f.

weiteren Folgen der geplanten Trilogie beabsichtigte der Dichter, das Kriegsgeschehen mit einer Fokussierung auf die junge Generation und die unmittelbare Nachkriegszeit darzustellen, wie dies für den zweiten Teil als *Der Jugendbund* bereits entworfen wurde, und im letzten Teil, der in den Notizen den Arbeitstitel *Der Aufbau* trägt, sollte eine erneuerte, hoffnungsvoll ausgerichtete Schweizer Gesellschaft gezeichnet werden. Anders als es Otto von Greyerz zu konstatieren vermochte, sei der Roman Bossharts – dieser „Schweizerspiegel"[42] – „schärfer in der Spiegelung von Schwächen als in der von Tugenden"[43] des Schweizer Lebens, er entwerfe Menschen ohne Gott und Religion, die in einer innerlich leeren, vom Materialismus geprägten, dem Verfall entgegensehenden Welt existieren.[44]

In einen breiteren Kontext seines Zeitgeistes wurde der *Rufer in der Wüste* von Hardy Ruoss gestellt. Der Kritiker ging ebenfalls von Kellers *Martin Salander* aus und betonte den gemeinsamen Grundgedanken der beiden Werke, deren Unbehagen an dem vorherrschenden „Primat des Materiellen vor dem Ideellen"[45], erkannte aber in Bossharts Vorhaben die Absicht, der nur auf Macht- und Profitdenken bedachten Welt der Väter den Rücken zu kehren, auch eine Parallele zu Karl Stamms Lyrikband *Aufbruch des Herzens* von 1919, dem einerseits die expressionistisch programmatische Auflehnung gegen die väterliche Autorität, andererseits eine Ankündigung des Aufbruchs „zu den Werten der Seele, des Gemüts, des Herzens"[46] zugrunde liege. In dem gleichen Umfeld der bei Bosshart präsenten weitreichenden Skepsis gegenüber den neuesten Entwicklungen innerhalb der wirtschaftlichen und sozialen Verhältnisse der Schweiz sah Ruoss darüber hinaus den Roman *Die Sonnenstadt* (1922) von Jakob Vetsch. Beiden Autoren sei ihre Enttäuschung über die Kraft des Kapitalismus wie auch des Sozialismus gemeinsam sowie der Glaube an die Notwendigkeit der Wiederherstellung der sozialen Gerechtigkeit und eine Hoffnung auf geistige Erneuerung.[47]

---

42 Werner Günther, Anm. 19, S. 314.
43 Ebd.
44 Vgl. ebd., S. 314 f.
45 Hardy Ruoss: *Die verlorenen Söhne*, Anm. 33.
46 Ebd.
47 Zum Roman *Die Sonnenstadt* vgl. Charles Linsmayer: *Ein Prophet, der von seinem Volke nicht erkannt wurde? Der Schweizer Utopist Jakob Vetsch und sein Roman Die Sonnenstadt*. In: Zygmunt Mielczarek (Hg.): *Flucht und Dissidenz. Außenseiter und Neurotiker in der Deutschschweizer Literatur*. Unter Mitwirkung von Robert Rduch. Frankfurt a.M.: Peter Lang 1999, S. 31–59.

Der gemeinsame Ton der Kritik äußert sich jedoch vor allem in der
„Schweizerspiegel"-Perspektive, in der allgemeinen Beurteilung des Romans als eines groß angelegten Schweizbildes, eines auf „Typisierung und Repräsentativität"[48]
ausgerichteten Zeit- und „Kolossalgemäldes"[49]. In ihrer Meinrad-Inglin-Biographie verweist Beatrice von Matt[50] auf den *Rufer in der Wüste* als den wichtigsten
Vorläufer und die geistige Grundlage von Inglins 1938 verfasstem Roman *Schweizerspiegel*. In den gemeinsamen thematischen Kontext stellt von Matt darüber hinaus Jakob Schaffners *Das Schweizer Kreuz* und *Die Schweizer Reise* (1918), Paul
Illgs Drama *Führer* (1918), Felix Moeschlins *Die Revolution des Herzens* (1917)
und Jakob Bührers *Marignano* (1918); all diese Texte seien jedoch „für den *Schweizerspiegel* nicht in dem Maß wichtig geworden wie Bossharts Hauptwerk"[51].

2.1. *Ein Rufer in der Wüste* – zwischen Pessimismus und Idealismus

Der 1862 in Stürzikon, im Zürcher Mittelland, in einer Bauernfamilie geborene Jakob Bosshart, der neben seiner schriftstellerischen Tätigkeit lange Zeit als
Französischlehrer aktiv war, bewegte sich in seiner Dichtung zwar gern im Bauernmilieu, wies jedoch von Anfang an eine besondere Sensibilität sowohl für
die Zeitproblematik als auch für die aktuellen ästhetischen Tendenzen seiner
Zeit auf; so sind seine ersten Novellen vom Naturalismus, das Spätwerk dagegen vom Expressionismus beeinflusst. In *Ein Rufer in der Wüste* lassen sich die
expressionistischen Züge nicht übersehen, in den Vordergrund treten etwa der
die gesamte Handlung dominierende Vater-Sohn-Konflikt, der Revolutionsgeist
der Hauptfigur sowie deren Drang nach der Herrschaft des Geistes. Mit seinem
im expressionistischen Stil gehaltenen, verzweifelten Schrei in seine Zeit hinein
malt Bosshart in düsteren Farben ein breites Panorama der Schweiz am Vortag
des Ersten Weltkrieges aus. Analog zu Edvard Munchs ausdrucksvollem Bild *Der*

---

48 François Comment, Anm. 1, S. 138.
49 Jakob Job, Anm. 5, S. 41. Job äußert sich hier zum Begriff 'Schweizerspiegel' wie folgt:
„Ein solcher Schweizerspiegel ist Bossharts Buch überhaupt. Ein Spiegelbild schweizerischen Lebens vor dem großen Krieg zu geben ist des Dichters Absicht, einen Querschnitt über alle Schichten des Volkes hindurch zu tun, sein Ziel. Der Roman ist ein
groß angelegtes Fresko des Schweizervolkes, ein Schweizerroman und ein Zeitroman".
Jakob Job, ebd., S. 40 f.
50 Vgl. Beatrice von Matt: *Meinrad Inglin. Eine Biographie.* Zürich: Atlantis 1976, S. 177 f.
51 Ebd., S. 178.

Schrei enthält Bossharts Erzähldiktion Entsetzen über das Bestehende und Angst vor der Zukunft; wie ebenfalls bei Munch bleiben die Augen und der Mund des Protagonisten des Romans weit offen und drücken dessen Bereitschaft zum Handeln aus. So versucht der Fabrikantensohn Reinhart Stapfer, indem er den Ist-Zustand seiner unmittelbaren Umgebung einschließlich seines eigenen Lebens sowie auch den seines Landes kontestiert, zugleich einen breiten Fächer an neuen Lösungsmöglichkeiten auszuprobieren, mit denen er die verschiedensten sozialen Gruppen erreicht: von den Patriziern über Bauern, Industrielle, Kleinbürger bis hin zu Proletariern. Das auf dem Weg seiner Erkundungen allmählich entstehende komplexe Zeitgemälde wird ergänzt durch mehrere Phänomene jener Epoche: die Heilsarmee, die durch den Osten inspirierten Ideen und Lehren, die Freigeld- und Freiwirtschaftstheorie sowie die am Anfang des letzten Jahrhunderts populäre, gegen Industrie gerichtete Bauernbewegung.[52]

Aus der Perspektive eines um die Schweizer Kulturnation besorgten Idealisten erhebt die Hauptfigur Reinhart Stapfer eine weitreichende Anklage gegen jede von den fünf genannten Gesellschaftsschichten. Den jungen Rebellen stattete der Autor mit seiner eigenen, seit der Jugendzeit in der Auseinandersetzung mit den Ideen des Sozialismus und des Kapitalismus gestalteten Weltanschauung aus. So finden sich in dem Roman immer wieder Stapfers Erkenntnisse, deren Grundlage Bossharts Tagebüchern und zahlreichen Notizen zu entnehmen ist. Er beklagt den in den letzten Dekaden sichtbar werdenden „Mangel eines großen Ideals"[53], bedauert die Menschheit, die „vom Geist abgefallen"[54] sei, sucht nach der Quelle des gegenwärtigen Geistes und fragt rhetorisch:

> Aber wo soll der Geist herkommen? Von den Ausbeutern, die im Egoismus geboren werden und darin aufwachsen? Von den Sozialisten, die nichts mehr als den Klassenkampf und den Hass vergöttern? Elende Aussichten![55]

Die im Roman als eine der Hauptthesen dargelegte, dem vom Materialismus geprägten Menschen geltende pessimistische Diagnose erklärt sich aus Bossharts jahrelangen zeitbezogenen Überlegungen zur Stellung des Individuums innerhalb der zum Industrieland werdenden Schweiz. Kennzeichnend für die nach 1890 kommende Generation seien demnach „individualistisch-egoistische Welt- und Lebensauffassung, Genußsucht (Sybaritismus), Hang zu leichtem Gelderwerb. Bei den Studenten nimmt das auf mehr ideale Ziele gerichtete Studium

---

52 Vgl. Martin Stern, Anm. 3, S. 414.
53 Jakob Bosshart, Anm. 22, S. 186.
54 Ebd., S. 189.
55 Ebd., S. 191.

ab, man studiert, weil man Geld verdienen und sich eine Position schaffen"[56] wolle. Die Zeitgenossen „haben den Blick für das Ewige verloren"[57] und sich gänzlich dem Materiellen verschrieben, demzufolge seien sie lediglich „innerlich nüchterne, schwunglose, glaubenslose Dreckstampfer. Die Ehrfurcht ist etwas Fremdes geworden. Der Mensch selber, weil ihm die innere Grundlage fehlt, ohne Kraft, Eigenart, Selbstvertrauen, Größe, ein Egoist und Genußsüchtiger, ein Hasser und Neider, ein Geistloser ohne Verantwortlichkeitsgefühl."[58]

Jene an der Krankheit ihrer Zeit leidenden Menschen macht Bosshart zu Exponenten seines synoptisch entfalteten Bildes der Schweiz zwischen 1908 und 1914. Inmitten dieser düsteren Welt will der Idealist Reinhart Stapfer seinen Weg ins Neue einschlagen, ganz nach Bossharts Vorsatz, „es kommt auf eine Umgestaltung der Menschheit, der Welt an, der Mensch muss wieder in den Mittelpunkt gerückt werden, statt der Sache – Geld, Genuss und so weiter. – Geist statt Stoff, Seele statt Material! Die Erlösung kommt nicht durch soziale oder andere Heilmittel, sondern durch eine innere Wandlung."[59] So ist Bosshart bemüht, ein detailreiches Spiegelbild der durch Partikularinteressen der einzelnen sozialen Gruppen gespaltenen Schweiz zu zeichnen. Damit will er auch deren Wohlstand als ein trügerisches Bild entlarven und auf die sich verschlechternden politischen wie auch sozialen Verhältnisse am Anfang des 20. Jahrhunderts hinweisen. Die sich auf der Inhaltsebene abspielende bruchstückhafte Realität – alle dargestellten Gesellschaftsschichten werden nämlich als um ihre eigenen Interessen kämpfende, zu einem nationalen Ganzen nicht zu vereinigende Einzelelemente geschildert – findet ihre Legitimität in der Form des Romans. Dieser ist in drei Hauptteile und siebenunddreißig Kapitel gegliedert, die den einzelnen Etappen in Reinharts Werdegang entsprechen.

Eine solche Textkomposition fügt sich in den ästhetischen Kontext des expressionistischen Stationendramas, das seit Strindbergs *Nach Damaskus* auch in die deutschsprachige Literatur jener Strömung Einzug hielt.[60] Bossharts an Stationentechnik anknüpfende Darstellungsstrategie löste allerdings bei den Kritikern den Vorwurf aus, dem Text mangele es an epischer Weite und Geschlossenheit. Demgegenüber ist jedoch zu betonen, dass die nahezu filmhaft bis kaleidoskopartig aneinandergereihten, den geübten Novellisten verratenden Bilder gerade dem Sammelsurium von zeittypischen Erscheinungen und

---

56 Ebd., S. 194 f.
57 Ebd., S. 195.
58 Ebd., S. 195 f.
59 Ebd., S. 202.
60 Vgl. François Comment, Anm. 1, S. 141.

menschlichen Verhaltensmustern Rechnung zu tragen vermögen. So wie einige Dekaden später Kurt Guggenheim mit *Alles in Allem* gelingen wird, eine Fülle von literarischen Momentaufnahmen aus dem Zürcher Leben zu einer vielfältigen Zeitchronik, zum nächsten „Schweizerspiegel" werden zu lassen, erwächst auch aus der Menge von Reinhart Stapfers einzelnen Schritten und Lebensstationen ein nuanciertes, chronikartig nahezu vollständiges Zeitgemälde.

Bosshart konstruiert die brisante gesellschaftspolitische Problematik seines Romans um die in der Schweiz Anfang des 20. Jahrhunderts bedeutendsten Ereignisse und Zeitsymptome: die rasch zunehmende Industrialisierung und Entwicklung der Städtebereiche, womit einerseits eine Zuwanderung ausländischer Arbeitskräfte, darin auch der deutschen Einwanderer – insbesondere im Zürcher Raum[61], andererseits die steigende Landflucht und Proletarisierung einhergehen. Dazu gehören auch die Krise des Liberalismus, die bewusst und immer stärker werdende Arbeiterbewegung, der Landesstreik von 1912 als eine gewichtige soziopolitische Auseinandersetzung, die Aktivität der Sozialdemokratischen Partei und ihr Verhältnis zur Idee des Klassenkampfes, der ‚Graben' – die sich vertiefende deutsch-welsche Gesinnungsspaltung, der als Höhepunkt der damaligen internationalen Politik der Eidgenossenschaft geltende Besuch von Kaiser Wilhelm II.[62] sowie die Mobilmachung und Grenzbesetzung während des Ersten Weltkrieges.

Als jahrelanger zeitkritischer Beobachter ließ Bosshart auch die Erfahrungen und Erkenntnisse seines Lebens in sein Standardwerk eingehen, womit er ein facettenreiches Zeitdokument vorlegte, denn „die Stärke der Literatur – in Bezug auf ihre historische Verwertbarkeit – liegt in ihrer Fähigkeit, Tabuzonen anzugehen und die Realität artifiziell so zuzuspitzen und zu überhöhen, dass die Kontraste schärfer hervortreten"[63]. So wie sich fast zwei Dezennien später Meinrad Inglin mit *Schweizerspiegel* zum literarischen Ziel setzen wird, eine weit angelegte historische Analyse seiner Heimat darzulegen, stellt Bosshart seinen zum Idealismus neigenden Protagonisten vor den Hintergrund seiner Epoche und beauftragt ihn mit Aufgaben politischer und sozialer Natur.

---

61 Um 1912 lebten in Zürich über 40 000 Deutsche, was rund 21 Prozent der Stadtbevölkerung ausmachte.
62 Vgl. René Zeller: *Kaiserwetter. Staatsbesuch Kaiser Wilhelm II*. In: Neue Zürcher Zeitung, 1.09.2012.
63 Hans-Ulrich Jost: *Aufklärung von den Rändern her. Über das komplexe Zusammenspiel von Literatur und Historiografie*. In: Neue Zürcher Zeitung, 22.01.2011.

2.2. Auf Irrwegen zu einem neuen Menschen

Reinhart Stapfers Werdegang beginnt mit seinen nach der Maturität vorgenommenen Plänen, Geschichte und Philosophie zu studieren. Bereits als die Jugendlichen ihren Gymnasiumabschluss feiern, bekennt der Fabrikantensohn, die Welt sei ihm nicht mehr „eine Selbstverständlichkeit wie Sonnenschein und Nachtdunkel"[64], sondern erscheine – „wie einem Blinden vor der Operation" (14) – voller zu entschlüsselnder Rätsel und zu entdeckender Geheimnisse. Enthusiastisch sieht er der Hochschule entgegen und verspricht sich von deren Wirkung eine „Speise der Seele und ein[en] Trunk des Verlangens" (14). Seinem Vater, dem Textilfabrikanten, Oberst und Nationalrat, ist ein Philosophiestudium lediglich „Stubenstaub" (40) und die „Lehren der Geschichte hohler Schall" (40), deswegen besteht er darauf, Reinhart das Wesen des Familienunternehmens hautnah kennen lernen und ihn somit zum „Kind seiner Zeit" (42) werden zu lassen.

Die ihm aufgezwungene Arbeit am Webstuhl in der Fabrikhalle seines Vaters erzeugt in dem Jungen zwar das Gefühl, „vergewaltigt [zu] werden" (43), macht jedoch seine erste Station auf dem Weg zur Emanzipation und Selbstverwirklichung aus. Unter den Arbeitern, im Besonderen im Kontakt mit seinem Lehrmeister David Holzer, dem ehemaligen Schulkameraden, kommt er mit dem Elend des Proletariats und dessen Ideen zur Befreiung von kapitalistischer Unterdrückung in Berührung. In Holzers Wohnung auf Bücher von „Marx, Engels, Büchner, Lange, Bebel, Sombart" (50) stoßend, identifiziert sich Reinhart zwar noch nicht mit sozialistischen Kampfparolen, aber schon mit dem rebellischen Geist des jungen Proletariers und bekennt sich zum ersten Mal zur Ich-Suche („Auch ich suche", 50), was ihm als Motto seiner weiteren Um- und Irrwege gelten soll. Während jedoch Holzer die Intention seines Klassenkampfes als „Macht, […] Einfluß, Herrschaft" (51) klar definieren kann, versucht Reinhart auf dieser Stufe seines politisch-sozialen Werdegangs lediglich „über den Nebel zu kommen" (50), in dem er immer noch zu tasten glaubt.

Allmählich, indem er Einblick ins Leben unterschiedlicher Gesellschaftsgruppen gewinnt, erweitert sich sein Erfahrungs- und Wissenshorizont; Reinhart wagt es mit der Zeit immer entschiedener, sowohl gegenüber seinem als Politiker und Industrieller nach vorgeprägten Mustern denkenden und handelnden Vater als auch etwa gegenüber dem konservativen Aristokraten von Homberg seine eigene Lebensanschauung zu enthüllen und das erstarrte,

---

[64] Jakob Bosshart: *Ein Rufer in der Wüste. Roman.* Frankfurt a.M.: Suhrkamp Weißes Programm Schweiz 1990, S. 14. Im Folgenden als Seitennummer in Klammern nach dem Zitat angegeben.

verlogene Daseinsmodell des einen wie auch des anderen zu desavouieren. Als im Haus seiner geliebten Jutta von Homberg, der Tochter jenes verarmten, an alten Zeiten festhaltenden Schweizer Patriziers der junge Stapfer als Neubürger und fremder Plebejer diffamiert wird, kann er dem auf die alten Überlieferungen seines Hauses stolzen Hans Beat von Homberg entgegenhalten: "Die Vorwärtsgerichteten haben die Zukunft, und sind es diesmal die niederen Leute, nun, so wird eben ihre Zeit da sein" (75). Damit scheint er jedoch nicht, wie es von Homberg interpretieren mag, die wohlhabende, für den Schweizer Fortschritt der letzten Jahrzehnte verantwortliche Generation seines Vaters zu meinen, sondern einen neuen Geist, nach dem er noch lange auf der Suche bleibt und über dessen Gestalt er sich in dieser Phase seiner Erkundung noch im Unklaren ist. In diesem Moment seiner Odyssee trifft Reinhart jedoch bereits eine der wichtigsten Entscheidungen seines Werdegangs, sich von seinem Vater loszusagen, denn „er ist der Vertreter eines bösen, überhandnehmenden Geistes" (89). Zu dieser Erkenntnis gelangt er in einer vor den Wahlen vor sich gehenden Auseinandersetzung mit dem Vater, dem er seine Wählerstimme letztlich entzieht und somit seine Befreiung symbolisch besiegelt.

In der von reichlichen Bezügen auf die politische und soziale Situation der Schweiz erfüllten Diskussion überschneiden sich zwei grundverschiedene Denkmuster der beiden Generationen, die in dem sich vertiefenden Vater-Sohn-Konflikt kulminieren. Als Politiker und Unternehmer erblickt Ferdinand Stapfer sein „höheres Ziel" (87) in der Fortsetzung der politisch-wirtschaftlichen Linie der Schweiz und Aufrechterhaltung bisheriger Parteistrukturen; den Parteidienst glaubt er mit dem Vaterlandsdienst gleichzusetzen. Demgegenüber hält Reinhart die Politik für ein Geschäft und äußert seine Auflehnung gegen die Art, Politik zu betreiben, in der es „nach dem Kaufladen oder der Börse" (87) riecht, ohne dass man sich nach dem Gewissen richtet. Als Vertreter der jungen, von der Politik und Lebensweise ihrer Väter enttäuschten Generation ist Reinhart bereit, die Verantwortung für eine Neugestaltung der politischen Verhältnisse zu übernehmen, ganz im Gegensatz zu seinem ehemaligen Schulkameraden, dem Aristokraten Georg von Homberg, der an die Wirkungskraft der individuellen politischen Entscheidung kaum zu glauben scheint: „Alle Zettel leer eingeschmissen. Es kommt ja doch, wie es will." (90). An dieser Stelle manifestiert der junge Stapfer seinen staatsbürgerlichen Geist: „Nein, es kommt, wie man will! [...] Wir Jungen müssen etwas Neues, etwas Reines bringen!" (90). Mit seinem Bekenntnis zum Idealismus wendet er sich zwar von der Autorität seines Vaters und dessen dem Materialismus verschriebener Welt ab, sein Streben nach Erneuerung weiß er jedoch in keine bestimmte Bahn zu lenken und bleibt über seinen Weg weiterhin im Ungewissen.

So unwohl und unverstanden sich Reinhart in dem durch wirtschaftlich-politische Verhältnisse dominierten Milieu seines Vaters fühlt, so positiv steht er der dem Bauerntum angehörenden Umgebung seines Großvaters gegenüber. Im Gespräch mit dem Großvater Abraham auf dem Golsterhof, in der Herkunftsgegend Ferdinand Stapfers, entdeckt der junge Idealist eine untergehende Welt von Lebens- und Arbeitsethos. Bossharts auf Figurentypisierung angelegte Darstellung der auf dem Bauernhof lebenden drei Generationen der Stapfer-Familie wird zum repräsentativen Bild des Schweizer Bauerntums in der Zeit dynamischer industrieller und urbaner Entwicklung. Abrahams Sorge um die Zukunft des Hofs resultiert aus dem veränderten Lebensmodell der jungen Generation und deren Verzicht auf landwirtschaftliche Tätigkeit.

Nach Ferdinands spektakulärem Vorbild – als Bauernsohn durfte er studieren und brachte es bis zum Fabrikbesitzer, Oberst und Nationalrat – streben seine beiden Brüder ebenfalls eine Wohlstandsexistenz außerhalb des Bauerntums an. Ihnen bleibt jedoch jeglicher Erfolg verweigert: Hans Rudolf, der älteste, investiert in Immobilien, „er spekuliere, sagt er, und könne damit an einem guten Tag mehr Geld verdienen als auf der Scholle in einem Jahr" (31), infolge einiger falscher Entscheidungen gerät er aber in Schulden. Der jüngste Bruder Melchior verlässt heimlich den Bauernhof, um der schweren Arbeit zu entkommen und gerät dadurch in lebenslangen Konflikt mit seinem Vater. In der Stadt muss er als Tagelöhner ein dürftiges Dasein führen und bleibt der einzige von den Söhnen Abraham Stapfers, der von Sehnsucht nach dem Landleben gequält wird.

Bossharts These, die Schweizer Gesellschaft Anfang des 20. Jahrhunderts sei dem Materialismus verschrieben, gilt genauso für das Bauerntum wie für die Welt der Wirtschaft. Der allgegenwärtige Mammonismus verschont aber auch nicht die junge Bauerngeneration. Den Großvater enttäuscht auch sein leichtem Gewinn entgegensehender Enkel Walter, „die Buben lernen heutzutage kein anderes Wort als ‚Geld'. Man fragt nicht mehr: Kann mir die Arbeit ein Stück Herz werden, sondern: macht man Geld damit?" (29). Ein offenes Ohr findet der alte Abraham daher nur noch bei Reinhart; dieser teilt nämlich seine Sensibilität für überlieferte geistige Werte, die den anderen bereits verlorengegangen sind. Die baldige Beerdigungsfeier auf dem Golsterhof nach dem Tod des Großvaters verwandelt sich in eine heftige, auf das Materielle konzentrierte Auseinandersetzung zwischen den Brüdern, die einerseits eine finanzielle Krise der beiden Männer entlarvt, andererseits ihren Konflikt weitgehend vertieft.

Der den ersten Teil des Romans abschließende Tod Abrahams bildet zugleich eine symbolische Zäsur – der Vertreter der ältesten, für Sittliches und Geistiges stehenden Generation der Familie Stapfer stirbt, ohne auf eine Fortsetzung seines Ideals hoffen zu können. „Das Glück hat mehr als ein Nest" (115) – hält Hans Rudolf, unterstützt von seinem auf Stadtleben ausgerichteten Sohn Walter fest: „Ich brauche einmal den Hof nicht" (115). Die beiden, den Landbesitz bewohnenden Enkelinnen versprechen den „Geist vom Golsterhof" (116) zu retten, womit Bossharts Vorliebe für die Darstellung starker, die Verantwortung übernehmender Frauenfiguren zum Ausdruck kommt, wie dies hauptsächlich für seine Novellen charakteristisch ist.

Parallel zu dem Umbruchsmoment auf dem Golsterhof zeichnet sich ein Wendepunkt sowohl in Ferdinands Betriebssituation als auch in dessen Kontakten mit dem Sohn ab. Als „eine neue Vergewaltigung" (127) begreift Reinhart den Willen des Vaters, anstatt des Studiums eine neue Herausforderung in dem vom finanziellen Tief betroffenen Familienunternehmen aufnehmen zu müssen. Dabei durchschaut der Sohn die Absichten des Nationalrates und Betriebsbesitzers, die eigene politische Stellung zu privaten Zwecken zu missbrauchen. Innerlich von Protest und Widerwillen gegen die väterliche Welt- und Lebensansicht erfüllt, befürchtet Reinhart, in einem Sklavenverhältnis verharren zu müssen, ganz im Gegensatz zu Ferdinands Motto: „Man ist eine Masche, man ist erbärmlich in die Welt verstrickt." (129). Misstrauisch beobachtet er Ferdinands Geschäftspartner Geierling, einen auf sein Land stolzen deutschen Industriellen, der alle Eigenschaften eines Fortschrittsmenschen in sich versammelt, von denen dem jungen Stapfer vor allem Gewinnsucht, Machtstreben und Menschenverachtung ins Auge fallen. Unter diesen Umständen entfremdet sich Reinhart immer mehr von dem Milieu seines Vaters, er arbeitet „seelenlos" (134) in der Fabrik und flieht, sich in die Bücher vergrabend, in die Welt des Geistes. Als der Vater unter Mitwirkung Geierlings das Unternehmen in eine Aktiengesellschaft verwandelt und seinen Sohn zu einem der Gesellschafter werden lässt, wird der Höhepunkt erreicht, an dem sich Reinhart „in seinem Unabhängigkeitsstolz verletzt" (137) fühlt und seine Aversion, „die ganze Abneigung, die sich in ihm in dreieinhalb Jahren gegen diesen kondensierten Geschäftsmann versammelt hatte" (137), zum Ausdruck bringt. Geierlings triumphierendem Idiom („Wir besitzen alles, was zum Erfolg führt: Geld, Erfahrung, Energie, und so werden wir einer Zukunft, die einen goldenen Klang ausschüttet, sicher sein", 137) entgegnet der junge Idealist: „Non serviam! Non serviam!" (137).

Reinharts derart zugespitzte Absage an die ihm fremde Idee und den fremden Geist, wie ihn sein Vater und der Deutsche Geierling verkörpern, wird zu einer von ihm allmählich, jedoch konsequent durchgesetzten Intention seines gesamten Werdegangs. Bis Reinhart seine Unmündigkeit gegenüber dem Vater völlig abwerfen kann, ist er in dessen Fabrik um soziale Gerechtigkeit und arbeiterfreundliches Betriebsklima besorgt. In direkter Konfrontation mit Geierling, der „nicht mit Menschen, sondern mit Bankscheinen rechnet" (182), entlarvt er dessen übersteigerten Geltungsdrang, Skrupellosigkeit und destruktiven Einfluss auf den Betrieb und die Belegschaft.

In der mit kaum Individualzügen ausgestatteten Figur des deutschen Unternehmers verwirklicht sich das Spiegelbild des sich zu jener Zeit auf dem Vormarsch befindenden deutschen Kapitals und dessen Einwirkung auf die Schweizer Wirtschaft. Von Reinhart als „der böse Geist des Geschäfts" (181) verurteilt, wird Geierling zum Symbol des materialistischen Denkmusters schlechthin. An dieser Gestalt wird die von Bosshart beschworene gesamteuropäische Zeitkrankheit exemplarisch vorgeführt, die einen wohlhabenden, seelisch jedoch verödeten, geistig verarmten Menschen hervorbringt. Der äußere Reichtum ersetzt dem Einzelnen innere Werte und macht ihn somit zum Sklaven seines Besitzes und seiner Luxusexistenz.

Symptome jener Zeitkrankheit, die das Geistige als unzeitgemäß gelten lässt und den Wert von Kultur und Bildung unterminiert, erblickt Reinhart in jedem Bereich des öffentlichen Lebens: in der Verlogenheit der Kirche, der Oberflächlichkeit politischer Parteien, in dem auf Materielles beschränkten Egozentrismus der Proletarier, Kleinbürger und Aristokraten. Als Seismograf des nationalen Empfindens und der moralischen Stärke seiner Zeitgenossen erscheint ihm das eidgenössische Schützenfest, „der Stolz jedes Schweizers" (143) und eine der gewichtigsten nationalen Veranstaltungen, die „seit der Staatserneuerung vaterländische Anlässe im höchsten Sinn" (143) sind. Die von Politikern und Kulturmenschen an die Nation gerichteten Reden, Kern jedes Schützenfestes, enthüllen deren geistige Leere sowie den Mangel an Zukunftsvisionen für Staat und Volk. In der Ansprache Ferdinands hört Reinhart zwar den stolzen Ton eines Schweizers, dessen Landesgenossen „bei Morgarten, Laupen, Sempach, Grandson und Murten, bei Dornach und Marignano gefochten und geblutet haben" (144), dessen festes Vertrauen auf die Bereitschaft der Eidgenossen, zu jeder Zeit „dem Vaterlande Treue zu halten bis zum letzten Atemzug" (145). In seinem Vortrag vermisst er jedoch einen Bezug auf die aktuelle Lage der einer geistigen Erneuerung bedürfenden Heimat:

> Warum suchte man in einer fernen Zeit Ziel und Ideal der nahen? Machte dieses Zurückschauen nicht blind für die Gegenwart, züchtete es nicht einen schädlichen Eigendünkel und eine Selbsttäuschung durchs ganze Volk? (148)

Angesichts der brennenden Zeitprobleme im Sozialen, im Politischen und im Geistig-Kulturellen des Staates müssen daher solche hohlen und stereotyp gefassten Worte als anachronistische Stimmen verhallen. Den jungen Stapfer enttäuscht aber auch die Rhetorik des anderen Sprechers, der als Industrieller über Wohlstand, Fortschritt und Aufstieg, über Ansehen und Macht der Schweiz berichtet, ohne „von und zu der gegenwärtigen Seele eines Volkes [zu] reden" (147), ohne auf soziale Missstände und Antagonismen, auf Elend und Missmut zu verweisen. Reinhart meint, seine Diagnose bezüglich einer um sich greifenden Zeitkrankheit in jedem öffentlichen Bereich bestätigt zu sehen. In der durch deutsches Kapital unterstützten Zeitung „Schweizerspiegel" etwa wird Ferdinand Stapfer von seinen politischen Gegnern verleumdet, seine Karriere und Ansehen werden zerstört. Aus den dort gesponnenen Intrigen erschließt Reinhart die niedrigen Beweggründe, von denen der Zeitgenosse geleitet wird, um sich einen schnellen Aufstieg zu sichern. Dem „Schweizerspiegel" scheint Bosshart die Funktion des Trojanischen Pferdes zuzuschreiben; die mit ihrem Titel auf die helvetische nationale Identität anspielende Zeitung vertritt, mit Geierling als deren grauer Eminenz, die Interessen der deutschen Wirtschaft und Politik, die im Roman als eine dunkle, die Vorkriegsschweiz gefährdende Kraft zur Geltung kommt.

Den deutsch-schweizerischen Verhältnissen jener Zeit wird durch den historisch belegbaren Kaiserbesuch von 1912 eine besondere Dimension verliehen. Die auf den Zürcher Straßen vorherrschende Atmosphäre der Deutschlandbegeisterung vermag Reinhart nicht in ihren Bann zu ziehen. Als Gegenbild jener Euphorie zeigt sich einerseits der berufliche und gesellschaftliche Niedergang Ferdinand Stapfers, infolge dessen der Nationalrat, in der Öffentlichkeit diskreditiert, dem Kaiser nur vom Abseits her zusehen kann, anstatt zu dessen Begleitung dazuzugehören, andererseits die Auseinandersetzung zwischen Reinhart und dem Deutschen Geierling, in der sich die als ‚Graben'[65] definierte, vor dem Ersten Weltkrieg stark zunehmende Spannung zwischen der französisch- und deutschsprachigen Schweiz manifestiert. Inmitten einer fröhlichen Gartenfest-Veranstaltung verwandeln sich allmählich französische Lieder welscher Studenten und deutsche Melodien Deutschschweizer Jugendlicher in eine gegenseitige Demonstration politisch-nationaler Sympathien. Durch die von Geierling intonierte Strophe „Es braust ein Ruf wie Donnerhall" (223) des 1840 von Max Schneckenburger verfassten Liedes *Die Wacht am Rhein*, das als ein auf deutsch-französische Verhältnisse zurückgehender politischer Text und ab 1871 im Deutschen Kaiserreich als inoffizielle Nationalhymne galt[66], sehen sich die Welschen zu einer offenen Konfrontation herausgefordert:

---

65 Vgl. Christophe Büchi: *Röstigraben. Das Verhältnis zwischen deutscher und welscher Schweiz. Geschichte und Perspektiven*. Zürich: Verlag Neue Zürcher Zeitung 2000.
66 Vgl. Walter Moßmann, Peter Schleuning: *Die Wacht am Rhein*. In: Dies.: *Alte und neue politische Lieder. Entstehung und Gebrauch. Texte und Noten*. Hamburg: Rowohlt Verlag 1878, S. 17–80.

Deutsche und welsche Flüche prasselten gegeneinander, helle und dunkle Augen blitzten ineinander. Krüge drohten in den Fäusten wie Keulen, Stuhllehnen wurden erfasst. (224)

Die allerlei Spannungen innerhalb der Schweiz repräsentativ illustrierende Kontroverse kulminiert in einer persönlichen Auseinandersetzung zwischen Reinhart und Geierling, in der der junge Stapfer, der Ehre seines Vaters Schutz verschaffend, „dem Gegner in blinder Wut an den Hals" (225) springt.

Die Kumulation von desaströsen Ereignissen in Reinharts Nähe – der politische und finanzielle Bankrott seines Vaters, der Selbstmord der Mutter, der durch Geldsucht der Verwandten herbeigeführte Untergang des Familienbesitzes Golsterhof – treibt ihn in einen an Verzweiflung grenzenden Zustand und mündet in eine weitere Zäsur in seinem Werdegang. In eine durch das allerseits zu vernehmende unselige Geschick bewirkte Verstörtheit geraten, erlebt der junge Stapfer eine überwältigende Vision, die wieder den am Expressionismus geschulten Bosshart erkennen lässt. Umgeben von nahezu allen Romanfiguren erhebt sich „die Selbstsicherheit Helmut Geierlings" (235), des Inbegriffs des Materialismus, und wird zum Moloch, um den herum die Gemeinschaft einen grotesken Tanz aufführt, um bald von dem Ungetüm aufgefressen zu werden. Nur wenigen Individuen gelingt es, dem Bösen zu entkommen; unter den Geretteten sieht Reinhart seine Mutter und Großmutter, Onkel Melchior und die Kusinen vom Golsterhof – allerlei Personen, denen materialistische Denkmuster fremd sind. Sich selbst in den Krallen des Molochs erblickend will sich Reinhart befreien:

> Abwerfen die Schmach und Feigheit der vergangenen Jahre, abwerfen den Schmutz, der sich an meine Seele geklebt hat, abwerfen das Handeln wider das Gewissen, das ich mir habe aufnötigen lassen. Was habe ich aus meinem Leben gemacht? Verbröckelt, vermodert ist es mir unter einer fremden Herrschaft. (236)

An dieser Stelle des Romans setzt nach Reinharts früherer, innerer Emanzipation die eigentliche, radikale Lossagung vom bisherigen Leben ein: „Jetzt ist es an mir, mich zu finden, oder dann falle auch ich hinein in den Rachen des Molochs." (236). Aus dem visionären Traum erwacht, fühlt sich Reinhart „in dieser Stunde und Höhe zu allem bereit, zum Hungern und Frieren, zum Gang in Lumpen und Verachtung." (236 f.).

Das letzte Kapitel des zweiten Romanteils gilt somit als Manifest seiner Unabhängigkeit und anvisiert einen Weg der Befreiung von der „Krankheit" (238) der Geistlosigkeit und von dem aufs Geld bedachten „Götzendienst" (238). Reinharts endgültiges Bekenntnis zum Idealismus, umrahmt von visionären Bildern, gleicht zwar einer mystischen Eingebung, „‚Auge Gottes', klang es in Reinharts Ohren" (239), ist jedoch ein fundierter Akt seiner Auflehnung gegen „eine sinnlose, [...] eine ruchlose Welt." (238). Stimuliert durch „Freiheitsglück" (243) und Freude über zerrissene Fesseln (vgl. 243) macht Reinhart einen für seine Existenz und Entfaltung von wichtigen Stationen gezeichneten Weg durch, der ein breites sozial-politisches Panorama der Schweiz zur Geltung bringt. Dieses zeigt sich etwa in Stapfers jeweiligen Zwischenstadien: in der Faszination für die buddhistische, verinnerlichte Lebensweise, in der um den Preis des materiellen Elends erfolgenden Annäherung an das Arbeitermilieu, im Engagement für die Ideen des Sozialismus sowie in der Enttäuschung über dessen Mangel an höherem Geistesprinzip.

Sein Aufenthalt im Haus Avera, das von dem aus Indien zurückgekommenen Enzio Kraus bewohnt ist, stellt eine symbolische Übergangsstation dar – der vom Geist des Orients durchdrungene, nahezu mystische Ort markiert die Umbruchsphase in Reinharts Entwicklung. Nach einer durch äußeren Zwang dominierten Existenz und der mit „non serviam" quittierten Absage an den Materialismus richtet sich der Suchende nach innen; in Einsamkeit und Stille wertet er sein Leben um, fragt nach dessen Zweck und Sinn und bereitet sich auf die durch Tat und Opfer gekennzeichnete Lebensperiode vor. An dieser Stelle erkennt Reinhart auch die Notwendigkeit, sich von dem Gefühl zu Jutta zu befreien, in der er die Verkörperung des an die Dingwelt gebundenen Egoismus erblickt.

Dem jungen Idealisten bietet Enzio eine auf Weltflucht ausgerichtete Alternative, eine Befreiung von Pflicht und zielorientiertem Willen: „ich suche die Loslösung vom Tun, ich mühe mich um den Müßiggang, ich möchte alles verlieren, am meisten mich selber. Begehrlos leben heißt glücklich leben." (253). Reinhart glaubt jedoch seinen Weg und sein Ziel im Aktivismus zu finden, so ist die mit dem Haus Avera einhergehende Idee der Leidenschaft- und Leidvermeidung mit seinem Drang nach Selbst- und Weltverbesserung nicht zu vereinbaren:

> sein eigener Weg durfte nicht an den Menschen vorüber, er mußte zu ihnen hinleiten. Sein Leben durfte nicht im Traum vergehen, es mußte in der Tat täglich neu werden, er durfte sich nicht selber zum Gott und Selbstzweck machen, er durfte das Kreuz nicht fliehen, er mußte ihm entgegensuchen. Das war ihm klar geworden im Haus Avera. (269 f.)

In den beiden Existenzentwürfen präsentiert sich darüber hinaus ein jeweils diverses Gottverständnis: Während der Indien-Heimkehrer Enzio Gottähnlichkeit in der vom Leid fernen Rast erkennt, ganz nach Vorbild des Schöpfers, der „sich nach der Tat zur Ruhe gesetzt" (265) habe, versinnbildlicht Gott für Reinhart die Tat, den kreativen Akt und das Leiden, das „kein nagender Wurm am Leben" (265), sondern die Quelle der christlichen Kraft sei. So gewinnt Stapfer in der für ihn negativ ausfallenden Auseinandersetzung mit dem von indisch-buddhistischen Lehren inspirierten Lebensmodell eine Neuorientierung auf seinem Weg zur Erlösung und Erneuerung, die er im Anschluss an revolutionäres Kollektiv und in selbstloser Tat verwirklichen will. Der Aufenthalt im Haus Avera, „das heißt ‚Nichtzorn'" (269), wird somit dem Suchenden zu einem kontrapunktischen Impuls, sich sozial zu engagieren und die Verantwortung für die anderen zu übernehmen.

Bossharts Anknüpfung an Buddhismus mag auf sein in der Studienzeit initiiertes Interesse an der Philosophie Schopenhauers zurückzuführen sein. Jenes Gedankengut beschäftigt den Autor vor allem während seiner schweren, langen Lungenkrankheit und spiegelt sich auch in mehreren Aphorismen wider, die in den Band *Bausteine* eingegangen sind. Die vorübergehende Neugier Stapfers für indisch-buddhistische Ideen steht darüber hinaus repräsentativ für den in den ersten Dezennien des 20. Jahrhunderts verbreiteten Indien-Kult, dem Bosshart jedoch viel distanzierter gegenüberstand als etwa Hermann Hesse oder Waldemar Bonsels, der Autor von *Indienfahrt* (1916).[67] Deswegen wendet sich der eine Erneuerung anstrebende Reinhart nach seiner ephemeren Faszination für religiös inspirierte Weltflucht von dieser Idee ab und begibt sich auf die Suche nach Alternativen für sein früheres, durch äußeren Zwang geregeltes Dasein. Bereits vor dem Aufbruch aus dem Haus Avera glaubt Stapfer, sein Weg führe ihn „in die Niederung, in die Tiefe. Er wird nicht schön sein, aber wenn er nur gut ist." (273). An dieser Stelle prophezeit Enzio die ihm auf allerlei Irrwegen gegenübertretende leidvolle Zukunft: „Es fehlt Ihnen die Anlage zum Glück. Sie werden niemandem Ruhe bringen und werden selber keine finden. Sie werden immer ein Störenfried und Abendländer sein." (273). Für den leidvollen Zyklus des irrenden Wanderns, wie ihn Reinhart durchmachen wird, benutzt Bosshart den buddhistischen Begriff ‚Samsara', den er ursprünglich für den Titel seines Romans gewählt hatte, um damit auch die zum zentralen Problem des Romans erhobene Zeitkrankheit anzudeuten.[68] „Samsara, Irrweg" (273) ist das

---

67 Vgl. Martin Stern, Anm. 3, S. 416.
68 Jakob Bosshart äußerte sich zu dem Begriff in seinen Notizen: „Samsara: Wir haben nie Zeit, wir leben halb in der Gegenwart, halb schon in der Zukunft. Der Durchschnittsmensch braucht immer einen Zeittöter, ein Kartenspiel, das Theater, Sport, Klatsch, Kino, ein Buch, den Alkohol, die Weiber. Mit sich selber kann er nichts anfangen, er langweilt sich in seiner Gegenwart. An eine Erbauung der Seele durch Meditation, Selbstschau, Selbstkritik denkt er nicht. Wir nehmen zu viel unnütze Last auf uns, gesellschaftliche Verpflichtungen, Luxus, Pflege des Scheins in Kleidung und Wohnung, üppige Nahrung. [...] Wir werden Sklaven des Scheins, Sklaven der ‚Zivilisation', wir sind maßlos, es fehlt die Genügsamkeit." Jakob Bosshart: *Bausteine zu Leben und Zeit*, Anm. 22, S. 197.

fundamentale Erleben der Hauptfigur, ein Prozess permanenten Suchens, das Reinhart zu keinem ihn befriedigenden Endziel führen wird.

Seine Annäherung an die Welt der Proletarier erfolgt durch das direkte Hineinwachsen in deren Milieu; Reinhart bezieht ein Zimmer in dem „Hundertseelenhaus" (283), einer von Arbeitern und Armen bewohnten Mietskaserne. Von Erspartem und erteilten Privatstunden lebend, kann er an der Universität Vorlesungen besuchen und somit seinem Werdegang eine neue, von Armut und Entsagung geprägte Richtung geben: „er war jetzt Proletarier. Demütigung, Mühsal, Entbehrung durften ihn nicht kränken. Er mußte stolz darauf sein, wie ein Krieger auf seine kotige Uniform." (292). Von Schmutz und Elend umgeben, dringt Stapfer ins Leben der unteren Gesellschaftsschichten und fühlt sich allmählich in deren Seelenzustand ein.

Aus der detaillierten Schilderung schlechter Arbeitsverhältnisse, der dürftigen und leidvollen Existenz, der Versuche der Proletarier, sich vom sozialen Beklemmtsein zu befreien und zugleich infolge der Darstellung sittlicher Destruktion entsteht ein lebendiges Fresko der Vorkriegsschweiz, deren gegenwärtige Generation – von der Aristokratie bis zum Proletariat – von moralischem Verfall betroffen ist. Die nächste unter Arbeitern und verarmtem Bürgertum angesiedelte Station seiner Wanderung gibt Reinhart die Möglichkeit, seine Mission der Erneuerung und inneren Wandlung auf neuem Boden und unter neuen Umständen zu verwirklichen. Von dem Sprachlehrer Benedikt Reichling wird Stapfer in den „Narrenklub" (312) eingeführt, eine Versammlung kritisch gesinnter Individuen, denen das Unbehagen am bestehenden soziopolitischen System gemeinsam ist. An dieser Stelle setzt Reinharts aktive Teilnahme am öffentlichen Diskurs über die aktuelle Lage der Schweiz und die Alternativen für die Zukunft ein, seine bisherigen, im Privaten gestellten Fragen treten ans Tageslicht und werden als konkrete Ideen, die der Solidarität, Macht und Freiheit, diskutiert.

Im Kreis der ‚Narrenklub'-Freunde begegnet er Anarchisten, Sozialisten, Pazifisten und Befürwortern der Freigeld-Theorie, einer von dem deutsch-argentinischen Ökonomen Silvio Gesell begründeten Lehre, die besagt, dass das Gleichgewicht von Wirtschaft und Gesellschaft „aus dem ‚Naturzustand', aus der Vernunft und aus dem freien Spiel der Kräfte hervorgehen"[69] solle. Seit der Veröffentlichung von Gesells Hauptwerk *Die natürliche Wirtschaftsordnung durch Freiland und Freigeld* (1916) fand die Idee der Freiwirtschaft in Deutschland, Österreich und in der Schweiz viele Anhänger und wurde – besonders in der

---

69 Gerhard Senft: *Marktwirtschaft ohne Kapitalismus*. In: Die Zeit, 10.09.1993. www.zeit.de, Zugang am 20.12.2015.

Zwischenkriegszeit – als eine Alternative zum Sozialismus in Betracht gezogen.[70] Den Kern jenes Wirtschaftsprinzips erkannte man in der Beseitigung von Monopol und Privilegien, im Abschaffen der Dominanz des Kapitals und im Erstellen der Chancengleichheit.[71] Auch im Bereich der Bodenpolitik schlug „Gesell das Modell eines Pächtersozialismus vor"[72], das sich zum Ziel setzte, das als Allgemeineigentum geltende Freiland zu nachweisbaren Zwecken zu pachten und somit den allgemeinen Zugang zum Grund zu sichern.

Bossharts Anknüpfung an die Freiwirtschaftslehre scheint mit seiner Figurenkonzeption einherzugehen: Reinharts Suche nach Erneuerung, nach Alternativen für den zu überwindenden Materialismus der Vätergeneration, erfolgt durch die Erkundung neuer Ideen und Lebensentwürfe, in denen der neue Mensch, die junge Generation, eine Lösung und Erlösung finden könnte. Als Widerspiegelung der damals aktuellen Diskussion über die wirtschaftspolitische Richtung der Eidgenossenschaft vor und nach dem Ersten Weltkrieg, als dort vor allem Liberale und Sozialdemokraten gegeneinander prallten, lässt Bosshart neben den Stimmen mehr oder weniger radikal denkender Proletarier, christlicher Sozialisten und Anarchisten auch diejenigen der Freiwirtschafter zur Geltung kommen, deren Theorie zu jener Zeit die Schweizer Gesellschaft als relativ neu erreichte.[73] Ähnlich wie die übrigen modernen Ideen erweist sich aber auch diese Option für Reinhart als Irrweg und lässt ihn weiter nach einer Lösung streben.

Unter sozialistisch gesinnten Parteigenossen glaubt Stapfer seine Berufung zur sozialen Tat verwirklichen zu können. In den Versammlungen und am Parteifeiertag lässt er sich von den Aufrufen zur Beachtung der Arbeiterrechte mitreißen und hofft, als einer von den „glühenden Weltverbesserern" (330) in dem organisierten Kollektivismus seine Postulate nach Erneuerung und Befreiung des Menschen vom materialistischen Denken durchsetzen zu können: „es war ihm, er trete in eine ganz neue Menschheit ein." (327). Bald bleibt Reinhart jedoch mit seinem Idealismus einsam, umgeben von revolutionären Parolen: „Streik, Solidarität, Kraftprobe, Kampf aufs Messer, Gewalt, Umsturz." (334). Seine vom Glauben an den Menschen erfüllte, friedliche Botschaft geht im wütenden Geschrei der Revolutionäre unter, die die Proletarier zum Klassenkampf aufrufen und eine Versöhnung zwischen Arbeitgebern und Arbeitnehmern ausschließen. Enttäuscht hört Stapfer den beiden Revolutionsführern zu – dem alten Schulkameraden

---

70 Vgl. François Comment, Anm. 1, S. 146.
71 Vgl. Gerhard Senft, Anm. 69.
72 Ebd.
73 Der erste internationale Freiwirtschafter-Kongress fand 1923 in Basel statt. Vgl. dazu Martin Stern, Anm. 3, S. 416.

David Holzer und dem in Zürich angereisten Russen Schucharinow, der stellvertretend für die sich in der Schweiz zur Zeit des Ersten Weltkrieges mit Lenin als Hauptgestalt konstituierende bolschewistische Idee und die Keimzelle der russischen Revolution steht. In deren „Wutschrei nach Gewalt" (334) einerseits und in Reinharts Vorschlag, die Menschen „zu führen, sie zum Glück zu führen" (334) andererseits präsentieren sich zwei entgegengesetzte Prinzipien:

> Kralle und Hand. Schucharinow und David vertraten die Kralle. Drum konnte Reinhart nicht mit ihnen gehen. Konnten Menschenglück und Fortschritt wirklich nur mit Gewalt und Blut, mit Raubtiermitteln erkauft werden? (334 f.)

In Stapfers moralischer, auf den Geist ausgerichteter, jegliche Form von Gewalt ablehnender Haltung spiegelt sich Bossharts kritische Position gegenüber der Klassenkampftheorie.[74] Analog zu Reinhart verurteilte der Autor – bei aller seiner Sympathie für den sozialistischen Grundgedanken – das auf Klassenegoismus und Machtgier fußende sozialpolitische System: „Ziel des Sozialismus muß sein: Umgestaltung der Kultur, der Gesellschaft, Herrschaft des Geistes. Hier kann weder Gewaltherrschaft, noch Anarchismus geduldet werden."[75] Bereits 1892 befasste sich der Schriftsteller mit dem Problem des Sozialismus und entwarf einen erst in seinem Nachlass gefundenen Dramentext *Der Arbeiterführer*, dessen

---

74 Vgl. ebd., S. 414.
75 Jakob Bosshart: *Bausteine zu Leben und Zeit*, Anm. 22, S. 218. Der Schriftsteller äußerte an vielen Stellen seiner Memoiren einerseits den festen Glauben an das sozialistische Ideal, andererseits drückte er mit der Zeit und gemäß der Entwicklung von geschichtspolitischen Verhältnissen immer häufiger seine Skepsis aus: „Man muß den Sozialismus so verkündigen, daß er die Herzen gewinnt, überzeugt, das Gewissen schärft. Der Sozialismus sei keine Peitsche, sondern ein Morgenrot, das über allen glänzt." Ebd.; „Wo der Sozialismus nicht einer großen Ergriffenheit, einem tiefen Verstehen um die ganze Not des Menschentums entspricht, sondern sich nur an Äußerliches hält, nach Äußerlichem trachtet, ist er nichtig und verwerflich." Ebd., S. 219. Enttäuscht über den Materialismus, den er im Staat, in der Kirche, im Liberalismus und Sozialismus zu erkennen glaubte, bekannte Bosshart: „Der Sozialist, einmal zum Führer geworden, hängt an seinem Machtbesitz geradeso wie der bürgerliche Magistrat und wird gern zu Kompromissen und Kuhhändeln bereit sein. Kirche, Sozialismus und Staat sind Organisationen mit der gleichen Methode. Wer nicht für sie ist, ist wider sie und wird ‚verketzert' und verfolgt. Überall die Macht- und Besitzfrage. Staat, Kirche und Sozialismus haben Angst vor den Ideen und Idealen. Es gibt in allen dreien Mehrheiten und vergewaltigte Minderheiten. Die Führer halten überall an dem fest, was sie haben, und es sind immer die Jungen, das heißt die noch nicht Besitzenden, die den Stillstand wieder in Fluß bringen möchten, bis auch sie ihr kleines egoistisches Ziel erreicht haben". Ebd., S. 225 f.

Ideen und Motive in den Roman *Ein Rufer in der Wüste* eingegangen sind. Schon vor der Jahrhundertwende ging Bosshart den Konflikt zwischen Idealismus und Materialismus vor dem Hintergrund der Arbeitswelt-Verhältnisse an, verwies auf soziale Missstände als Folgen kapitalistischer Wirtschaftsordnung und zeigte Konsequenzen intensiver Industrialisierung auf. Über zwei Jahrzehnte vor dem *Rufer*-Roman ließ er auch die junge Generation, eine idealistisch gesinnte Industriellen-Tochter und einen Proletarierführer, den zum Scheitern verurteilten, ungleichen Kampf gegen Machthaber führen und deren Opfer werden.

Als Erbe der im *Arbeiterführer*-Entwurf gezeichneten prototypischen Idealisten-Figur macht Reinhart einen Weg vom passiven Zuschauer zum aktiven Ideenkämpfer, zu einem ‚Rufer in der Wüste' durch. Ziele und Vorgehensweisen der jungen Arbeiter-Revolutionäre überschauend, glaubt er am Tag des in der Schweiz ausgebrochenen Generalstreiks nicht mehr an die Parolen seiner bisherigen Gesinnungsgenossen, wird daher zu einem skeptischen, am Rande historischer Geschehnisse stehenden Zeugen. An der darauf folgenden Versammlung des „Narrenklubs" kann sich Reinhart nur „halb widerstrebend" (344) beteiligen und distanziert sich von den Ideen und Richtlinien der Klassenkampf-Befürworter. Unter diesen Umständen „klang ihm von ferne in die Ohren: ‚Irrweg, Samsara'." (344). Sein sozial-politisches und ethisches Bewusstsein lässt ihn zur Tat übergehen und zum aktiven Vermittler der geistigen Erneuerung des Menschen werden. Als sich unter dem Einfluss Schucharinows und dessen Aufruf zur Gewaltlösung („Der Proletarier muß Zar werden! Fort mit eurem demokratischen Puppenspiel! Erst tränken wir die Erde noch einmal mit Blut und schenken ihr dann Ruhe!", 345) der ‚Narrenklub' zum „Revolutionsklub" (346) verwandelt und in Anhänger von „Kralle und Hand" (334) spaltet, stellt sich Reinhart an die Spitze der an Humanität, innere Wandlung und Erneuerung der Schweiz Glaubenden, denen sich der von ihm hochgeachtete Leonhard Kämpe anschließt.

Mit der Kämpe-Figur scheint Bosshart den für die Idee des christlichen Sozialismus plädierenden reformierten Theologen Leonhard Ragaz darzustellen. Von dem Mitbegründer der religiös-sozialen Bewegung sah sich Bosshart stark beeinflusst; die in dem *Rufer in der Wüste* vertretenen Thesen vom pazifistischen Sozialismus, von der Notwendigkeit eines neuen, vom Geist dominierten Wegs für die Schweiz sind zugleich die Hauptgedanken des Zürcher Theologieprofessors.[76] Bosshart teilte auch Ragazens Gespür für soziale Missstände und dessen antimilitaristische Haltung. Beim Verfassen seines Romans blieb er ohne Zweifel

---

76 Vgl. Kay-Oliver Benn: *Leonhard Ragaz. Religiöser Sozialist, Pazifist, Theologe und Pädagoge*. Darmstadt: Lingbach 1986.

unter dem Einfluss des 1918 erschienenen Werkes *Die neue Schweiz. Ein Programm für Schweizer und diejenigen, die es werden wollen* von Ragaz, das für seine Zeitgenossen und die kommenden Generationen von Schweizer Kultur- und Literaturschaffenden einen wesentlichen ethisch-sozialen Wegweiser darstellte; mehrere Bezüge auf die Lehre von Ragaz lassen sich sowohl bei Meinrad Inglin als auch bei Kurt Guggenheim nachweisen. „Die Schweiz ist in Gefahr. Es ist eine tödliche Gefahr"[77], beginnt Ragaz seine Abhandlung und vermittelt somit eine These, die zum Ausgangspunkt und Hauptanliegen des von Bosshart 1921 verfassten Romans wurde. Beiden Schaffenden lag es an einer Schweiz ohne den Einfluss des deutschen Imperialismus[78], einem sowohl vom Klassenkampf als auch vom expansiven Kapitalismus freien Heimatland, das „auf möglich umfassende Ausbeutung der Natur und des Menschen berechnet ist"[79].

In der von Reinhart Stapfer erlebten, von Elend, Demut und Unterdrückung durchdrungenen Mietskaserne-Realität der Ärmsten und Schwächsten spiegelt sich Ragazens Auffassung von Kapitalismus als autokratischem System wider, das „im sozialen Leben ein Untertanentum [schafft]. Es zerteilt das Volk in Besitzende und Besitzlose, in Herren und Knechte."[80] Seine Gedanken zu Pazifismus und Antimilitarismus[81] lassen sich dagegen in Bossharts Friedrich-Figur wieder finden; als eines der Narrenklub-Mitglieder wird Friedrich, ein zur Haftstrafe verurteilter Schweizer Dienstverweigerer, von seinen Gesinnungsgenossen wie ein Held begrüßt. Darüber hinaus ist dem *Rufer*-Roman eine sichtlich am Expressionismus geschulte, dem technischen Fortschritt gegenüber skeptische Rhetorik zu entnehmen, die auch ganz im Sinne Ragazens als „verkörperte Brutalität des Maschinenzeitalters"[82] hingestellter Kritik der Technik und neuer

---

77 Leonhard Ragaz, zit. nach Willy Spieler: «Die neue Schweiz» – *die Erinnerung an eine Zukunftsvision von Leonhard Ragaz*. In: Neue Wege, Bd. 92 (1998), H. 11, S. 318.
78 Vgl. Willy Spieler, ebd.
79 Leonard Ragaz, zit. nach Willy Spieler, ebd., S. 319.
80 Ebd.
81 1924 schrieb Ragaz in seiner Broschüre *Die Abrüstung als Mission der Schweiz* Folgendes: „Heere und Rüstungen schützen uns so wenig, dass sie vielmehr die grösste Gefahr der Völker sind. Denn Heere und Rüstungen sind Ausdruck des Gewaltglaubens und stärken diesen. Heere und Rüstungen sind wie schlechte Blitzableiter: sie lenken den Blitz ins Haus, statt ihn abzulenken." Leonhard Ragaz: *Die Abrüstung als Mission der Schweiz*. Zürich 1924, S. 14.
82 Leonhard Ragaz, zit. nach Willy Spieler, Anm. 77, S. 322. Ragaz meinte dazu: „Nun kann man sich nicht leicht etwas Unmenschlicheres denken als das Automobil in der jetzigen Art seiner Verwendung. Es bedeutet die vollendete Rücksichtslosigkeit gegenüber dem Menschen, seiner Gesundheit, seiner Nerven, seiner Sicherheit, ja seines

industrieller Technologien zu betrachten ist. In Reichlings Wutausbruch über das Automobil als einen modernen Störenfried manifestiert sich zugleich sein Widerwille gegen die „Zeit der Protzen" (297), vor allem jedoch gegen Menschen, „die drinsitzen! Aufgebläht, brutal, tierisch" (297), die aus der Perspektive der Armen und Unterpriviligierten Auslöser sozialen Übels sind.

Auf jene Erfolgsmenschen des Kapitalismus werden in dieser Logik allerlei Ängste und der Entwicklung der Technik geltende Vorurteile projiziert. Auch Reinhart bewahrt skeptische Distanz zum Automobil, indem er vor Zorn Juttas Auto verlässt. Ihre gemeinsame, von Stapfer als äußerst unangenehm empfundene, auf seinen Wunsch abrupt abgebrochene Reise wird zu einer Zäsur umgemünzt. Die Autofahrt, zugleich ein endgültiger Abschied von dem Mädchen, markiert eine Trennung gegensätzlicher Lebensräume. Jutta bleibt in der Welt des Reichtums, des Mammonismus, zurück, Reinhart dagegen schlägt unmittelbar danach einen neuen Weg ein und betritt symbolisch das Haus Avera, den Ort des selbstlosen, von jeglicher Bindung an Materielles befreiten Daseins.

Einen programmatisch absichtlich geschürten Hass gegenüber dem technischen Fortschritt vertritt der sich in seinem Klassenkampf immer mehr radikalisierende Proletarier David Holzer. Er steht bei Bosshart repräsentativ für die Schweizer Arbeiter, deren Frustration in den ersten Jahrzehnten des 20. Jahrhunderts mehrmals zu massiven Protesten führte und neben mehreren lokalen Generalstreiks in zwei in die Geschichte der Eidgenossenschaft eingehenden Streiks kulminierte: dem Zürcher Generalstreik von 1912 und dem Landesstreik von 1918. Die inmitten ihres sozialen Milieus skizzierte Figur sieht sich aufgrund des permanent erfahrenen Unrechts[83] legitimiert, im Namen der Ausgebeuteten an den kapitalistischen Herrschern Rache zu nehmen: „Wieviel Groll habe ich an der Maschine in mich hineingefressen, bei euch! Jetzt muß alles wieder heraus. Und weh denen, die's trifft!" (366).

Der als „[d]er Greuel der Verwüstung"[84] überschriebene Teil von *Die neue Schweiz*, in dem Ragaz vor der Zerstörung der Natur warnt und auf die „Raubritter des Profites"[85] als Schuldige jener Verwüstung verweist, führt in direkter

---

Lebens, um von allem Ästhetischen zu schweigen; es ist die verkörperte Brutalität des Maschinenzeitalters." Ebd.
83 David Holzer meint zu seiner Arbeit in der Fabrik: „Den vierten Teil meines Lebens habe ich bis jetzt diesem Satan geknechtet." (47).
84 Leonhard Ragaz, zit. nach Willy Spieler, Anm. 77, S. 322.
85 Ebd. Ragaz äußerte sich zum Problem der Umweltzerstörung wie folgt: „Die Raubritter des Profites ziehen mit Geiergesichtern durch das Land und spähen jede geweihte Bergeinsamkeit aus, um dort den Giftbaum der Spekulation hinzusetzen. So verderben wir

Linie zu einer der letzten Stationen in Reinhart Stapfers Werdegang, zum Bauernklub. Von der Kampf- und Machtgier der proletarischen Führer enttäuscht, über den durch Armut und Verzweiflung herbeigeführten Tod der Familie des Lehrers Benedikt Reichling in dem Hundertseelenhaus erschüttert, initiiert Reinhart eine sich auf die Natur besinnende Wandergruppe, die sich zum Ziel setzt, sich in den Dienst der Erde zu stellen, zuerst jedoch „der Maschine ihr Feld [zu] verengern, sie vom Throne [zu] stoßen, von dem herab sie alle, ob sie Arbeit nehmen oder geben, knechtet." (358).

An die Stelle der früheren Faszination für die Ideen der Arbeiter, bei denen Reinhart glaubte, „einen hohen Stern, eine Art Religion zu finden" (362), stattdessen jedoch nur mit „Organisation, Klassenkampf, Lohntarif, Streik, Solidarität, Arbeitszeit, Bourgeois, Kapitalismus und, wo Schucharinows Einfluß hinreichte, Revolution" (362) konfrontiert wurde, tritt nun der Vorsatz, sich dem Dienst der Erde zu verschreiben; „der Erde wieder vertrauen, sie ist gütig und nährt den, der ihr Ehre antut" (358). Reinharts Idee, zurück zur Natur zu gelangen und zugleich auch die Technisierung und Industrialisierung zu bekämpfen[86], geht auf die in der Entstehungszeit des Romans in und außerhalb der Schweiz wirkenden alternativen Bewegungen und Gruppen von Lebensreformern, Pazifisten und Künstlern zurück, die nicht nur das bestehende kapitalistische System, sondern auch die – nach ihrer Beurteilung – zu massive Weltzivilisierung kontestierten und sich ins mentale und topographische Abseits stellten.[87]

---

das Werk Gottes um des Mammons willen." „Kein Wasserfall ohne ein Hotel daneben oder Zutritt nur bei Bezahlung; kein aussichtsreicher Berggipfel ohne Restaurant und Zubehör." „Es ist ja unsere wilde Raffgier, die die Welt verwüstet. Weil wir überhaupt nichts Heiliges mehr kennen, schänden wir auch das Heiligtum der Natur oder lassen es schänden." Ebd.

86 Reinhart postuliert dazu: „Wir müssen die Großstadt, das Arbeiterquartier und die Mietkaserne auseinanderreißen, wir müssen die Menschen wieder Luft- und Lichtgeschöpfe werden lassen." (358).

87 Vgl. dazu Martin Stern, Anm. 3, S. 418. Stern nennt in diesem Zusammenhang u.a. die Schweizer Gruppe Monte Verità und die deutsche Künstlergruppe Worpswede. Zu Monte Verità siehe etwa: Ulrike Voswinckel: *Freie Liebe und Anarchie: Schwabing – Monte Verità. Entwürfe gegen das etablierte Leben.* München: Allitera 2009; zu der Gruppe Worpswede und Monte Verità vgl. etwa: *Brita Polzer: Jenseits der Städte. Künstlerkolonien auf dem Land Barbizon - Worpswede - Monte Verita.* In: Dies. (Hg): *Kunst und Dorf: künstlerische Aktivitäten in der Provinz.* Zürich: Scheidegger und Spiess 2013, S. 163–217. François Comment (vgl. Anm. 1, S. 147) verweist in diesem Kontext auf die Analogie des Bauernklubs zu der in Deutschland gegen Ende des 19. Jahrhunderts gegründeten Bewegung „Der Wandervogel", die sich zum Ziel setzte,

Zu unabdingbarer Voraussetzung der von Reinhart und seinen Gesinnungsgenossen innerhalb des Bauernklubs angestrebten Erlösung und Erneuerung des Menschen gehört das Bekenntnis zum Minimalismus, zur völligen Lossagung von Materiellem[88], an dessen Stelle eine gewandelte, raffinierte Form von Genuss treten solle: „das Buch, ein Zeichenstift und ein Blatt Papier, ein Lied, eine Sonate, ein Stück Wanderschaft, wie das heutige, ein Blick in die Sterne, ein Blick durch das Vergrößerungsglas, ein Blick auf die Bühne!" (358). In ihrer Überzeugung von der Notwendigkeit, den Menschen von seiner Zeitkrankheit zu heilen und ihm die neuen Werte zu vermitteln, wird die kleine Gemeinschaft von Eingeweihten mit Reinhart als ihrem Anführer immer mehr an den Rand des gesellschaftlichen Hauptstroms verdrängt, den Stapfer als „Menge im Wahn" (370) etikettiert. „Wie kann ich es ihnen sagen, wie vom Selbstverständlichen überzeugen?" (370), fragt der nahezu messianisch denkende, sich zum Retter aller „am gleichen Übel" (369) Leidenden erklärende Stapfer, indem er unermüdlich nach einer Vorgehensweise sucht, die es möglich macht, den im Klassenkampf und Materialismus Verirrten den richtigen Weg zu weisen.

Als Weltverbesserer und Idealist tritt er auch in seiner allerletzten Station auf, in der die Utopie seines Handelns und sein endgültiges Scheitern besiegelt werden. In der vor den kämpfenden Proletariern gehaltenen Rede bringt Reinhart sowohl seine Enttäuschung von dem modernen Menschen, der Kirche und der Partei als auch seine Idee von Menschheitserlösung auf den Punkt:

Ich floh die harten Herzen, fand ich die weichen? Ich floh die Genußsüchtigen, fand ich Anspruchlose? Ich floh, die ums goldene Kalb ringelreihen, fand ich Goldverächter? Ich floh die Frevel am Seelengut, fand ich Fackelträger des Geistes? (372)

---

ein Leben im Einklang mit der Natur und fern vom Konsumrausch zu führen sowie allerlei religiöse und politische Autoritäten abzulehnen. „Der Wandervogel" wurde 1907 auch in der Schweiz ins Leben gerufen als „Wandervogel. Schweizerischer Bund für alkoholfreie Jugendwanderungen" und bedeutete „das Ausbrechen aus starren, verhärteten Überlieferungen der damaligen Gesellschaft." Zitiert bei: Schweizerisches Sozialarchiv, Archivfindmittel, Signatur: Art. 19, http://findmittel.ch/Archive/archTec/Ar19.pdf, Zugang am 12.01.2016.

88 Reinhart ruft zum Verzicht auf Sammlung von Gütern und Genussmitteln auf: „Wir hängen nutzloses, läppisches Zeug an uns, wir füllen unsere Stuben und Kammern, unsere Kommoden und Truhen und Schränke mit nichtigem Kram, wir haben ihn uns aufschwatzen lassen, wir halten ihn für nötig, weil auch der Nachbar ihn besitzt, und haben dafür Luft und Licht und Gesundheit und das Herz bezahlt. Ist das nicht Schwachsinn? Ist es mir unter einem feinen Filz wohler als unter einer leichten Mütze?" (358).

Inmitten einer ihm feindlich gegenüberstehenden, ihn verspottenden Menge kann sich Reinharts idealistische Vision[89] nicht mehr durchsetzen, der Sprechende wird zu einem „Rufer in der Wüste" (378), einem einsamen Propheten, dessen Botschaft mit jener von Johannes aus dem Neuen Testament jedoch kaum zu vereinbaren ist.[90] Während der biblische Rufer und Mahner „eine Frohbotschaft zu verkünden"[91] hat und zielorientiert handelt, indem er mit seiner Prophezeiung auf das Himmelsreich und die Ankunft des Herrn verweist und die Wüste symbolisch für seine Einsamkeit steht, verlautet Stapfer statt einer Botschaft lediglich eine Illusion, seine Wüste dagegen versinnbildlicht einen geistesleeren Raum, in dem sein Rufen ohne Widerhall verklingt. Seine Worte und Mahnungen fallen auf unfruchtbaren Boden, und er selbst wird zu einem einsamen Propheten: „Ich kam mir vor wie ein Rufer in der Wüste, sagte er aus seiner Betäubung heraus. Ein totes Land ohne Widerhall, aber der Himmel über mir." (378). Stapfers letzte Station erhält somit eine doppelte Bedeutung – gegenüber der Masse, der er einen Weg zur Erneuerung zu weisen trachtet, muss er sich besiegt sehen und seine Ohnmacht bekennen, die bösen Kräfte zu bezwingen. Gegenüber sich selbst jedoch gilt er als Sieger, denn „die Gekreuzigten sind immer die Sieger" (347). Am Ende seines Irrweges gelangt Reinhart zu persönlicher Erlösung und innerem Frieden. So gilt die letzte Phase seiner Existenz als Krönung der langen Suche nach Erneuerung, als Ziel seiner Wanderung von dem wohlhabenden Fabrikantensohn über den Proletarier bis hin zum sich für seinen Idealismus aufopfernden Märtyrer.

Kurz vor dem Tod reflektiert Reinhart, von „Todesahnung" (394) befallen, kritisch sein bereits als vergangen empfundenes Leben:

> O Leben, du herrlicher Strom, ich liebte dich viel zu wenig, ich liebte dich falsch, drum verranntst du mir. O Welt, du Kleid des Geistes, ich liebte dich zu wenig, ich liebte dich falsch, drum schwand ich aus dir heraus! O Mensch, du Brennpunkt der Welt, ich liebte dich zu wenig, ich liebte dich falsch, drum stießest du mich ab! (394)

Paradoxerweise mischen sich mit der Todesahnung Zukunftsvisionen: Er sieht seine Fehler ein und erklärt sich bereit, den Geist der Welt zu retten: „All mein

---

89 Reinhart Stapfer vermittelt unter feindlichen Zwischenrufen seine Botschaft: „Nicht Proletarier, sondern Mensch! Nicht Partei, sondern Menschheit! Nicht Klassenkampf, sondern Menschengemeinschaft! Nicht Mithassen, sondern Mittragen! Nicht Erniedrigung durch den Haß, sondern Erhöhung durch die Güte! Nicht Kampf um die klirrende Macht, sondern Kampf für den Geist! Nicht Parteiparole, sondern Menschheitsgewissen! Nicht Gegenwart, sondern Zukunft!" (375).
90 Vgl. Martin Stern, Anm. 3, S. 419.
91 Ebd.

Tun war eitel Stückwerk, all mein Wollen und mein Herz zu schwach. Ich muss neu beginnen! Ich würde jetzt alles besser begreifen, stärker angreifen! Ich muß ein Handlanger sein der neuen Zeit!" (394 f.). So negiert Reinhart zwar das Bestehende, die vom Materialismus zersetzte Welt, scheitert jedoch im Moment seiner Hoffnung auf Neubeginn. Unmittelbar vor seinem tragischen Tod manifestiert er die Loslösung von der ‚Samsara', dem Irrweg, und bestätigt in der nach expressionistischem Muster gestalteten Vision[92] die Notwendigkeit, die Menschheit durch den Geist zu erneuern. In diese Imagination projiziert Bosshart wiederholt den zentralen Gedanken seines Romans: Anstelle von Geld, Genuss und Partikularinteressen der Wirtschaft, der Regierungen und Parteien sind der Mensch, der Geist „und der vereinte Wille aller" (395) in den Mittelpunkt einer jeden Existenz zu rücken. Durch Stapfers Irrwege will Bosshart auf die destruktive Kraft des Materialismus hinweisen, der sowohl im Liberalismus als auch im Sozialismus erkennbar ist. Auch Reinharts letzter Versuch, als Einzelner die Welt zu verbessern, muss sich als Niederlage erweisen, weil er der als „Kralle" (334) definierten, aggressiven Masse lediglich seine zu sensible „Hand" (334) entgegenzuhalten hat. Reinhart trifft zwar die richtige Diagnose bezüglich der Krankheit seiner Zeit, bringt alle Kraft auf, um sich gegenüber seinem Milieu in Opposition zu stellen, zum Verweigerer zu werden, besitzt jedoch keine wirksamen Mittel, sein Vorhaben in die Tat umzusetzen.

Der von Erneuerung des Lebens schwärmende Stapfer muss unterliegen, weil er sich als Individuum gegen die materialistisch eingestellte Masse nicht durchzusetzen vermag; seine Ideale führen ihn in die Wüste – in die Einsamkeit und Isolation.[93] Insofern ist Bossharts Roman als Warnung und Mahnruf zu verstehen und

---

92 „Reinhart sah die große Not vor sich: Im Morast schwamm der Geist, und um ihn patschten die Menschlein. Die einen stießen ihn, andere klammerten sich hilfesuchend und selbstsüchtig an ihn, und alle wirkten zusammen, ihn immer tiefer hinabzuzerren. Da rief endlich einer: ‚Wir müssen den Geist retten, so wird er auch uns retten!' Sie horchten auf. Einige legten Hand an, andere folgten nach. Und nun mühte sich ein jeder nicht mehr um sich selber, sondern um den Geist, und der vereinte Wille aller zog ihn langsam empor. Jeder wurde eine kleine Säule für ihn, und er aller Obdach und zugleich Herrscher. Er leitete ihre Kräfte, ihren guten Willen, ihr Gewissen nach einem gütigen Plan, und sie erwiesen sich stark genug, alles Böse, alles Elend niederzuhalten. Das alles schien so einleuchtend und naturgemäß, wie daß die Sonne den Tag bringt. Das war die Erlösung des Menschen." (395).
93 Martin Stern stellt Reinhart Stapfer in die Reihe der anderen einsamen Propheten jener Zeit, „von Gerhart Hauptmanns Narr in Christo Emanuel Quint (1910) bis Hans Calonder im Roman ‚Gewalten eines Toren' (1923) des Schweizer Erzählers Otto Wirz". Martin Stern, Anm. 3, S. 419.

seine Hauptfigur als Vorbereiter und Vorkämpfer, der allerdings zu schwach und zu sensibel ist, um zum Führer der Nation zu werden. In seiner nahezu romantischen Empfindsamkeit, mit überdurchschnittlichem Gespür zeigt er sich als begabt und damit fähig, die Zeitkrankheit als erster zu erkennen und anzuprangern. So wie Johannes der Täufer kein Anführer, sondern nur Prophet und Vorbereiter war, ist Reinhart – analog zu Bossharts anderen, sich für die Gemeinschaft aufopfernden Figuren, wie etwa dem Friedensapostel aus der gleichnamigen Erzählung oder Ulrich Winkler aus *Altwinkel* – an das Schicksal der Gemeinschaft gebunden, und mit seinem Tod wird eine Mission erfüllt.[94] Stapfer gehört zu jenen Figuren Bossharts, die „mit ihrem tiefernst erfassten, persönlichen Leben der menschlichen Gesellschaft dienen, deren Not und Schuld sie als die eigene empfinden"[95]. Damit Reinharts Tod dennoch einen hoffnungsvollen und zukunftsorientierten Wert erhalten kann, kommt im Moment seines Sterbens – nach expressionistischem Vorbild – die Geburt eines Kindes symbolisch zur Geltung.

Obwohl mit dem Leitgedanken des Romans, der Bemühung um geistige Erneuerung des Menschen, dem Werk eine universelle Botschaft verliehen wurde, ist Bossharts Hauptanliegen doch nicht zu übersehen: *Ein Rufer in der Wüste* ist allem voran ein Spiegelbild der Schweiz am Vortag des Ersten Weltkrieges, „ihres trügerischen Wohlstandes und Friedens"[96], ihrer Konflikte und Schwächen – ein Werk, wie dies in der Begründung des dem Autor 1922 verliehenen Gottfried Keller-Preises betont wurde – „in dem Lebensreife, Menschenkunde und Erkenntnis der gesellschaftlichen Wirrnisse unserer Zeit einen wahren Schweizerspiegel geschaffen haben"[97]. Bosshart selbst wurde zum Mahner, indem er mithilfe des repräsentativ gewählten Personals seines Romans ein kritisches Bild der helvetischen Vorkriegsverhältnisse gezeichnet hat und dadurch die im Materialismus versinkende Nation wie den einzelnen, innerlich leeren Durchschnittsmenschen aufzurütteln versuchte. So wie Reinharts Leben auf der Negation des Bestehenden fußt, so vermittelte der Schriftsteller mit seinem gesamten Roman eine verzweifelte Anklage der Schweiz: „Eine reiche Generation ist elend im Materialismus ertrunken. Gibt es eine größere Welttragik?"[98]

---

94 Vgl. Berta Huber Bindscheidler, Anm. 2, S. 87.
95 Ebd., S. 89.
96 Martin Stern, Anm. 3, S. 420.
97 Begründung des Gottfried Keller-Preises der Martin Bodmer-Stiftung, zit. nach Fritz Hunziker: *Nachwort* zu Jakob Bosshart: *Träume der Wüste. Orientalische Novellen und Märchen, Gedichte*. Frauenfeld: Huber 1951, S. 317–338, hier S. 327.
98 Jakob Bosshart: Bausteine, Anm. 22, S. 191.

3. Die Schweiz im Blick. *Schweizerspiegel* von Meinrad Inglin

Trotz zahlloser wissenschaftlicher Untersuchungen zum Werk des Deutschschweizer Schriftstellers Meinrad Inglin bleibt er außerhalb der Schweiz weiterhin kaum bekannt.[1] Nachdem die von den 1930er bis Ende der 1950er Jahre anhaltende Konjunktur für eine dem Realismus verpflichtete Literatur in der deutschsprachigen Schweiz nachgelassen hatte und nachdem neben den erfolgreich debütierenden Autoren Frisch und Dürrenmatt auch der auf Kurzprosa bedachte Robert Walser entdeckt worden war, geriet die Ära der Schweizer Klassiker der ersten Hälfte des 20. Jahrhunderts in Ungunst und Vergessenheit. Studiert man die Monographien und Beiträge zu Inglins einzelnen Texten, so fällt die große und extrem unterschiedliche Bandbreite der Bewertungen seines Schaffens auf. Einerseits wird der Schwyzer Dichter vor dem Hintergrund der Konzeption der geistigen Landesverteidigung und der vom Schweizer Schriftstellerverein 1938 geprägten Kulturbotschaft betrachtet und somit vorwiegend als Vertreter realistischer, auf die nationale Identität fokussierter Prosa angesehen, deren Figuren Exponenten einer den Schweizer Mythos restituierenden Welt sind, andererseits jedoch wird das Erzählwerk Inglins von Anfang an durch Stimmen nobilitiert, die den Epopöen-Bildern in der Tradition von Gottfried Keller auch Ideen von Tolstoi, Nietzsche, Freud und Jung sowie eine tiefgreifende Analyse der helvetischen Wesensart entnehmen.

Unabhängig von kulturpolitischen Verhältnissen in der Schweiz und Partikularinteressen einzelner gesellschaftlicher Kreise erntete Inglin schon in den Anfängen seiner Schriftstellerkarriere Lob und Anerkennung vor allem vonseiten

---

1   In der polnischen Germanistik befassten sich mit dem Werk von Meinrad Inglin bis dato: Małgorzata Morawiec: *Literatura w autarkii. Niemieckojęzyczna proza szwajcarska lat 1933–1945 [Literatur in der Autarkie. Deutschsprachige Schweizer Prosa in den Jahren 1933–1945]*. Wrocław: Wydawnictwo Uniwersytetu Wrocławskiego 1991; Marzena Górecka: *Tendenzen der Innerlichkeit in der Deutschschweizer Literatur der Zwischenkriegszeit. Studien zu Meinrad Inglin und Albin Zollinger*. Lublin: Wydawnictwo KUL 2006; Marzena Górecka (Hg.): *Meinrad Inglin: Erinnerungen an die internierten Polen in der Schweiz*. Freiburg: Stiftung Archivum Helveto-Polonicum 2002. Marzena Górecka ist auch Herausgeberin des Briefwechsels zwischen Meinrad Inglin und Bettina Inglin-Zweifel: *Alles in mir heisst: Du!* Zürich: Ammann 2009. Sie verfasste auch einzelne Texte zu Inglins Werk in polnischen und schweizerischen Sammelbänden.

seiner Fachkollegen. Während nach dem Erscheinen des Romans *Die Welt in Ingoldau* (1922) ein Skandal in der Schwyzer Umgebung ausgebrochen ist und der Autor zum Nestbeschmutzer erklärt wurde[2], ließen sich zugleich in den führenden Schweizer Zeitungen den Autor und sein Werk würdigende Stimmen vernehmen: In der „Neuen Zürcher Zeitung" meldete sich Walter Muschg, in „Der Bund" Hugo Marti[3] und in einem persönlichen Brief lobte Hermann Hesse das Buch „wegen seines Geistes" und weil es ein „Gefühl der Berufung und Verantwortung"[4] zu vermitteln weiß. Eduard Korrodi dagegen sah in dem ersten Roman von Meinrad Inglin die Erfüllung des Postulats, das der anerkannte Essayist und Literaturkritiker 1918 in seinen *Schweizerischen Literaturbriefen* aufgestellt hatte, „endlich vom Erbe Gottfried Kellers loszukommen und die eigene Zeit mit neueren Mitteln zu gestalten"[5]. Auf Korrodis literarästhetische Forderungen reagierte Inglin übrigens 1919, kurz nach deren Erscheinen, mit einer Rezension in der „Zürcher Volkszeitung" und versprach – dabei schon den Erstlingsroman *Die Welt in Ingoldau* anvisierend – die Leser weg von Seldwyla in eine neue, der Gegenwart entsprechende literarische Wirklichkeit zu führen.[6]

In den auf den Debütroman folgenden Prosatexten lässt sich zwar eine dem Gesamtwerk Inglins gemeinsame realistische Tradition nachvollziehen, wie es bei Werner Günther heißt:

> Vom ‚reinen Realismus' her deutet Inglin für den eigenen ‚Hausgebrauch' die Gattung des Romans und der Novelle. Das Entscheidende sieht er für den Roman in der menschlichen Substanz und in der inneren Wahrheit im einzelnen wie im ganzen; das rein formale Element trete zurück.[7]

---

2 Initiiert wurde der Skandal durch eine Rezension in der Zeitung „Vaterland" vom 30.12.1922 als Antwort eines konservativen lokalen Verhörrichters auf eine lobende Kritik des Romans. Er schrieb: „Und wie führt der Autor diese Welt vor? Man hat den Eindruck, er habe seine Mitbürger in den Grund hinein verlästern und ärgern wollen. Er streckt ihnen die Zunge heraus und hält ihnen einen Spiegel vor. Was für einen Spiegel: Einen verzerrten, der mit wenigen Ausnahmen auch nur Zerrbilder zurückwirft. Inglin hat sich eine zynische Freude daraus gemacht, mit der Feder den Schlamm und den Bodensatz aufzuwühlen – und wo gäbe es in der Gesellschaft keine Hefe! Und in diesem Schlamm soll die ‚Welt in Ingoldau' dargestellt werden!" Zit. nach Beatrice von Matt: *Meinrad Inglin. Eine Biographie.* Zürich: Atlantis 1976, S. 116.
3 Vgl. ebd., S. 119.
4 Hermann Hesse, zit. nach Beatrice von Matt, ebd., S. 120.
5 Ebd.
6 Vgl. dazu Eduard Korrodi: *Schweizerische Literaturbriefe.* Frauenfeld: Huber 1918.
7 Werner Günther: *Meinrad Inglin.* In: Ders.: *Dichter der neueren Schweiz.* Bd. 3. Bern: Francke 1986, S. 340–417, hier S. 348.

Inglins Menschheits- und Gesellschaftsvisionen unterlagen jedoch seit der frühen Jugend einer ständigen, intensiven Wandlung, sodass seinem Schriftstellerprofil allerlei nicht selten widersprüchliche Etikettierungen anhaften: „der bürgerliche Rebell"[8], „Dichter im Abseits"[9], „Landi-Klassiker"[10], „Lesebuchheiliger"[11] sowie „Klassiker der Moderne"[12]. Der Schwyzer Dichter sei „alles andere als ein bürgerlich-biederer Schriftsteller"[13] meint Regine Battiston, eine der AutorInnen der neuesten Inglin-Studien, die das etablierte Bild eines vorwiegend an die Heimat und deren Traditionen gebundenen Schriftstellers zu revidieren suchen und sein Schaffen in einen neuen literarisch-komparatistischen wie soziokulturellen Kontext setzen. Dabei ist zu betonen, dass die heutigen Inglin-Forscher auch ihre neuesten Erkenntnisse zu seinem Schaffen meistens in einem Dazwischen definieren, der Autor entzieht sich also mehr denn je einer eindeutigen Festlegung auf Ideologeme jeglicher Art. So überschreiben die Autoren der *Neuen Studien zu Meinrad Inglin* ihre Texte oft mit Doppelbegriffen, die jeweils ein Spektrum, eine entsprechende Reichweite beinhalten: „Erzähler zwischen Wildnis und Menschengesellschaft"[14] (Beatrice von Matt), „Meinrad Inglin – ein Erzähler zwischen Außenseitertum und Konformismus"[15] (Marzena Górecka), „Vagabundentum und Zivilisationskritik"[16] (Christa Baumberger). Auf Inglins

---

8   Beatrice von Matt: *Meinrad Inglin – der bürgerliche Rebell.* In: Dies.: *Lesarten. Zur Schweizer Literatur von Walser bis Muschg.* Zürich: Ex Libris 1985, S. 53–71.
9   Dieter Fringeli: *Dichter im Abseits. Schweizer Autoren von Glauser bis Hohl.* Zürich: Artemis 1974, S. 5.
10 Charles Linsmayer: *Vom jungen Revoluzzer zum Landi-Klassiker: heute vor 100 Jahren wurde der Schweizer Erzähler Meinrad Inglin (1893–1971) geboren. Patriot und Gründer avant la lettre.* In: Der Bund, 28. Juli 1993.
11 Dieter Fringeli: *Ein Lesebuchheiliger. Bemerkungen zu Meinrad Inglins Prosa.* In: Ders., Anm. 9, S. 131–136.
12 Andreas Solbach: *Von 1914 bis zum Zweiten Weltkrieg.* In: *Schweizer Literaturgeschichte.* Hg. von Peter Rusterholz und Andreas Solbach, Stuttgart; Weimar: Metzler 2007, S. 174–207.
13 Regine Battiston: *Mensch und Natur.* In: Christian von Zimmermann, Daniel Annen (Hg.): *Kurz nach Mittag aber lag der See noch glatt und friedlich da. Neue Studien zu Meinrad Inglin.* Zürich: Chronos 2013, S. 67.
14 Beatrice von Matt: *Meinrad Inglin – Erzähler zwischen Wildnis und Menschengesellschaft. Mit einem Seitenblick auf seinen Westschweizer Zeitgenossen Guy de Pourtalès.* In: Christian von Zimmermann, Daniel Annen (Hg.), ebd., S. 21.
15 Marzena Górecka: *Meinrad Inglin als Schriftsteller zwischen Aussenseitertum und Konformismus.* In: Christian von Zimmermann, Daniel Annen (Hg.), ebd., S. 37.
16 Christa Baumberger: *Vagabundentum und Zivilisationskritik in Meinrad Inglins ‚Wendel von Euw' (1925).* In: Christian von Zimmermann, Daniel Annen (Hg.), ebd., S. 109.

Wandlung und auf die Vielheit der Diskurse über sein Werk verweist auch die 2012 veröffentlichte Monographie von Eva C. Wiegmann-Schubert *Kulturkritik und Naturverbundenheit im Werk von Meinrad Inglin. Von der antimodernen Verweigerung zur konstruktiven Kulturkritik*, indem sie sich zum Ziel setzt, „den literaturwissenschaftlichen Diskurs zu seinem Werk aus der Enge einer eidgenössischen Selbstbespiegelung zu lösen" und „seine Schriften in den Kontext eines nationenübergreifenden, europäischen Krisenbewusstseins"[17] zu stellen.

Auf dem Weg zu einer liberalen Weltanschauung, einer Staats- und Gesellschaftsvision der bürgerlichen Mitte, wie Inglin sie etwa in dem Roman *Schweizerspiegel* präsentierte, machte der Schriftsteller mehrere Phasen seiner ideologischen Bildung und persönlichen Entwicklung durch.[18] In der Zeit vor dem Ersten Weltkrieg las er Nietzsche und strebte – die Demokratie verachtend – nach einem aristokratischen Lebensstil, den er sich von seinem sich erst etablierenden Künstlerdasein und von der Offizierkarriere während des Krieges erhoffte. Die militärische Erfahrung Inglins, eine Annäherung an Häberlin und dessen idealistisch geprägte Weltanschauung sowie der Macht- und Einflussverlust aristokratischer und großbürgerlicher Kreise im Laufe des Ersten Weltkrieges bewirkten jedoch einen grundsätzlichen Wandel in seinem soziopolitischen Denken, eine Hinwendung zum christlich geprägten Sozialismus. Am deutlichsten machte sich diese Wende in dem 1922 veröffentlichten, durch *Die neue Schweiz* von Leonhard Ragaz[19] inspirierten Roman *Die Welt in Ingoldau* geltend, „mit so viel Liebe und Kunst vorgetragen, so viel detailliert gezeichnete Missstände, so viel Elend in der Kindererziehung, in der Ehe, soviel Unterdrückung der Frauen und der Kinder, soviel Prüderie"[20]. Auch diese Faszination scheint jedoch von kurzer Dauer gewesen zu sein; schon ab 1925 suchte Inglin einen Rückzug in die wilde Natur und ein

---

17 Eva Wiegmann-Schubert: *Kulturkritik und Naturverbundenheit im Werk von Meinrad Inglin. Von der antimodernen Verweigerung zur konstruktiven Kulturkritik*. Essen: Klartext 2012, S. 9.
18 Vgl. dazu Beatrice von Matt: *Meinrad Inglin – Erzähler zwischen Wildnis und Menschengesellschaft. Mit einem Seitenblick auf seinen Westschweizer Zeitgenossen Guy de Pourtalès*. In: Christian von Zimmermann, Daniel Annen (Hg.), Anm. 13.
19 Vgl. dazu Franziska Pilgram-Frühauf: *Briefwechsel: Bezüge zwischen Inglins „Die Welt in Ingoldau" und der „Neuen Schweiz" von Leonhard Ragaz*. In: Christian von Zimmermann, Daniel Annen (Hg.), ebd., S. 91–108.
20 Beatrice von Matt: *Meinrad Inglin – Erzähler zwischen Wildnis und Menschengesellschaft. Mit einem Seitenblick auf seinen Westschweizer Zeitgenossen Guy de Pourtalès*. In: Christian von Zimmermann, Daniel Annen (Hg.), ebd., S. 27.

verinnerlichtes Dasein.[21] In den Texten *Über den Wassern, Grand Hotel Excelsior, Güldramont, Die graue March* und anderen kam eine mit der Zivilisationskritik einhergehende Flucht in die Alpenlandschaft zum Ausdruck. Inglins Identifikation mit der Natur ist jedoch eher mystischer als idyllischer Art, „die Voralpennatur dient aber auch keinerlei patriotischen Schwärmereien. Inglin gehört nicht zu den Alpenideologen, die ein Gebiet schönreden und es den Lesern als Heimatidyll unterjubeln"[22].

Die geopolitische Lage der Schweiz in der Zwischenkriegszeit sowie die sich rasant verbreitenden Radikalismen in Europa verleiteten Meinrad Inglin – ähnlich wie etwa Thomas Mann – zu Reflexionen über nationenübergreifende Lösungen und Verbündungsmöglichkeiten im Sinne einer europäischen Humanität. Vor allem jedoch wandte sich der Schriftsteller der Schweiz hin, in der er ein Vorbild für Europa zu sehen glaubte. Im Bewusstsein sowohl von links als auch von rechts nahender politischer Bedrohungen nahm Inglin in den 1930er Jahren die Position liberal bürgerlicher Mitte ein, entfaltete Visionen einer auf Neutralität fußenden schweizerischen Einheit in der Vielheit und entwarf Bilder eines toleranten Volkes.

Aus der Perspektive der unruhigen Vortage des Zweiten Weltkrieges blickte er auf die Zeit zwischen 1912–1918, eine gesamteuropäische Krisenzeit, und stellte ein Panorama-Bild der Schweiz vor dem Hintergrund des Ersten Weltkrieges dar. 1938 erschien nämlich Inglins *Schweizerspiegel*, ein Gesellschafts-, Familien-, Kriegs- und Generationsroman, den die Kritik mehr als alle anderen Werke Inglins an den beiden Gegenpolen zwischen Modernität und Antimodernität platzierte. Aufgrund seiner Entstehungszeit lässt sich das in der ersten Fassung über tausend Seiten umfassende Werk zwar nicht ohne Kontext der geistigen Landesverteidigung lesen – auf der Landesausstellung 1939 wurde der Roman sogar zu einer Art Monument der Schweizer Identität erhoben – auf der anderen Seite jedoch entzieht sich der *Schweizerspiegel* „einer plakativen nationalpädagogischen Didaxe"[23] und „grenzt sich […] vom kultisch-religiösen Pathos ab, mit dem Kulturbotschaft, Landesausstellung und auch die nationalen

---

21 Vgl. dazu Marzena Górecka: *Tendenzen der Innerlichkeit in der Deutschschweizer Literatur der Zwischenkriegszeit. Studien zu Meinrad Inglin und Albin Zollinger*. Lublin: Wydawnictwo KUL 2006.

22 Beatrice von Matt: *Meinrad Inglin – Erzähler zwischen Wildnis und Menschengesellschaft. Mit einem Seitenblick auf seinen Westschweizer Zeitgenossen Guy de Pourtalès*. In: Christian von Zimmermann, Daniel Annen (Hg.) Anm. 13, S. 28.

23 Ursula Amrein: *Los von Berlin. Die Literatur- und Theaterpolitik der Schweiz und das ‚Dritte Reich'*. Zürich: Chronos 2004, S. 134.

Festspiele die Staatsidee der Schweiz inszenieren"[24]. Ursula Amreins grundlegende These, zwischen dem *Schweizerspiegel* und dem Programm der geistigen Landesverteidigung würden sowohl Ähnlichkeiten als auch Unterschiede bestehen[25], stimmt übrigens mit der Position vieler anderer Literaturwissenschaftler und Kritiker überein. In der „humanen Perspektive"[26], in der hohen Qualität der Erzählkunst, in einer dem Schematismus und einfachem Abbildverhältnis fernen Darstellung von Figuren und deren Konfliktpotential präsentiert, erblicken neben Amrein auch etwa Beatrice von Matt, Dominik Müller[27] und Adolf Muschg wichtige Stärken des Romans, ohne dessen Bezug auf den antimodernen Schweizer Zeitgeist der 1930er Jahre außer Acht zu lassen.

Inglins Konzept einer Willensnation, die den sogenannten ‚Graben', eine die deutsche Schweiz und die Romandie trennende Kluft, überwinden könnte, wurde zu einer der wichtigsten Thesen des Romans. Mit der differenzierten Figurenkonstellation meinte der Schriftsteller zu zeigen, dass die Schweiz und ihre Bürger einer Erneuerung bedürfen, „Inglin strebt also nie, auch nicht im *Schweizerspiegel*, eine starre geistige Landesverteidigung an, sondern ein ehrliches Suchen nach Veränderungsmöglichkeiten, weshalb er sich von vornherein von jeglicher immobilen und daher unwahren Heimatpoesie absetzt"[28]. Den kritischen Ansätzen des Romans, die mit der Kulturbotschaft von 1938 und der Konzeption der geistigen Landesverteidigung doch nicht identisch sind, begegnete auch Hermann Hesse mit Anerkennung und sah das Werk als „Zeitspiegel und Mahnruf"[29]:

> „Wie mitten in der Hölle des Krieges, des Hungers, der Seuche, der Revolutionsnähe das zarte edle Gebilde des Bundes", heißt es des weiteren bei Hesse, „schwankt und mitleidet und endlich doch besteht und seiner selbst bewußt bleibt, das ist ein schönes, unvergeßliches Bild".[30]

---

24 Ebd., S. 145.
25 Vgl. ebd., S. 146.
26 Adolf Muschg: *Außer Spesen nichts gewesen? Adolf Muschg über Meinrad Inglin: Schweizerspiegel (1938)*. In: Marcel Reich-Ranicki: *Romane von gestern – heute gelesen.* Bd. 3 1933–1945. Fischer 1990, S. 170.
27 Vgl. Dominik Müller: *Die ganze Schweiz in einem Buch. Panoramatische Romane aus der Zeit der Geistigen Landesverteidigung.* In: Marek Hałub, Dariusz Komorowski, Ulrich Stadler (Hg.): *Die Schweiz ist nicht die Schweiz. Studien zur kulturellen Identität einer Nation.* Wrocław: Wydawnictwo Uniwersytetu Wrocławskiego 2004, S. 149–162.
28 Beatrice von Matt: *Nachruf auf Meinrad Inglin.* In: Dies. (Hg.): *Lesarten: Zur Schweizer Literatur von Walser bis Muschg.* Zürich: Artemis 1985, S. 73.
29 Hermann Hesse, zit. nach Beatrice von Matt, Anm. 2, S. 187.
30 Ebd.

Die Rezeption des Romans fiel auch unter den Befürwortern der geistigen Landesverteidigung unterschiedlich aus. Zum Kultbuch der Landesausstellung 1939 erklärt, wurde der *Schweizerspiegel* etwa von Felix Moeschlin als „erleuchtete Chronik"[31], von Martin Hürlimann, dem Gründer des Atlantis Verlags und Herausgeber des offiziellen Katalogs zur Schweizerischen Landesausstellung 1939 als ein Werk, „das in annähernd so bedeutender Weise das Schweizertum des zwanzigsten Jahrhunderts schildert"[32], beurteilt, nach Albin Zollinger dagegen werde die Welt „diese Dichtung zur Kenntnis nehmen und sie den bleibenden Gestaltungen ewigen Menschentums beigesellen"[33]. In vielen Aspekten erfüllte der Roman nämlich die Postulate der Botschaft des Bundesrates über die Organisation und Aufgaben der schweizerischen Kulturwahrung und Kulturwerbung und befolgte die Richtlinien der geistigen Landesverteidigung.

Vonseiten der „Neuen Zürcher Zeitung", für die stellvertretend Carl Helbling unmittelbar nach dem Erscheinen des Romans im Dezember 1938 eine Rezension verfasste, kamen jedoch Vorwürfe, Inglin würde, sich auf die Schweizer Identität beziehend, eine Art Schwarzmalerei betreiben, es sei „keineswegs wünschbar, dass alle Unerfreulichkeiten im Prozess der schweizerischen internen Befehdungen und Zerrissenheiten wieder aufgetischt werden"[34]. Gemeint sind hier wohl etwa die die internen Konflikte der Schweiz und deren bedrohte Einheit aufgreifenden Motive des Romans, die das Helvetien idealisierende Programm der geistigen Landesverteidigung störten. Mit seinem Roman wollte Meinrad Inglin, wie er selbst bekannte, doch vor allem

> erzählen, alles lebendig machen, die unheimlich friedliche Ruhe vor dem Sturm, den bestürzenden Anbruch der Katastrophe, die allgemeine fieberhafte Aufregung, die Mobilisation der Armee, die Eidesleistung, Auszug und Aufmarsch der Truppen an die Grenze, den langen Wachdienst mit seinen mannigfaltigen und merkwürdigen Erfahrungen, die andauernde Erschütterung des politischen, wirtschaftlichen und geistigen Lebens, den Generalstreik, die Grippe.[35]

Er setzte sich zum Ziel, nicht nur die Einheit der Schweiz in ihrer Vielheit, sondern auch das Ganze der Schweiz in deren Vielfalt zu zeigen. In seinem synoptischen

---

31 Felix Moeschlin, ebd., S. 185.
32 Martin Hürlimann, ebd.
33 Albin Zollinger, zit. nach Ursula Amrein, Anm. 23, S. 150.
34 Carl Helbling, zit. nach Ursula Amrein, ebd., S. 146. In seiner Rezension vom 8. Dezember 1938 betonte Helbling jedoch die große Leistung des Romans und bezeichnete ihn als einen „zweiten Band des ‚Martin Salander'". Carl Helbling: ‚*Schweizerspiegel*'. *Der neue Roman Meinrad Inglins*. In: Neue Zürcher Zeitung, 08.12.1938.
35 Meinrad Inglin, zit. nach Werner Günther, Anmerkung 7, S. 381.

Bild der Eidgenossenschaft schildert er nicht nur das für seine Heimat unruhige Jahrzehnt, sondern entwirft vor allem eine Zukunftsvision der Schweiz als einen auf der Idee der Humanität erbauten neutralen Staat und ein allerlei innere Zerrissenheiten überwältigendes Volk.

In sein großangelegtes Schweiz-Projekt integriert Inglin einen ganzen Fächer von Figuren, die ein komplementäres Ensamble der helvetischen Identität darstellen. Somit erfüllt der Roman den Totalitätsanspruch, auf den sich etwa Dominik Müller im Kontext des *Schweizerspiegel* bezieht[36], die großen französischen, englischen und russischen Romane als Ursprung dieser Konzeption erkennend. Diese These findet sich bei Inglin selbst bestätigt, der zugegeben hat, er habe *Krieg und Frieden* von Tolstoi als eine wichtige Inspiration für sein Werk vor Augen gehabt. Als einen auf die „Totalität der Sicht"[37] ausgerichteten Roman sieht den *Schweizerspiegel* auch Paul Werner Hubatka in seiner Monographie *Schweizergeschichte im ‚Schweizerspiegel'. Versuch einer geschichtlichen Ortung von Meinrad Inglins Roman*. Er betont auch, dass die in einigen Kritikerstimmen als Chronik der Eidgenossenschaft vorgenommene Klassifizierung des Werkes nicht akzeptiert werden könne, weil das ästhetische Konzept Inglins vor allem darin bestehe, ein ganzheitliches Bild der Schweiz und deren Wesen widerspiegelnde Figuren repräsentativ zu entwerfen. In seinen poetologischen Überlegungen äußerte sich Inglin zu seinem Werk wie folgt:

> Dabei wollt ich nicht bloss aus jener Zeit, sondern jene Zeit selber erzählen, und die lückenlose, lediglich im epischen Sinn chronikalische Folge war ein künstlerisches Gebot. Ich berufe mich auf Tolstois ‚Krieg und Frieden'; im selben Sinne, wie man dieses grosse, meinen ‚Schweizerspiegel' unvergleichlich übertreffende Werk eine Chronik heissen darf, mag man auch meinen Roman so nennen, anders nicht. Ich hätte kaum sechs Jahre lang Tag für Tag mit aller Sammlung eine halbe Buchseite schreiben, verwerfen und wieder schreiben müssen, wenn es nur um eine Chronik im üblichen Sinne gegangen wäre.[38]

Eine hauptsächlich auf die erzählerische Komplexität des Romans verweisende Position vertritt neben Hubatka auch Werner Günther, den das Werk mit seiner Fülle an miteinander verflochtenen historischen, sozialen, ethnischen sowie politischen Elementen zu überzeugen vermag – lebendig erzählt aus der Position eines Dichters und nicht eines Geschichtsschreibers.[39]

---

36 Vgl. Dominik Müller, Anm. 27.
37 Paul Werner Hubatka: *Schweizergeschichte im ‚Schweizerspiegel'. Versuch einer geschichtlichen Ortung von Meinrad Inglins Roman*. Bern, Frankfurt a.M.: Peter Lang 1985, S. 18.
38 Meinrad Inglin, zit. nach Paul Werner Hubatka, ebd., S. 18 f.
39 Vgl. dazu Werner Günther, Anm. 7, S. 381.

Mit einer gegenüber dem literarästhetisch gemeinten Totalitätsbegriff skeptischen Betrachtung konfrontiert Dominik Müller den *Schweizerspiegel*, indem er auf Adornos Aufsatz *Standort des Erzählers im zeitgenössichen Roman* verweist, dessen These von der Totalität mit dem Terminus „totalitär" eng verknüpft ist[40] und die Behauptung „Das Ganze ist das Unwahre"[41] einschließt. Adorno vertritt mit seinem Misstrauen gegenüber der auf die literarische Erfassung des Ganzen orientierten Darstellungsweise die allgemeine Tendenz der Literaturästhetik nach 1945, die anstelle von Ganzheitsbildern eine dem Fragmentarischen und Diskontinuierlichen verpflichtete Miniaturwelt bevorzugte.

Im Folgenden wird der Versuch unternommen, Inglins Roman *Schweizerspiegel* als ein Panorama der einander komplementierenden, ein Totalitätsbild der Schweiz anstrebenden heterogenen Positionen darzustellen. Das Werk ist in seinem Ganzheitsanspruch demnach keineswegs auf Zusammenstellung harmonischer Bilder ausgerichtet, sondern lässt ein Konfliktpotential entfalten und zuspitzen, um zum Schluss dem Volk und Staat Lösungs- und Versöhnungsvorschläge im Geist der Toleranz und Humanität sowohl im Politischen als auch im Gesellschaftlichen unterbreiten zu können. Nach Werner Günther sei eine solche dichterische Aufgabe „zu lösen durch die Schaffung eines *Familien*spiegels, der brennspiegelhaft, damit stellvertretend, die kollektiven Strahlungen individualisierend, das Gesamtgeschehen erfahrbar, schaubar"[42] macht. Mit seiner Konzeption der Schweiz als einer unter dem Schirm der Neutralität jegliche von außen herannahenden Stürme und inneren Zerrissenheiten überdauernden Ganzheit vertritt Inglin den Schweizer Standpunkt, wie der dem Schriftsteller Carl Spitteler eigen war. In seiner Rede *Unser Schweizer Standpunkt* vom Dezember 1914 wandte sich Spitteler an die Eidgenossen wie an eine große Familie und rief die Brüder – Vertreter der schweizerischen Sprachregionen – zur Einigkeit auf. So wie Spitteler die Überwindung des Schweizer ‚Grabens' postulierte, bemühte sich auch Inglin in seinem Roman, in der Darstellung der die Schweizer Verhältnisse widerspiegelnden Familienbeziehungen sowie der öffentlichen inneren Unruhe sowohl das bestehende Problem der innerschweizerischen Kluft als auch den Weg zur Wiederherstellung der Einheit exemplarisch aufzuzeigen. Die für die Schweizer zu einem wichtigen gesellschaftspolitischen Ereignis

---

40 Vgl. dazu Dominik Müller, Anm. 27, S. 152.
41 Theodor W. Adorno: *Minima Moralia. Reflexionen aus dem beschädigten Leben*. In: Ders.: *Gesammelte Schriften*. Bd. 4. Hg. von Rolf Tiedemann. Frankfurt a.M.: 1981, S. 55, hier zit. nach Dominik Müller, ebd.
42 Werner Günther, Anm. 7, S. 181.

gewordene Rede Spittelers begleitet den *Schweizerspiegel* als roter Faden und wird auch explizit im Text angesprochen:

> Angesehene Männer traten auf, um das Volk zu warnen und zu belehren. Den Reigen hatte, denkwürdig genug, ein abseits lebender Dichter eröffnet, Carl Spitteler, der im Dezember 1914 mit einem besonnenen Wort an die entzweiten Eidgenossen unerwartet aus seiner wachen Einsamkeit herausgetreten war. Ihm folgten Professoren, Schriftsteller, Parlamentarier, Journalisten, Leute der verschiedensten Herkunft und Gesinnung, die sich nun freilich oft selber in die Haare gerieten.[43]

3.1. Die Hausallegorie – Die Schweiz im Kleinen und im Großen

Mit einer Zürcher Großfamilie im Zentrum seiner epischen Darstellung entwirft Inglin ein breites Generationspanorama[44], in dem sich die ganze Schweiz im Kleinen wie im Großen widerspiegelt. Die dem liberalen Bürgertum entstammende Familie Ammann mit ihren Deutschschweizer und welschen Angehörigen, mit Vertretern verschiedener Ideologien, Lebenshaltungen und Überzeugungen wird zugleich zur „Metapher für die Identität der Schweiz"[45]. Alle Konflikte und Gegensätze, die in der Schweiz erörtert und überwunden werden müssen, werden auch innerhalb der Familie Ammann *en miniature* ausgetragen. So wird der Leser mit dem Nationalrat und Oberst Alfred Ammann konfrontiert, mit seiner als Bewahrerin der ‚alten Schweiz' präsentierten Frau Barbara, mit den drei Söhnen: Severin, einem deutschfreundlichen Redaktionsleiter, Paul, einem politisch nach links schauenden Rebellen und Fred, einem auf seinem Lebensweg unsicheren und nach Identität suchenden Studenten sowie mit der Tochter Gertrud, die aus ihrer Ehe mit einem Berufsoffizier auszubrechen wagt. Darüber hinaus werden die Mitglieder der Familie Amman von Figuren begleitet, die das Schweizer Panorama in vielerlei Aspekten komplementieren: Städter und Bauern, Zivilisten und Soldaten, politische Linke, Rechte und Liberale, Kriegsgewinnler sowie selbstlose Helfer. Parallel zu all den zum Schweizer Gesamtbild verschmelzenden kleinen Bausteinen entwirft Inglin mit dem den ganzen Roman durchziehenden Motiv des

---

43 Meinrad Inglin: *Schweizerspiegel. Roman. Ungekürzte Ausgabe.* Berlin: Ullstein 1998, S. 489. Im Folgenden wird der Text mit in Klammern nachgestellter Seitenangabe zitiert.
44 Vgl. Nina Ehrlich: *Meinrad Inglins ‚Schweizerspiegel' und Jakob Paludans ‚Jørgen Stein'. Der grosse Krieg an den Rändern.* In: Christian von Zimmermann, Anm. 13, S. 165.
45 Ursula Amrein, Anm. 23, S. 136.

Hauses eine Allegorie der Schweiz schlechthin: Im Haus der Familie Ammann, sowohl in seiner äußeren wie auch inneren Konstruktion, spiegelt sich die Kondition und Struktur der Heimat, des Schweizer Hauses, wider.

Die Hausallegorie bildet bereits das Vorspiel des Romans: Der allererste Blick auf die Schweiz erfolgt von außen – aus Deutschland – und richtet sich auf die Schweiz als Staat und Heer:

> Im September 1912 kam der deutsche Kaiser in die Schweiz, um sich die Manöver des dritten Armeekorps anzusehen, für ihn ein unverfängliches Vorhaben, wie es schien, für die bescheidene Republik aber, die er in den zwei Jahrzehnten seiner Regierung einer solchen Beachtung nie gewürdigt hatte, eine Sensation. (5)

In der groß angelegten Perspektive des Romananfangs zeigt sich die Schweiz zuallererst in Konfrontation mit ihrem mächtigen Nachbarn, was als Kontrapunkt für die weiteren, die inneren Schweizer Verhältnisse im Kleinen wie im Großen darstellenden Motive zu betrachten ist.[46] Gerade vor dem Hintergrund des Kaiserbesuchs in der Schweiz werden dem Leser sogleich die Hauptfiguren des Werkes auf eine Art und Weise vorgestellt, die einerseits ihre Einstellung gegenüber dem großen Nachbarn verrät und andererseits sie innerhalb der helvetischen Realität positioniert sowie die Konstellation des gesamten Geschehens vorwegnimmt. Die deutschfreundliche Gesinnung Severins, die skeptisch-kritische Haltung Pauls sowie die zögernd-zurückhaltende Freds bilden den Ausgangspunkt der Betrachtung, um allmählich zum Symbol des Schweizer Lebens zu evolvieren:

> In einem der ungeordneten Züge schritten die drei Brüder aus Zürich, Severin, Paul und Fred, die Söhne des Brigadekommandanten Oberst Ammann. Sie schritten nicht friedlich nebeneinander, sondern getrennt hintereinander, weil Severin, der älteste, ungeduldig vorwärts drängte, Paul aber unter lässigen Protesten nur widerwillig folgte. Fred, der jüngste, schien im Zweifel, ob er es mit diesem oder jenem halten sollte, jedenfalls ging er in wechselnden Abständen zwischen ihnen und verhinderte auf diese Art wenigstens, dass sie den Zusammenhang gänzlich verloren. (6)

Während das gesamte Vorspiel dem kaiserlichen Besuch in der Schweiz gewidmet ist, einem die Stärke und Stabilität des großen eidgenössischen Hauses nach außen demonstrierenden Geschehen, beginnt der erste Teil des Romans – kontrapunktisch zu dem vorausgegangenen Abschnitt konstruiert – mit der allegorischen

---

46 Vgl. dazu Martin Kraft: *Schweizerhaus. Das Haus-Motiv im Deutschschweizer Roman des 20. Jahrhunderts.* Bern, Frankfurt a.M.: Herbert Lang 1971, S. 37–45. Im Kontext des von Inglin thematisierten Kaiserbesuches in der Schweiz ist zu bemerken, dass jenes Ereignis auch den Anfang des rund 70 Jahre später veröffentlichten, als Familienchronik gedachten Romans von Kaspar Schnetzler *Das Gute* (2008) markiert.

Darstellung des Hauses der Familie Ammann, eines 1765 erbauten Gutes, des „letzten sichtbaren Zeugen einer vornehmlichen bürgerlichen Kultur" (21). Die von Alfred Ammann kurz vor dem Ausbruch des Ersten Weltkrieges getroffene Entscheidung, das alte, schweizerische Traditionen wahrende Haus doch zu verkaufen, steht mit der Lage der Schweiz am Vortag der wichtigen Veränderungen in Europa im engen Zusammenhang:

> Er war ein Mann seiner Zeit, ein Mann des Fortschritts, der Entwicklung, ein Demokrat vom Scheitel bis zur Sohle, und da ihm für das Haus jetzt ein wirklich anständiger Preis geboten wurde, konnte er wohl auch diesen Rückstand überwinden und mit seiner Familie vorläufig die in Aussicht genommene Mietswohnung beziehen. (24)

Indem die Familie Ammann eine vorübergehende, unsichere Existenz antritt, bevor ein neues Haus errichtet wird, teilt sie das Schicksal der Schweiz – die auf die Eidgenossenschaft einwirkende internationale politische Entwicklung erfordert eine Verdrängung des Alten und eine Erneuerung im Geiste des Fortschritts und neuer Werte. Als dem Hausherrn bewusst gemacht wird, dass „ein altes Haus an diesem Platze nicht zu retten ist" (20), verzichtet er auf sein Domizil mit dem Gefühl, damit viel mehr zu verlieren als nur einen Wohnsitz.

Mit dem Umzug der Familie in die Mietswohnung bricht eine Krisenzeit ein, von der sowohl die Ammanns als auch die Schweiz betroffen ist – eine Phase der Unsicherheit und Furcht vor dem Unbekannten. Zugleich jedoch versinnbildlicht jenes Unbehaustsein, „die Durchgangsstation, ohne Grund, oberfläche Plattform"[47], die Vorbereitung auf eine neue Ära, eine Wandlungszeit für die Schweiz, die endgültig aus der Hülle des 19. Jahrhunderts hervortreten und als ein moderner Staat des 20. Jahrhunderts in einer neuen Gestaltung erscheinen soll. Während Alfred Ammann sich gleich zu Anfang, zwar nicht ohne Bedenken, als ein dem Verstand folgender, fortschrittlich denkender Liberaler zeigt, vertritt seine Frau Barbara noch die Ideale der alten Schweiz, die hier symbolisch mit dem Verlust des Familienhauses endgültig zu verschwinden drohen:

> Der Verkauf brachte nun zwar einen Haufen Geld ein, das sie sehr zu schätzen wußte; sie hatte ihr Leben lang im Wohlstand gelebt […]. Aber die Schönheit dieses Familiensitzes, die unaufdringlich gewachsen und gereift war, die Erinnerungen, die sich für sie wie für jedes ihrer Kinder daran knüpften, das Gefühl der Häuslichkeit, das die zerstreute Familie hier doch immer wieder umschloss, dieses geheimnisvolle, alles umfassende ‚Daheim', in dem sie wurzelte, konnte dies mit Geld erkauft werden? (27)

---

47 Egon Wilhelm: *Meinrad Inglin. Weite und Begrenzung. Roman und Novelle im Werk des Schwyzer Dichters*. Zürich: Atlantis 1957, S. 35.

So vertreten die beiden an der Spitze der Familie Ammann stehenden Eheleute in ihrer Vorstellung des Schweizerhauses gegensätzliche Positionen, die – ergänzt durch die heterogenen Haltungen der übrigen Familienmitglieder – ein Gesamtbild der Schweizer Staats- und Lebenskonzeption darstellen.

Während der erste Romanteil mit der Entscheidung über den Hausverkauf beginnt, endet er mit der Abschiedsfeier im Haus Ammann, die den eingeladenen Verwandten zum Anlass wird, sowohl die interne, familiäre, als auch die äußere, öffentliche Lage zu kommentieren. Bei der Verabschiedung des alten Domizils lassen sich sowohl sentimentale, die untergehende Tradition bedauernde Stimmen als auch dem kommenden Neuen hoffnungsvoll entgegenblickende Haltungen vernehmen. Auf eine Parallelität mit Schweizer Verhältnissen verweisen die Bemerkungen der versammelten Gäste bezüglich des bevorstehenden Weltkrieges. Dabei lassen sich diverse politische und nationale, den Krieg begrüßende wie pazifistische Positionen verfolgen. Wenn etwa der deutschfreundliche Severin sich wundert, „warum zum Beispiel Frankreich jetzt die dreijährige Dienstzeit einführt, das zivilisierte Frankreich?" (95), muss der aus der welschen Schweiz kommende Verwandte, Professor Gaston Junod, sofort einwenden, „Frankreich kann nicht ruhig zusehen, wie man es in Berlin treibt, das ist ganz klar, [...] Frankreich befindet sich in der Verteidigung. Das französische Volk aber wird von sich aus niemals Krieg anfangen" (96). So wird hier – wie an mehreren anderen Stellen des *Schweizerspiegel* – der Schweizer ‚Graben' sichtbar, um erst zum Schluss des Romans in einem symbolischen Gespräch von den Vertretern der jungen Generation, von Fred Ammann und Rene Junod, überwunden zu werden.

Vor allem jedoch werden hier durch den Abschied von dem alten, die Schweizer Tradition wahrenden Haus Krise und Untergang des Schweizer Liberalismus anvisiert.[48] Hartmann, der das eidgenössische Militär repräsentierende Schwiegersohn Ammanns, betont zwar in seiner Ansprache die immerwährende Kraft alter Werte, seine Worte klingen aber in dem gesamten Kontext dieser Endzeit wie eine Trauerrede – man möchte noch gedanklich retten, was längst dem Untergang geweiht ist:

> Das Haus Ammann, fuhr er nach einer knappen Einleitung fort, ist mir immer als eine Verkörperung des guten schweizerischen Bürgertums erschienen, zu dem wir schließlich alle gehören. Seine Tugenden haben sich in diesem Hause bewährt und bewähren sich immer noch. Das Kleinbürgerliche, das ihm gelegentlich anhaftet, ist hier überwunden. Dieses Bürgertum ist heute der sichtbarste Ausdruck der Nation. Manche schweizerische Tradition ist im Absterben. Die Tradition unseres Bürgertums ist im Wachsen begriffen,

---

48 Vgl. Martin Kraft, Anm. 46, S. 40.

sie hat die Zukunft für sich. Mehr kann man nicht haben wollen. In diesem Sinne trinke ich auf die Zukunft des Hauses Ammann. (99)

Was der welsche Gast, Professor Junod, zum eigentlichen und zu erhaltenden Wert des Hauses erhebt, ist „der gute Geist", der die gerade zerfallende Form immer „beseelt hat", dieser nämlich „lebt unverändert weiter in der Herrin, die auch in Zukunft die Hausherrin sein wird" (99). Somit erhält das alte ‚Schweizerhaus' eine gewisse Kontinuität in der Hausherrin Barbara, die zwar die herannahende Krise wahrnimmt, jedoch auch in der Übergangszeit ohne eigentliches Zuhause – zuerst in der Mietwohnung bei Stockmeier, dann im Hotelappartement – ständig bemüht ist, die Seele und den Geist des ‚Schweizerhauses' an ihre Verwandten zu vermitteln. Die Frau sorgt für den Status quo der Familie, ohne sich jedoch dem Willen und den Entscheidungen des Ehemannes entgegenzusetzen, der, dem Verstand und den Erforderungen einer neuen Zeit folgend, das Haus verkauft hatte.

Als Verkörperung der alten guten Tradition des ‚Schweizerhauses' präsentiert sich zum Abschluss des ersten Romanteils – und somit auch dem Haus Ammann zum Abschied – das letzte Beisammensein einiger Familienmitglieder zum Quintett-Spielen. Eine ganze Epoche scheint nun zusammen mit der üppigen Schönheit der Räumlichkeiten, die nun bald abgerissen werden, verloren zu gehen:

> Einen Augenblick stand noch alles im hellsten Lichte, weiße Möbel aus dem Zeitalter Louis XIV. mit geraden zierlichen Beinen, der kunstreiche, von einem Meister der Dynastie Pfau gebaute Ofen mit den Geßner-Idyllen in zartem Blau und Weiß, die gelbe Seide der Wände, auf der sich in ovalen Rähmchen Schattenrisse von Komponisten abhoben, die unaufdringlich schöne Stuckdecke, dieser ganze wohlgestaltete Raum, in dem ein verehrungswürdiger, von der Umwelt schon überwundener Geist bis heute lebendig geblieben war. (104)

Kontrapunktisch zu der ihre letzten Momente genießenden klassischen Harmonie des guten bürgerlichen Schweizerhauses stehen die Reflexionen der jungen Quintett-Spieler über die nahe Zukunft des Ortes, an dem sie sich zum letzten Mal zu solch erhabenen Zwecken versammelt haben. Allen voran wagt sich Paul Ammann, der sozialistisch gesinnte Rebelle, an eine trübe Vision der veränderten Lage heran:

> Und in einem Jahr, fuhr Paul mit grimmiger Genugtuung fort, werden an dieser Stelle vielleicht ein paar Engroskrämer einander übers Ohr hauen ... vielleicht wird man auch Strohhütte fabrizieren, oder es werden hier Maschinen kreischen, es wird nach Schweiß und Öl stinken ... kurz, es lebe der Fortschritt! Abasso la musica! (102)

Mit seiner ironischen Zeitdiagnose trifft Paul den Ton der sich in der Schweiz im Bereich der Kultur und Gesellschaft abzeichnenden neuen Tendenzen, die zugunsten der Industrialisierung und Verstädterung alte kulturelle Werte verdrängen und den klassischen Geist überwinden, wie dies vor allem im Fall von Alfred Ammann, einem „Mann des Fortschritts, der Entwicklung" (24), der sein Haus preisgab, da ihm „ein wirklich anständiger Preis geboten wurde" (24), klar auf der Hand zu liegen scheint. Es wäre allerdings ein vorschnelles Urteil, dem Hausherrn Ammann nur Gelddenken und Materialismus vorzuwerfen. Der Oberst und Nationalrat verwirft mit dem Hausverkauf weder sein Ideal, den vaterländischen Geist, noch den Glauben an den schweizerischen Liberalismus. So wie die beiden anderen Motive – das Haus und der Schweizer Staat, der von Inglin in einer Krisenzeit dargestellt wird – so wird auch die Figur von Alfred Ammann aus der Perspektive eines persönlichen und beruflichen Tiefs gezeigt. Gerade ihm, dem Familienvater einerseits und einem bedeutenden Vertreter des öffentlichen Lebens andererseits, kommt die wichtige Aufgabe zu, die Familie und den Staat aus der alten Zeit in eine neue, moderne Ära hinüberzuführen – in eine Schweiz, die aus der Unruhezeit des Ersten Weltkriegs ein neues bürgerliches Vorbild, ein auf Neutralität, Humanität und vor allem Zusammenhalt in der Vielfalt fußendes Volk hervorbringen soll.

In der Übergangsphase zwischen Hausverkauf und den weiteren Stationen der Familie Ammann, der Mietswohnung in der Dufourstrasse, dem Zwangsaufenthalt in einem Hotel bis hin zum Bau eines neuen Domizils auf dem Zürichberg, tritt das Haus-Motiv deutlich in den Hintergrund. Die Geschehnisse des Weltkrieges versetzen die Schweiz in eine von Unsicherheit gezeichnete Warteposition. In ähnlicher Lage muss sich auch Familie Ammann sehen: Durch den Mietvertrag gerät sie in eine Abhängigkeit von dem Vermieter Stockmeier, einem in der Kriegszeit reich gewordenen, als Lebensmittelwucherer bekannten Vertreter der sich gerade etablierenden neuen Ordnung in der Schweiz. Von dem Zeitpunkt des Umzugs an wird der Mietsherr, der sich als Parvenü zeigt, zu einem ständigen Widerpart der Familie Ammann, dessen neuzeitlicher Geist die altschweizerische Gesinnung seiner Mieter zu dominieren versucht. Als ein Symbol der negativen Erscheinungen in der neuen Schweiz begleitet die Figur Stockmeiers alle ungünstigen Entscheidungen von Alfred Ammann, der Vermieter verfolgt ihn wie ein böser Schatten bis in das neu erbaute Haus hinein. Nach der von Stockmeier ausgesprochenen Wohnungskündigung meint Ammann sich von der selbst verschuldeten Abhängigkeit befreit zu haben, kann jedoch noch nicht wissen, dass er dem verhängnisvollen ‚Neuen' nicht mehr entkommen wird: Beim Kauf des neuen Grundstücks wird ihm angeboten, ein Nachbargelände dazuzukaufen, mit

> Blick frei auf den Ütliberg, mehr gegen Südwesten bot sich eine weite Aussicht auf das linke Seeufer und die Albiskette. Dies alles konnte so bestehen bleiben, wenn Ammann den Platz kaufte, sonst aber würde wohl auch hier eines Tages in die Höhe gebaut werden.

> Die Kaufsumme jedoch, auf der das Gartenbaugeschäft unter allen Umständen beharren wollte, ärgerte ihn, nicht weil sie seine Mittel überschritt, sondern weil sie für einen Garten mit etwas Aussicht nach seiner Meinung viel zu hoch war. (643)

Analog zu der früheren, sich nach Vernunft richtenden, die Gefühlswerte unterdrückenden Entscheidung über den Hausverkauf verzichtet Ammann auch diesmal auf den Kauf des Grundstücks, was sich als Fehler erweisen und für sein Haus, symbolisch ebenfalls jedoch für das ‚Schweizerhaus', verhängnisvolle Folgen haben wird. Der als destruktiver Faktor der neuen Schweizer Ära geltende Stockmeier, von dem sich Ammann ständig zu distanzieren versucht, drängt sich nämlich in die neue Umgebung des Nationalrates durch und wird zu seinem neuen, unerwünschten Nachbarn und somit zu einem die veränderten Schweizer Verhältnisse versinnbildlichenden Störenfried. Bereits die äußere Form der beiden Gebäude lässt auf wesentliche Unterschiede zwischen dem traditionellen Alten und dem sich negativ abzeichnenden, hereinbrechenden Neuen schließen:

> Draußen musterte er das neue Nachbarhaus, das er schon bei der Ankunft unwillig betrachtet, aber vorher nur im unfertigen Zustand gesehen hatte. Es war ein vierstöckiger, gelblichbraun getünchter Bau von unangenehmen Proportionen und ohne Eigenart; er lagerte breit und protzig vor dem bescheidenen, die überlieferte Form ehrlich bekennenden väterlichen Hause, dem er die Aussicht versperrte und gegen Abend die Sonne abfing. (823 f.)

In Ammanns Neubau lassen sich indes alte Muster und der Geist des „guten schweizerischen Bürgertums" (99) wiedererkennen, die sich sowohl in der architektonischen Form als auch in familiären Verhältnissen widerspiegeln – dies kann als ein Beweis für die Überwindung der Krise der Kriegszeit und der nationalen Wirrungen der Eidgenossenschaft verstanden werden. Das neue Domizil der Ammanns erhält durch seine Bewohner jedoch einen ambivalenten Charakter, es verbindet nämlich, im Positiven wie im Negativen, das aus alter Zeit Überlieferte mit dem Neuen.

Ein Symptom der wesentlichen gesellschaftlichen Veränderungen in der Schweiz stellt die Zusammenkunft der Familienmitglieder in dem neuen Haus und die Besichtigung des Domizils dar. Die Zeit des Abschieds des alten Hauses nämlich war zugleich auch die Zeit erst hereinbrechender nationaler wie sozialer Konflikte in der Schweiz, die sich zwischen 1914 und 1918 etwa in der Etablierung der Arbeiterbewegung geltend machten und es 1918 bis zum Landesstreik gebracht haben, aber auch in den sich erhebenden Stimmen der Schweizer Bauern und in einer Neuorientierung des Bürgertums sichtbar wurden. Aufgrund interner Dissonanzen waren nicht alle Repräsentanten der Ammannschen Verwandtschaft eingeladen worden:

Die Einladung war bedacht und ausführlich besprochen worden, aber dabei hatte sich gezeigt, dass diese Verwandtschaft kaum mehr unter ein Dach zu bringen war. Die persönlichen Anlagen und Eigenheiten ihrer Mitglieder hatten sich im Lauf der Jahre unmerklich verstärkt. (81)

Keinen Platz bot damals die großbürgerliche Züricher Villa, in der regelmäßig hochrangige Prominenz verweilte, etwa Robert, dem Bruder von Alfred Ammann, einem „noch halb bäuerlichen Landwirt, der auch in einem städtischen Salon den Rock auszog, wenn es ihm passte, und der mit einem vornehmen, auf Haltung so erpichten Offizier wie Hartmann nur schwer in Einklang zu bringen war. Ferner hatte der kultivierte, stille Professor Junod mit Onkel Robert gar nichts gemein, so wenig übrigens wie mit Frau Barbaras Bruder, dem Oberstdivisionär Boßhart" (81). Dass die aus der Krise des Zwiespalts versöhnt und vereinigt hervorgehende Schweiz eine Einheit in der Vielfalt nicht nur im nationalen, sondern auch im gesellschaftlichen Sinne präsentiert, zeigt sich bei Inglin auch in dem veränderten Zugehörigkeitsbewusstsein der Ammanns: Nicht nur die inzwischen mit den Eltern zerstrittenen Kinder von Alfred und Barbara finden bei ihnen wieder ein Zuhause, sondern bei dem ersten Treffen im neuen Haus versammelt sich an einem Tisch neben Professor Junod auch der Bauer Robert, ohne dass von Unangepasstheit jeglicher Art gesprochen wird. „Man würde nicht glauben, dass in diesem Hause so viel Platz ist" (751) – behauptet eine der Verwandten und verweist somit symbolisch auf das verwandelte „Schweizerhaus", das nach den durch den Weltkrieg laut gewordenen nationalen Gegensätzen den ‚Graben' wieder überwunden zu haben scheint.

Eine ambivalente Haltung Alfred Ammanns gegenüber der Situation in der Schweiz begleitet den Leser durch das gesamte Romangeschehen, was im Folgenden noch nachzuweisen ist, am deutlichsten wird sie jedoch im Haus-Motiv erkennbar – so in Bezug auf das zum Verkauf bestimmte alte wie auch auf das neu errichtete Haus. Wie er anfangs zwischen Fortschrittdenken und Sentimentalität den Hausverkauf erwog, so muss er sich jetzt in einer doppelten Rolle sehen: Er ist bemüht, das in der Schweiz zerfallende liberale Bürgertum als Lebensform für sich und seine Familie zu retten, zugleich aber muss er vor dem unabwendbaren Neuen bestehen. Auf die früheren Lebensentscheidungen zurückblickend sieht sich Ammann gezwungen, Enttäuschung und Niederlage zu bekennen. Die eigene Lage zu wenig durchschauend[49], trifft der

---

49 Vgl. Beatrice von Matt, im Gespräch mit Felix Schneider. In: *Reflexe. Zum Miterleben: Die Schweiz im Ersten Weltkrieg*. Radiosendung am 08.07.2014: www.srf.ch, Zugang am 22.01.2015.

Oberst mehrmals falsche Entscheidungen, vor deren Hintergrund er sich im Nachhinein verloren glaubt:

> Er fühlte sich krank und müde, sank schwer in einen Klubstuhl und starrte in seiner schlechtesten Laune vor sich hin. Ihm schien, die Reihe der bösen Zufälle, die nach dem Verkauf des alten Herrschaftshauses begonnen hatte, laufe erbarmungslos weiter und treibe ihn, unabhängig vom Stand seiner Finanzen, ja wie als Hohn darauf, geradenwegs in ausgeleiertes, bitteres Alter hinein, das nicht mehr wert war, gelebt zu werden. Die Wohnungsmiete bei Stockmeier, die ein schlimmer Missgriff gewesen und auch entsprechend zu Ende gegangen war, das ungemütliche, heimlose Leben im Hotel und nun dieses eigene Haus im tückischen Schatten des bald aufwachsenden Neubaus, dies alles legte sich wie ein fauler Rahmen um das übrige Ungeschick. (753)

Neben anderen von Ammann zu bekennenden Niederlagen im familiären und im beruflichen Leben scheint ihn die ihm äußerst widerliche Konfrontation mit dem Emporkömmling Stockmeier besonders schwer zu belasten, um so mehr, als der ungewollte Nachbar einen Zerrspiegel der neuen Zeit darstellt:

> Mit den einen geht's hinauf, mit den andern hinab, das ist halt so im Leben, nicht wahr! sagte er laut, sobald er von den Fußgängern gehört werden konnte. Stockmeier schlug sich vor vergnügter Spannung lachend die Hände auf die Schenkel und ließ eine weitere Anzüglichkeit folgen. (827)

3.2. Das Schweiz-Konzept: Einheit, Neutralität und Humanität

Auf die Figur von Alfred Ammann fokussiert Inglin neben dem Schweizerhaus-Aspekt einen ganzen Fächer von Zusammenhängen im privaten, staatlichen und militärischen Bereich der eidgenössischen Realität. Um ihn – die zentrale und wichtigste Figur in *Schweizerspiegel*, die, auch wenn sie hie und da hinter anderen Romanpersonen kurz verschwindet, so doch für das gesamte Geschehen an Bedeutung nicht verliert – konzentriert der Autor alle Erzählstränge seines Werkes und stellt dem Familienoberhaupt, Offizier und angesehenen Politiker, ein Figurenensemble zur Seite, das in seiner unterschiedlichen Ausprägung als „symbolischer Kern des Schweizervolkes"[50] gilt und den Anspruch auf Totalität des Bildes zu erschöpfen vermag. Schon zu Beginn des Romans wird dem Leser der Brigadekommandant Ammann bei der Führung seiner Brigade als eine das Schweizer Heer beim Kaisermanöver 1912 repräsentierende Figur dargestellt. Trotz seiner konsequenten Bestrebungen, die Schweizer Sicherheit, Einheit, Neutralität und demokratische Gesinnung als höchste Werte zu vermitteln, muss er in der schwierigen Zeit zwischen 1912 und 1918 zusehen und selbst erleben,

---

50 Werner Günther, Anm. 7, S. 381.

wie das an jene Werte glaubende liberale Bürgertum zugrunde geht, wie die alte Generation, die ihre Form und Kraft noch aus der helvetischen Kultur des 19. Jahrhunderts schöpfte, von einer neuen, zu der doch auch seine Familienmitglieder gehören, abgelöst wird. Auf diese Art und Weise gelingt es Inglin, in *Schweizerspiegel* ein heterogenes Generationspanorama zu entwerfen, dessen einzelne Elemente mit ihren diversen privaten wie auch ideologischen Haltungen, mit unterschiedlichen Lebenswegen und Entscheidungen zu einem Gesamtbild der Schweiz verschmelzen.

Als Privatmensch, als Ehemann und Vater, wird Ammann stets herausgefordert, akute Probleme zu lösen, die im Zusammenhang mit der Ehefrau und den schon erwachsenen, jedoch teilweise noch nicht selbstständigen Kindern zwar als familieninterne Angelegenheiten gelten, meistens aber die Schweizer Grundprobleme im Kleinen darstellen. Bis auf die Tochter Gertrud, deren gespanntes Verhältnis zum Vater durchaus persönlicher Natur ist, lassen sich die Konflikte mit den Söhnen politisch-ideologisch erklären. Mit dem ältesten Sohn Severin, einem germanophilen Redaktor der rechtskonservativen Zeitung „Ostschweizer", verbinden Alfred Ammann auch berufliche Kontakte: als Leiter des Redaktionskomitees der Zeitung ist er dem Sohn zwar überlegen und kann dessen – nach seiner eigenen Einschätzung – für die Schweiz schädliche Ideen und Vorhaben wirksam unterbinden, doch die beiden Männer befinden sich in einem permanenten Streitgespräch über die aktuelle Lage und die Zukunftsvision der Schweiz. Dabei muss betont werden, dass Ammanns Verhältnis zu Severin und dessen Weltanschauung an vielen Stellen des Romans ambivalent ausfällt. Bevor sich die nationale Frage zwischen der welschen und der deutschsprachigen Schweiz verschärft und der herannahende Weltkrieg die Schweizer Souveränität bedroht, erscheint der älteste Sohn als seinem Vater ähnlich gesinnt, was sich auch im Äußeren der beiden spiegelt:

> Von allen drei Brüdern glich Severin dem Vater am meisten, er besaß den selbstgewissen Ausdruck seines Gesichtes, seine lebenskräftigen Augen, nur ohne den heiteren Schimmer, eher mit einer gewissen Schärfe im Blick, und dieselbe klare, feste Stimme. (62)

So wie der Vater denkt Severin liberal, gehört dem Freisinn und soll ursprünglich in „Ostschweizer" die Interessen der liberalen Partei vertreten und sich mit sozialpolitischen Fragen auseinandersetzen, doch

> er verfocht in sozialpolitischen Dingen mit einem gewissen Ehrgeiz sehr oft seinen eigenen Standpunkt, der sich mit dem der Partei nicht mehr deckte, aber die älteren Herren waren noch liberal genug, auch seine Meinung gelten zu lassen. (62)

Je kritischer die militärische Situation Deutschlands vor dem Kriegsausbruch wird, desto mehr fasziniert sich Severin für die wilhelminische Macht und ergreift eindeutig Partei für den deutschen Kaiser. An dieser Stelle scheint der Vater Ammann, der föderalistisch gesinnte Nationalrat, zu wenig wachsam zu sein[51], er vermag die in Severin und vielen ähnlich Denkenden in und außerhalb der Schweiz gedeihenden rechtsextremen Tendenzen nicht wahrzunehmen und sich diese bewusst zu machen. Mit der Darstellung Severins, der sich schrittweise „von der liberal-föderalistischen Grundlage der Partei seines Vaters"[52] entfernt, und mit der ambivalenten Figur Alfred Ammanns, der die Entwicklung des Sohnes zum Radikalen zu lange duldet, greift Inglin die zur Entstehungszeit des Romans im Jahr 1938 hochaktuelle Frage nach den faschistischen Inkubationsmechanismen sowie der Verantwortung für das Zustandekommen jener Ideologie auf. Nicht zu unterschätzen ist dabei die Tatsache, dass die Erstausgabe des *Schweizerspiegel* 1938 in dem Leipziger Verlag Staackmann veröffentlicht wurde.[53]

Die erste scharfe Reaktion des Vaters erfolgt erst kurz vor dem Ausbruch des Krieges, als Severin einen Artikel über einen im Kriegsfall geplanten Durchmarsch der deutschen und der französischen Armee durch die Schweiz und eine potentielle Besetzung des Landes zu veröffentlichen beabsichtigt. Indem Ammann gegen die öffentliche Vermittlung von politisch-ideologisch gesteuerten Inhalten, die der Schweizer Nation Schaden bringen können und das ganze Land in einen extremen Unruhezustand zu versetzen drohen, einen entschiedenen Einspruch erhebt, handelt er wie ein Staatsmann, dem das Wohl und die Aufrechterhaltung der Stabilität seiner Heimat am Herzen liegt:

> Jetzt handelt es sich vor allem darum, das Volk zu beruhigen. Du hast offenbar keine Ahnung, was für eine Schweinerei entstehen kann, wenn die Leute den Kopf verlieren. Oder weißt du vielleicht, was für Beträge bereits in den letzten Tagen unsinnigerweise bei den Banken abgehoben worden sind und was im Ernstfall noch zu befürchten ist,

---

51 Vgl. Beatrice von Matt und Felix Schneider, Anm. 49.
52 Paul Werner Hubatka, Anm. 37.
53 Eine wichtige Bemerkung machte in diesem Zusammenhang Adolf Muschg in seinem Text *Außer Spesen nichts gewesen?*: „Man muss das Erscheinungsdatum und den Erscheinungsort mit dem Roman zusammenlesen: Leipzig 1938. Dann vermag man die Kühnheit der scheinbaren Feigheit vor der Geschichte recht zu würdigen. Auch der Staackmann-Verlag – anders als schweizerische Verlage – riskierte dabei nicht wenig. Die Absage an jeden Führermythos, das militante Plädoyer gegen militante ‚Lösungen' waren eine unverhüllte Provokation des Regimes." Adolf Muschg, Anm. 26, S. 167.

welche Gefahren für die Lebensmittelversorgung entstehen können, was eine Panik für Wirkungen auf das Ausland haben müsste ...? Überhaupt ... (207)

Von diesem Zeitpunkt an wird sich Ammann noch mehrmals gezwungen sehen, seinen Sohn wegen dessen rechtskonservativer bis rechtsextremer Haltung zurechtzuweisen und ihm nahelegen zu müssen, vor allem die Interessen der Schweiz zu beachten. Die Bestrebungen Ammanns als Mitglied des Redaktionskomitees des „Ostschweizer", Severins journalistische Tätigkeit auf die Befolgung der eidgenössischen Staatsräson hin zu kontrollieren, lassen sich auf den historisch dokumentierten Beschluss des Schweizerischen Pressevereins und der Generalstabsabteilung von 1914 zurückführen, in dem die gesamte schweizerische Presse aufgefordert wurde, „der Lage Rechnung zu tragen und sich insbesondere mit Bezug auf alle militärischen Nachrichten einzig vom Gedanken an das Wohl und das Interesse des Landes leiten zu lassen"[54].

Ammanns Zusammenarbeit mit der Zeitung beeinträchtigt seine Position als Nationalrat und wirkt sich für ihn als einen demokratisch-liberalen, der Schweizer Neutralität und Integration verpflichteten Politiker kontraproduktiv aus. Während er sich in der Festrede beim kantonalen Schützenfest 1914 an die Eidgenossen in feierlicher Stimmung wendet, um ihnen „ein geordnetes, kraftvolles Staatswesen" (217) als schweizerisches Ideal vor Augen zu führen, muss er im Parlament wegen Vorwürfe, Deutschland zu verherrlichen, geradestehen. Bei einer Parlamentssitzung wird nämlich vom Führer der welschen Opposition, Nationalrat Secretan, die deutschfreundliche Gesinnung Ammanns zur Bestätigung der germanophilen Ausrichtung der deutschsprachigen Schweiz vorgeführt:

> Er sitzt in der Redaktionskommission eines der einseitigsten, unfreundlichsten, deutschesten Blätter, des „Ostschweizers". Sein Herr Sohn, erklärter Bewunderer Deutschland und unverblümter Franzosenverächter, ist der Redaktor dieses lehrreichen Blattes [...]. Mit dem Bruder des „Ostschweizers" hat sich, wie mir gesagt wurde, kürzlich ein deutscher Teilhaber geschäftlich verbunden, ein Herr mit reichsdeutschem Geld. Womit nicht mehr gesagt sein soll als eben dies. Mein Herr Kollege Ammann glaubt, dass ‚die dunklen Stimmen der Zwietracht' nicht im Schweizer Volk, sondern anderswo ihren Ursprung haben... Er ist, wie gesagt, Mitglied der Redaktionskommission, und er hat bis heute zugesehen, wie die Redaktion Deutschland verherrlicht und die Welschen beschimpft. Aber er findet es unbegreiflich, dass solche ‚neutralitätswidrigen Regungen' unser ach! so aufgeklärtes Volk verblenden. (613)

---

54 Neue Zürcher Zeitung, 01.08.1914, hier zit. nach Stefan Humbel: *Schützenfestreden bei Gotthelf, Keller und Inglin. Öffentliche Rede und literarische Tradition*. In: Christian von Zimmermann, Daniel Annen (Hg.), Anm. 13, S. 146.

In seiner Aussage bringt Secretan die ambivalente Haltung Ammanns auf den Punkt und verdeutlicht zugleich, wie tief der ‚Graben' zwischen deutschen und welschen Schweizern während des in Europa dauernden Weltkrieges geworden ist. Inglins Roman schildert eine umfangreiche politische Debatte des Schweizer Parlaments, in der die nationalen Gegensätze zwar in ihrer Schärfe entlarvt werden, doch auch Lösungsvorschläge und Versöhnungsbemühungen zu vernehmen sind. Obwohl das gesamte Romangeschehen von verschiedenartig verflochtenen Konfliktkonstrukten dominiert ist, dringt immer wieder die eigentliche These des Werkes durch – die auf Humanität fußende Schweiz als Einheit in der Vielfalt, als eine Idee, die zwar zum Schluss als die Sendung des Romans schlechthin vermittelt wird, aber auch an vielen Stellen des Textes inzwischen anvisiert wird. In dieser Logik erklingt etwa der Aufruf des eidgenössischen Präsidenten Eugster zur Versöhnung der Schweizer Nation:

> Wir *wollen* uns wiederfinden, uns wieder die Bruderhand geben [...]. Laut möge dann die Botschaft durchs Schweizerland klingen, und freudigen Widerhall wird sie überall finden: Wir haben uns wiedergefunden. Wir wollen Schweizer sein, und nur Schweizer! (611)

Ungeachtet seiner oft mangelnden kritischen Einschätzung der aktuellen Lage ist Alfred Ammann im privaten wie auch im öffentlichen Umgang solide bestrebt, das Bild der Schweiz als einer Willensnation zu vermitteln und die Gestaltung einer Bürgergesellschaft zu fördern, die trotz Zugehörigkeit zu verschiedenen Sprachgebieten einen gemeinschaftlichen, allerlei Spaltungen übergreifenden Geist aufweist und eine Einheit der Nation zum Ziel hat. An die auf die Schweiz bezogenen Gedanken Ammanns und seiner ähnlich gesinnten Landesgenossen band Inglin seine Idee und sein Ideal der Schweiz als Vorbild für ein verbündetes Europa. Mit *Schweizerspiegel* verwirklichte der Autor „ein poetisches Schweiz-Projekt"[55], bei dem er sich nicht des „vaterländischen Pathos"[56] bedienen wollte, sondern die Stärke der Schweiz paradoxerweise in den Momenten ihrer Schwäche darstellte: in der Krise der individuellen Existenz, in Streit und Zerrissenheit der gesamten Nation, in der Kriegsbedrohung und im Einsatz der schweizerischen Soldaten, in der unheilvollen Grippe und dem zu bekämpfenden Bolschewismus, letztlich – im „Zerbröckeln der bürgerlichen Absolutheit"[57]. So übernimmt der Nationalrat Ammann bald die Rolle eines die nationale Lage

---

55 Beatrice von Matt: *Meinrad Inglin: Erzähler zwischen Wildnis und Menschengesellschaft. Mit einem Seitenblick auf seinen Westschweizer Zeitgenossen Guy de Pourtalès.* In: Christian von Zimmermann, Daniel Annen (Hg.), Anm. 13, S. 34.
56 Ebd.
57 Karl Schmid, zit. nach Beatrice von Matt, ebd., S. 35.

beschwichtigenden Nachbarn, bald die ehrenvolle Funktion des den Staat vertretenden Redners aus Anlass des kantonalen Schützenfestes sowie – besonders in der Zeit innerschweizerischer Zerrissenheiten – die schwierige Pflicht, vor dem Parlamentsgremium den Standpunkt der Partei darzulegen und im Interesse aller Eidgenossen zu sprechen.

Auf die Frage seines Mietsherrn Stockmeier: „Was sagt man nun eigentlich in Bern zur Lage?" (202), kann er nur die für ein beunruhigtes Volk bestimmte, den Ernst der Lage verschweigende Botschaft vermitteln:

> Die Dinge, die ihn erfüllten, waren ihm zu wichtig, um sie kurzerhand diesem Mann und damit einer ganzen Stammtischrunde preiszugeben. Man sieht auch in Bern noch nicht alles durch die schwarze Brille [...]. Ich persönlich bin der Ansicht, dass noch kein Grund zu einer ernstlichen Beunruhigung vorliegt. (203)

Die gleiche Aufgabe wie im Gespräch mit Stockmeier, für die innere Stabilität des Landes zu sorgen, glaubt Ammann jedoch, auch vermittels entsprechend geänderter Rhetorik mit seiner Rede im Parlament zu erfüllen:

> Meine Herren, das Wohl des Vaterlandes muss auch diesmal über alles gestellt werden! [...] Dies Wohl verlangt gebieterisch die Unterdrückung oder Bezähmung jener neutralitätswidrigen Regungen, die jetzt unbegreiflicherweise unser sonst so aufgeklärtes Volk verblenden. Warum dies nicht jedem ehrlichen Eidgenossen möglich sein sollte, das begreife ich nicht, ich wiederhole es. Ich begreife nicht, dass die dunklen Stimmen der Zwietracht im Schweizer Volk selber ihren Ursprung haben sollten, sie kommen anderswoher, und wir brauchen nichts anderes zu tun, als ihnen unser Ohr zu verschließen. Sie haben uns an den Rand des Abgrundes gebracht. In dieser Situation kann keine Anklage und keine Verteidigung mehr helfen, sondern nur noch der unbedingte Wille zur Versöhnung. (612)

Eine wesentliche Komplementierung des schweizerischen Gesamtbildes stellt das von Inglin detailliert geschilderte kantonale Schützenfest dar, zu dessen Höhepunkt die Festrede Alfred Ammanns erhoben wird. Gerade mit der Anknüpfung an die den Schweizern wohlvertraute Schützenfestkultur gelingt es Inglin, den Geist des untergehenden Zeitalters und den der helvetischen Neuzeit zu erfassen. Durch die literarische Verarbeitung jenes eidgenössischen Vereinfestes setzt der Autor nicht nur eine alte Tradition fort – bekannte Schützenfeste und Schützenfestreden finden sich etwa bei Jeremias Gotthelf und Gottfried Keller[58] – sondern er bringt auch seine eigene Erfahrung zum Ausdruck: Als sachkundiger Schütze schöpft er das Wissen aus der Zeit seiner mit Lorbeerkranz gekrönten

---

58 Vgl. Stefan Humbel: *Schützenfestreden bei Gotthelf, Keller und Inglin. Öffentliche Rede und literarische Tradition*. In: Christian von Zimmermann, Daniel Annen, Anm. 13.

Schiesserfolge.[59] Als literarische Darstellung hat das in *Schweizerspiegel* im Jahr 1914 angesetzte kantonale Schützenfest allerdings keine Entsprechung in der Wirklichkeit, es wurde also vom Autor erfunden. Ein Schützenfest hat nämlich 1914 in Zürich nicht stattgefunden. Das Datum des mehrere Tage andauernden Festes wurde im Roman jedoch nicht zufällig auf den Juli 1914 festgelegt; es fängt kurz nach den Schüssen in Sarajevo an, wird also zum Anlass, vor dem Hintergrund des ausbrechenden Weltkrieges Reflexionen über nationale Identität anzustellen.

Das Schützenfest wird aus zwei Perspektiven geschildert – einmal durch den Besuch und die Festrede des Ehrengastes und Vertreters der älteren Generation Alfred Ammann sowie parallel dazu durch die Teilnahme und die Kommentare der Jungen, unter denen Ammanns Söhne Paul und Fred als nicht zu unterschätzende Stimmen der jungen Generation zu vernehmen sind. Somit

> wird das Fest im *Schweizerspiegel* sowohl konservierend oder im Sinne der Geistigen Landesverteidigung bewahrend als Inbegriff des erprobten Liberalismus wachgerufen wie auch kritisch als Inbegriff eines überkommenen Liberalismus in Frage gestellt.[60]

Dass sich Alfred Ammann dem etablierten Bild der Schweiz verpflichtet sieht, zeigt sich zum einen in seiner Inspiration durch Gottfried Kellers Schützenfestrede aus *Fähnlein der sieben Aufrechten*: „er […] begann darin zu blättern, dann zu lesen, und spürte wieder das innigste Einverständnis mit dem Geiste, der ihm hier verklärt entgegentrat." (210). Zum anderen beginnt er seine Festrede mit der Anknüpfung an das die Schweizer Pracht schlechthin symbolisierende Ereignis, nämlich die Schweizerische Landesausstellung:

> Ich hatte kürzlich zum zweitenmal Gelegenheit, die Schweizerische Landesausstellung in Bern zu besuchen. Ich habe sie mir gründlich angesehen, und sie hat mich mit einem Stolz auf Schweizer Art und Arbeit erfüllt, wie ich ihn noch selten so stark empfunden habe. Tausende von Besuchern haben dasselbe erlebt. Aus allen Gauen unseres lieben Schweizerlandes liegen dort die Zeugnisse beisammen, was unser Volk geleistet hat und zu leisten im Stande ist. Wir dürfen heute ruhig behaupten, dass unser kleines Land auf keinem Gebiete mehr hinter unsern großen Nachbarländern zurücksteht. Am ungeheuren Aufschwung der zivilisierten Welt in den letzten dreißig Jahren haben auch wir mitgearbeitet, und wenn wir heute den Triumph des Fortschritts erleben, so dürfen wir bei aller Bescheidenheit uns auch ein wenigy darin sonnen. (216 f.)

---

59 Vgl. Paul Werner Hubatka, Anm. 37, S. 45.
60 Stefan Humbel: *Schützenfestreden bei Gotthelf, Keller und Inglin. Öffentliche Rede und literarische Tradition*. In: Christian von Zimmermann, Daniel Annen, Anm. 13, S. 154.

Die Gelegenheit des öffentlichen Sprechens nutzend, nimmt der Redner auf alle nationalen Großthemen Bezug und wird zu einem durch Volk und Staat legitimierten Förderer patriotischen Denkens. Während des Schützenfestes erklingt somit neben der Beschwörung des alten vaterländischen Geistes sowohl ein Aufruf zur Einheit angesichts der „Gewitterwolken über Europa" (218) – „die Interessen des einzelnen und die sozialen Gegensätze haben sich in Zeiten der Not den Interessen der Gesamtheit unterzuordnen" (218 f.) – als auch eine Stimme des Vertrauens in „ein geordnetes, kraftvolles Staatswesen" (217), das „mit dem kulturellen Aufschwung" (217), aber vor allem auch mit der Opferbereitschaft der Schweizer Armee zu gewährleisten ist. Während Ammann in Begleitung allgemeinen Beifalls, des ertönenden Vaterlandsliedes und der Beglückwünschungen von Bekannten und anderen Ehrengästen die Bühne verlässt und seine Augen „feucht vor Rührung" (220) sind, lassen sich vonseiten der jungen Zuschauer skeptische Worte hören. Den sozialistisch gesinnten, rebellischen Sohn Paul spricht weder Vaters an die Schweizer Vergangenheit anknüpfendes Identitätsbekenntnis noch dessen Zukunftsvision an. Paul vertritt somit die junge Generation der Schweizer, der der Begriff der Nation etwas anderes als den Vätern bedeutet:

> Dieses nationale Leben […] hat ja seinen Sättigungsgrad schon längst erreicht, und was davon zwangsläufig immer wieder zum Vorschein kommt, ist so schal und abgestanden, dass kein geistig lebendiger Mensch mehr ohne Selbstverleugnung daran teilnehmen kann – womit noch gar nichts gegen das Vaterland gesagt ist. […] dieses Vaterland, das ist das Land des Vaters, verstehst du? (221)

Der Bruder Fred, an den Paul die Worte richtet, steht „dieser mächtig anschwellenden patriotischen Stimmung hilflos gegenüber" (220), er findet „das Pathos der Rede peinlich" (220), reagiert jedoch nur „mit einem spöttisch-trotzigen Ausdruck" (221), denn mit der Behauptung Pauls ist er zwar einverstanden, aufgrund seines zurückgezogenen Wesens aber schweigt er nur zu der erlebten Situation.

Dass die noch auf Gottfried Kellers Worte gestützte Schützenfestrede für die jungen Intellektuellen nicht mehr tragbar ist, erscheint als ein Symptom der Neuzeit, ganz in der Logik von Eduard Korrodis *Schweizerischen Literaturbriefen*, in denen von den Schweizern mehr verlangt wird, „als nur ‚Lob des Herkommens'"[61]. Pauls Verständnis der neuen Ära entspricht dem Aufruf Korrodis: „Die Weltveränderung ist da! Um unserer neuen Gesinnung willen lasset die Seldwyler gewesen sein!"[62] Anstatt zum Vermittler zwischen Alt und Jung sowie zwischen Staat und

---

61 Eduard Korrodi: *An den Leser*. In: Ders.: *Schweizerische Literaturbriefe*, Anm. 6, (in dem als Einführung geltenden Teil sind die Seiten nicht nummeriert).
62 Eduard Korrodi: *Seldwylergeist und Schweizergeist*. In: Ders.: ebd., S. 5.

Volk, als den sich Alfred Ammann bei der Schützenfestrede zu sehen glaubt, wird er zum Relikt des untergehenden liberalen Bürgertums, von dessen Konventionen man sich angesichts der veränderten Weltsicht gerade verabschieden will:

> Nichts ist lächerlicher, als wenn so ein gut genährter, biederer Bürger pathetisch wird. Pathos, starrer Ernst, finstere Entschlossenheit... mein Gott, das alles ist doch heute nicht mehr erträglich. Es ist ganz einfach falsch, es entspricht der wirklichen Lage nicht... (221)

Mit der Figur Pauls wird es Inglin möglich, nicht nur den Vater-Sohn-Konflikt, sondern vor allem das Bild der sich in der Schweiz etablierenden Sozialdemokratie und Arbeiterbewegung zu konstruieren. Pauls rebellische Haltung wird bereits im Vorspiel des Romans deutlich sichtbar – während Severin den kaiserlichen Manöverbesuch begeistert verfolgt, findet Paul „das ganze Theater [...] deprimierend" (13). Von der Mutter und den Geschwistern mit Nachsicht behandelt, gilt er bei seinem Vater als ein nur schwer zu bezähmender subversiver Geist. Indem Paul nach dem Philologiestudium für ein Jahr ins Ausland geht und die Rückkehr hinauszögert, unternimmt er den ersten Versuch, sich dem väterlichen Willen zu widersetzen, eine feste, durch den Onkel vermittelte Anstellung in Anspruch zu nehmen sowie die militärische Bildung fortzusetzen. Pauls nonkonformes Verhalten ergibt sich aus seiner Skepsis gegenüber dem durch die Generation seines Vaters vertretenen alten Liberalismus, dem die junge Generation nicht mehr vertraut. In der Villa seiner großbürgerlich lebenden Eltern angekommen, wird er sich der Dissonanz immer mehr bewusst: „Ich möchte am liebsten gleich wieder abfahren. Ich ersticke hier" (46). Den Hausverkauf begrüßt er als ein Zeichen der unvermeidbaren Erneuerung: „Ach, schließlich ist es ja egal! Es geht sowieso alles dahin, und es hat keinen Zweck, in dieser Zeit etwas zu konservieren." (47).

Zu Pauls ideologischem Ausgangspunkt wird die Kontestierung Vaters „bürgerliche[r] Umgebung, die ebenso fragwürdig ist wie er" (214). Der sozialistischen Weltanschauung nahestehend sieht er sich moralisch dazu verpflichtet, von dem Umfeld seiner Herkunft Distanz zu nehmen und sich durch die neue Zeit und eine neue Gesinnung zu definieren: „Wir sind die Söhne dieses Vaters [...], aber wir haben seine Epoche hinter uns, und wir gestehen unsere Fragwürdigkeit ein, wodurch sie erst erträglich wird." (214). Während die Vätergeneration dem in Europa herannahenden Krieg und den innerschweizerischen Zerrissenheiten angstvoll entgegenblickt und um friedliche Lösungen wie um die Aufrechterhaltung des schweizerischen Status quo bemüht ist, ruft Paul nahezu expressionistisch anmutende Töne aus: „Es ist eure Welt, die zu brennen anfängt und hoffentlich einstürzen wird, eure zivilisierte, sichere, fortschrittliche Welt! Löscht jetzt, wenn ihr könnt!" (182). Mit der Darstellung der unterschiedlich ausgeprägten Figuren von Paul und Fred zeichnet Inglin die Entwicklung neuer bürgerlicher Tendenzen in der Schweiz, zum einen die in der ersten Hälfte des 20. Jahrhunderts durch die wachsende Industrialisierung immer stärker werdende sozialistische Faszination, zum anderen die Herausbildung eines neuen Bürgers, der – der Humanitäts- und Neutralitätsidee verpflichtet – ideologisch und parteipolitisch ungebunden ist.

Mit dem Paul-Konzept strebt somit Inglin die Schilderung eines menschlichen Werdegangs an, der über Irrwege und ideologische Zwischenstationen seine Weltanschauung und Lebensziele zu korrigieren vermag, um zum Schluss zu einem der neuen Schweiz gewachsenen Bürger zu evolvieren. Von allen Figuren in *Schweizerspiegel* macht gerade der revolutionär denkende und handelnde Paul die vollkommenste Entwicklung von einem jungen Rebellen zum Schweizer Bürger nach neuem Modell. Durch die einzelnen Phasen seiner Reifung wird Paul nicht nur – wie anfangs – vermittels theoretischer Diskussionen und Ausrufe zur Revolution geführt, sondern auch etwa durch die hautnahe, leidvolle Erfahrung der Kriegszeit, „deren Anbruch er wie eine Erlösung bejubelt hatte" (411).

Seinem Profil nach ist Paul in dem Roman eine Außenseiterfigur; in Opposition zum Vater und seiner großbürgerlichen Umgebung wird er bei den ihm gleichgesinnten Sozialisten weniger zum Mitglied jener Gemeinschaft als vielmehr zu einem kommentierenden Beobachter. Nach Kriegsausbruch und Mobilmachung, wenn Paul die Schweizer Grenzen beschützen muss, gilt er unter anderen Soldaten aufgrund seiner Herkunft ebenfalls als Außenseiter und muss sich seine eigene Position unter Seinesgleichen erst erobern:

> Die Leute ihrerseits waren sich bewusst, den Sohn des Brigadekommandanten in ihrer Gruppe zu haben. Das konnte ihnen nicht angenehm sein. Es störte sie. Sie wagten sich, mit Ausnahme Bärs, nicht recht an ihn heran, und so musste denn Paul wohl selber den Anfang machen. Sein literarischer Begriff vom ‚Volk' versagte jetzt, wie immer, wenn er unter wirkliches Volk geraten war, und die Mannschaft gehörte zu diesem wirklichen, gemeinen Volke, von dem er sich ausgeschlossen hatte. (324)

Die Zeit der Grenzbesetzung wird für Paul zu einer Bewährprobe sowohl seines selbst als auch der Glaubwürdigkeit seiner Überzeugungen. Während er noch kurz vor Dienstantritt der Ansprache des Regierungsrates, in der „Eintracht, Mut, Entschlossenheit [...], unverbrüchliche Treue und unwandelbare Liebe zu Land und Volk" (309) als soldatische Wegweiser für die Kriegszeit beschworen werden, zwar mit Ironie und Reserviertheit zuhört, sich dennoch von jener Stimmung betroffen fühlt, ohne es nach außen zugeben zu wollen, vollzieht sich im Laufe der langwierigen Grenzbesetzung, einer von Erschöpfung und Krankheit gezeichneten Zeit, in dem jungen Rebellen ein Reifungsprozess. In den schwierigen Momenten des Aktivdienstes, des mehrere Stunden dauernden Marschierens und Wachens, lernt Paul echte Solidarität und Kameradschaft kennen. Als er in einer kritischen Phase der Erschöpfung von seinen zwei Kameraden, von Bär und Burkhart, lebensrettende Hilfe erhält – der eine nimmt ihm beim Marschieren sein Gewehr ab, um die letzten Kräfte des Kollegen zu schonen, der andere reicht ihm Trinkwasser, da der im Soldatendienst noch ungeübte Junge seine Wasserflasche nicht nachgefüllt hatte – wird ihm der Wert dieser Erfahrung bewusst:

> Paul aber verspürte, dass er diesen Leuten jetzt so nahe war wie nie. Was er litt und dachte, das verstanden sie ganz, ja das konnten allein nur sie verstehen, weil sie es ja teilten, wie er umgekehrt nun ihnen das innigste Verständnis entgegenbrachte. Hinter trennenden Eigenheiten das Mitmenschliche zu erkennen, anzuerkennen, dazu war er bisher nicht fähig gewesen; jetzt, vom gemeinsamen Erleben aufgeschürft, tat er es ungewollt, er fühlte sich anteilhabend unter Leidensgenossen und stellte die gegenseitige Hilfsbereitschaft über alle persönlichen Unterschiede, er hatte Kameraden, und sie waren ihm sympathisch. Er nahm sogar Keller nicht aus, der mit schwitzendem, rotem Gesicht wie leblos neben ihm lag und kein nur vulgärer Kerl mehr war, sondern ein einfacher Bursche, der für sein Land marschierte und litt. (346)

Paul verlässt die bisherige misstrauische Lebenshaltung und Position des Außenstehenden und wird nun ein selbstbewusster Teil der Gemeinschaft der schweizerischen Soldaten. Das Zugehörigkeitsgefühl „durchdrang ihn mit der Frische einer gesicherten neuen Erfahrung, es belebte seine Widerstandskraft und ließ ihn dem Kommenden zuversichtlicher entgegensehen." (346). Gerade mit der Gestalt des vor Kriegsausbruch militärische Lösungen begrüßenden Paul verwirklicht Meinrad Inglin sein literarisches Konzept, die Schweiz vor dem Hintergrund des Weltkrieges als einen human und pazifistisch ausgerichteten Staat darzustellen. Indem Paul mit extrem verschiedenen Varianten der politischen und gesellschaftlichen Wirklichkeit konfrontiert wird, muss er zum Schluss zu der Einsicht kommen, dass jegliches radikale Denken und Handeln nur zu Verschärfung der Konflikte führen kann. Bereits während des Aktivdienstes erkennt er, dass „der Krieg ein Wahnsinn ist" (412):

> er hielt den Krieg für eine Schande der zivilisierten Menschheit und fand, dass er mit allen Mitteln verhindert werden müsste. [...] Früher haben bei uns Kantone oder konfessionelle Parteien gegeneinander Krieg geführt, und jetzt sind wird doch endgültig über diesen Unsinn hinaus. Warum sollte nicht eine ähnliche Entwicklung, eine zunehmende gegenseitige Duldung und Verträglichkeit wenigstens Europa zu einem friedlichen Staatenbunde machen? (412)

Im festen Glauben an eine Erneuerung der Schweizer Gesellschaft ergreift Paul während des Landesstreiks im November 1918 nochmals Partei für die Arbeiterklasse, unterstützt die von ihr an die Regierung gestellten Postulate und – trotz des Vorbehalts, kein Bolschewist zu sein – stellt er sich wieder in Opposition zu seinem Vater. Zwar zieht er mit seinen Kameraden durch die von Unruhen beherrschten Stadtteile Zürichs, doch er steht wie immer abseits und beschränkt seine Aktivität auf die eines Beobachters. Um mehrere Lebenserfahrungen reicher lässt sich Paul nicht blind von der protestierenden Masse mitreißen, sondern ist im Stande, die an Revolution grenzende Lage zu überblicken. Die Richtigkeit der proletarischen Forderungen erkennend, kann er die Kampfmethoden nicht mehr nachvollziehen:

> Man muss vernünftig bleiben! […] Ganz links warten Bolschewisten und Jungburschen auf einen günstigen Augenblick, um den Streik in die Revolution zu verwandeln und die Masse mitzureißen; halb links möchte man die Revolution auch, aber man ist dafür nicht gerüstet, man wartet nur darauf, dass sie ausbricht; in der Mitte will man nur den Generalstreik und lässt es im übrigen bei aller Disziplin darauf ankommen, ob er zur Revolution oder zu legalen Ergebnissen führen wird; halb rechts missbilligt man jede revolutionäre Absicht, und ganz rechts macht man sogar den Streik nur widerwillig mit. (915 f.)

Pauls Reifungsprozess scheint in seinem Bekenntnis zu Verantwortung, Vernunft und Humanität vollendet zu sein. Nach der Erfahrung des Krieges, an dem die Schweizer Soldaten zwar nicht teilgenommen hatten, von dem sie jedoch leidvoll gezeichnet wurden, begegnet Paul einer revolutionsartigen Unruhe und versucht durch sein Nicht-Handeln einer Katastrophe entgegenzuwirken. Der manifestartige innere Monolog Pauls, der die Absage an Gewaltlösungen und die Vorbildrolle der sich als Willensnation präsentierenden Schweiz hervorhebt, steht für die These des *Schweizerspiegel* schlechthin:

> Die Parteien hätten miteinander reden müssen, statt gegeneinander Gewalt anzuwenden. Die Schweiz ist trotz allem eine Demokratie oder war es wenigstens bis heute. Jetzt wird es Tote und Verwundete geben, das radikale Proletariat wird seine Gegner inbrünstiger hassen als je, und die Bürger werden der Arbeiterschaft gegenüber eine Erbitterung empfinden wie nie vorher. Statt des Versöhnlichen und Vernünftigen wird der Hass triumphieren, der Zwang, das Inhumane. Ich kann daran nicht teilnehmen. Der Mensch soll gerecht, human und frei sein. Das wäre in der Schweiz möglich, und das lasse ich mir durch keine Realität abmarkten. Ich werde das auch in der Zukunft sagen, wenn es sein muss, von diesem Grundsatz aus Politik treiben, mit oder ohne Partei, mag geschehen, was will. (920)

Angesichts dieser Erkenntnis sieht sich Paul legitimiert, als neuer Schweizer Bürger aufzutreten und – ohne sich schämen zu müssen – „mit diesem Grundsatz […] zur Mutter heimkehren" (920) zu dürfen. Seine symbolische Rückkehr zur Mutter, die als ein Gang zum Ursprung seiner Existenz, hier auch zur Mutter Helvetia zu verstehen ist, resümiert seinen gesamten Werdegang als Mensch und Bürger, dessen Faszination für den Sozialismus sich als utopisches Denken erwiesen hat und der sich in der Schlussphase seiner Entwicklung davon zugunsten sozialdemokratischer und humaner Gesinnung befreit hat.

Zwischen den beiden Brüdern, dem die deutsche Macht verherrlichenden Severin und dem sozialistisch ausgerichteten Paul, zwischen dem Rechten und dem Linken, nimmt der jüngste Sohn Alfred Ammans Fred die exemplarische Position in der Mitte ein. Damit ist eine Haltung gemeint, die sich in Freds Zurückgezogenheit, teilweise in seinem unschlüssigen Wesen sowie seiner politischen Ungebundenheit offenbart. An diese Figur, die in ihrem „freundlich-gesunden Mittelmaß die heimliche Leitfigur des Romans"[63] darstellt, band Inglin seine Hauptthesen des Romans, allen voran die Konzeption „der konservativen Erneuerung"[64] und in deren Logik die Konzeption eines neuen Bürgers – politisch unvereinnahmt, demokratisch gesinnt und das Ländliche mit dem Fortschrittlichen vereinigend. So wie die anderen Brüder bereits im Vorspiel durch ihr Verhalten die ideologischen Neigungen preisgeben, verrät auch Freds Strategie seine Stellung in der gesellschaftlichen Konstellation:

> Indessen spürte Fred einen bitteren Ärger sowohl über die Brüder, die ihn leichtsinnig verließen, wie über sich selber, weil er sich nicht hatte entschließen können, dem einen oder andern zu folgen. Aber dieser Ärger machte rasch der trotzigen Selbstbesinnung Platz, dass er nicht jeder Laune zu folgen brauche, sondern nach seinem eigenen Gutdünken handeln könne. (15)

Anfangs wegen jugendlichen Erfahrungsmangels unentschlossen, strebt Fred mit der Zeit eine Existenz an, die zwar über den Rahmen der großbürgerlichen Zürcher Familie Ammann hinausgeht, Inglins Entwurf des Schweizer Panoramas jedoch präzise komplementiert. Nach zwei Semestern Jurastudium wechselt der Junge in die Naturwissenschaft und zeigt dabei sein Interesse für die Landwirtschaft. Als einziger der Familie Ammann fühlt sich Fred mit dem Rusgrund innig verbunden – dem Bauerngut, aus dem sein Vater Alfred stammt, sich jedoch mit der eigenen Herkunft nicht zu identifizieren scheint. Mit seiner Vorliebe für das Ländliche vertritt Fred eine Gegenposition zu der in den ersten Dekaden des 20. Jahrhunderts in der Schweiz herrschenden Tendenz – in der Zeit der Verstädterung und Industrialisierung versprachen sich junge Menschen aus Bauernfamilien viel mehr von einer Stadtexistenz als vom Leben auf dem Lande, wie Freds Vetter Karl, der „dem Bauerngewerbe den Rücken gekehrt [hatte], weil es ‚keine Aussichten' bot, und sich nach einem kaufmännischen Examen allmählich, in den Handel hineingearbeitet'" (110) hat. Eine verwandte

---

63 Adolf Muschg, Anm. 26, S. 165.
64 Ursula Amrein, Anm. 23, S. 142.

Seele findet der Zürcher in Christian, der mit seinem Vater Robert, Alfred Ammanns Bruder, die Landwirtschaft betreibt. In ihm – so wie in dem gesamten Bauerngut – findet er die in der Stadt vermisste Authentizität des Lebens, das einfache Glück sowie den Ursprung des Ländlichen schlechthin:

> Weißt du, mir ist sauwohl, trotzdem ich gestern beinah einen Klapf hatte, gestand Fred und blickte seinen kurz und trocken auflachenden Vetter vergnügt an. Christian war für ihn die Hauptperson im Rusgrund. Das Schlichte, Anständige und Echte an ihm war ihm sympathisch, in seiner Nähe pfiff er auf das städtische Gehaben, und sein geringster Freundschaftsbeweis ging ihm näher als die lauteste Kameradschaftsbezeugung seiner Studiengenossen. (115)

Mit seiner Hinwendung zur Natur und Bauernexistenz erfüllt Fred zugleich eine vom Schicksal auferlegte Aufgabe – er soll auf dem Land den während der Grenzbesetzung an Grippe verstorbenen Christian ersetzen und somit das Schweizer Gesamtbild symbolisch ergänzen. Darüber hinaus verwirklicht Inglin mit Freds bäuerlichem Werdegang seine Idee einer ländlich geprägten Schweiz, „in der die Errungenschaften der Moderne normativ mit der Tradition des soliden Handwerks und den bürgerlichen Wertvorstellungen des 19. Jahrhunderts vermittelt sind"[65]. Dem bewusst gefassten Entschluss, sich aus dem zivilisierten Stadtleben in die Natur zurückzuziehen, mag auch Freds konsequenter Drang nach Freiheit zugrunde liegen, den er immer zu verfolgen scheint, indem er sich von keiner Ideologie vereinnahmen lässt und jedem radikalen Denken fernbleiben will. Dabei ist zu betonen, dass Inglins Idee, Fred dem Bauernleben zu verschreiben, kein „Rückzug in die Blut-und-Boden-Scholle [ist], sondern eine schöpferische Regression, die einer beweglichen Vernunft den freiheitsstiftenden Platz einräumt"[66].

Mit Paul teilt Fred die soldatische Existenz, verrät dabei jedoch – im Gegensatz zu seinem Bruder – eine Vorliebe zum preußischen Drill und absolviert erfolgreich die Unteroffiziers- und Offiziersausbildung. Mit Pauls und Freds Augen wird dem Leser das breit angelegte Kriegspanorama näher gebracht, obwohl das große geschichtliche Ereignis des zweiten Dezenniums des 20. Jahrhunderts für die neutrale Schweiz „ein Krieg auf Abstand"[67] war. Da der Krieg in

---

65 Ursula Amrein, Anm. 23, S. 145.
66 Daniel Annen: *Meinrad Inglin*. In: Joseph Bättig, Stephan Leimgruber (Hg.): *Grenzfall Literatur. Die Sinnfrage in der modernen Literatur der viersprachigen Schweiz*. Freiburg: Universitätsverlag Freiburg Schweiz 1993, S. 135.
67 Nina Ehrlich: *Meinrad Inglins ‚Schweizerspiegel' und Jakob Paludans ‚Jørgen Stein'. Der grosse Krieg an den Rändern*. In: Christian von Zimmermann, Daniel Annen, Anm. 13, S. S. 161.

Schweizerspiegel dem Schicksal einer jeden Figur zuteil und somit zum zentralen Geschehen wird, lässt sich der Roman als Kriegsroman klassifizieren, „aber ein Kriegsroman zweiten Grades, denn er schildert die spezielle Situation des Krieges, an dem die Protagonisten gar nicht teilnehmen, durch den sie aber nichtsdestotrotz geprägt werden"[68]. Im epischen Großformat und mit militärischem, auf eigene Offizierserfahrung gestütztem Fachwissen schildert Inglin detailgenau die Mobilmachung und Grenzbesetzung der Schweiz, deren Soldaten zu Heldentaten bereit sind, sich jedoch des Heroismus zugunsten ihrer neutralen Sicherheit enthalten müssen. Der Zustand jener durch den Stillstand ausgelösten Lähmung einerseits und der durch Kampfbereitschaft verursachten Spannung andererseits ist an Fred zu erkennen, wenn etwa ein eidgenössischer Zivilist die Legitimität des schweizerischen Einsatzes in Frage stellt: „Tausende und Tausende von Soldaten setzen jetzt auf den Schlachtfeldern ihr Leben ein, sie leiden und sterben, ohne zu murren, und im Vergleich damit ist eure Grenzbesetzung nur ein friedlicher Ferienaufenthalt." (435).

Fred sieht sich als Soldat herausgefordert und erklärt sich in dieser Konfrontation zum Vertreter seiner Schicksalsgenossen – junger, vom Heldentum träumender Männer, die in ständiger Ungewissheit ihre Kräfte aufopfern und deren Engagement sich trotzdem immer wieder als überflüssig erweist. Auf den Vorwurf des Zivilisten entgegnet er:

> Sie verstehen einen Dreck von alledem! schrie er ihm ins erschrockene Gesicht und machte sich damit zum Sprecher der Mannschaft, die für den Augenblick denn auch ihre handgreiflichen Absichten aufgab. Wir sind bereit gewesen, das Leben einzusetzen, und sind es jetzt noch. Dass wir es nicht tun dürfen und trotzdem ausharren müssen, das verlangt von jedem Soldaten mehr Opfersinn, als Sie in ihrem ganzen beschissenen Leben aufgebracht haben. Lieber kämpfen und meinetwegen sogar sterben, als monatelang weder leben noch sterben können! Und übrigens sind wir immer noch da und sorgen dafür, daß Sie hier ruhig herumschlitteln können, Sie Maulaffe! Abfahren! (435)

Gerade in den Momenten des Wartens und der Belagerung der Grenzen wird Inglins Inspiration durch Tolstois *Krieg und Frieden* besonders sichtbar, eine literarästhetische Vorlage, ohne deren Impulse der Autor seine Arbeit an *Schweizerspiegel* gar nicht aufgenommen hätte[69]. In den vielen Kritiken und werkanalytischen Bearbeitungen zu Inglins *Opus Magnum* wird gerade der Aspekt der Kriegsdarstellung aufgrund ihrer paradoxen Beschaffenheit – eines Kriegsromans ohne Krieg – als die größte künstlerische Kraft des Werkes anerkannt. „Der große Krieg

---

68 Ebd.
69 Vgl. Beatrice von Matt, Anm. 2, Anm. 49.

an den Rändern"[70] beeinflusst das Denken der Eidgenossen über ihr Land, testet die Loyalität der deutschen und welschen Schweizer zu ihrer Heimat und bietet dem helvetischen Staat und Volk eine Alternative: anstatt „Größe ohne Würde [...] eine Würde ohne Größe"[71]. Inglins Roman erfasst die schwierige Zeit außerhalb und innerhalb der Schweiz, wo der Bürger sowohl unter äußeren als auch inneren Druck gesetzt wird und die wichtigste Prüfung seines Gewissens zu bestehen hat, „einer Instanz, die in der Zeit, wo alles nach Parteinahme schreit, Zurückhaltung gebietet".[72]

Ein Muster jener helvetischen Zurückhaltung und Selbstbeherrschung in jedem Sinne des Wortes liefert Inglin vermittels der Fred-Figur. Vor dem Hintergrund familiärer Zerwürfnisse, heftiger politischer und ideologischer Diskussionen fällt der jüngste Sohn Ammanns durch seine zurückgezogene, friedliche Art auf. Was zu Freds Ideal wird – das Gleichgewicht zwischen Natur und Geist nämlich – ist auch in dem Gesamtwerk Meinrad Inglins zu erkennen.[73] Um diesen Zustand zu erreichen, schlägt der junge Mann einen doppelten Weg ein: Zum einen verschreibt er sich dem Landleben und Bauerntum, das in seiner Logik, wie sie zum Schluss zur Haupterkenntnis des Romans umschlägt, als ursprüngliche Form des Schweizertums gilt, zum anderen entfaltet er mit der Zeit ein bürgerliches Bewusstsein und bemüht sich, seinen eigenen Standpunkt zu Schweizer Fragen und seiner eigenen Identität zu finden. Während ihm der Vetter Christian in seiner Bauernexistenz am nächsten steht, gewinnt Fred in dem welschen Cousin Rene Junod, dem Hauptmann und Bataillonsarzt, einen wichtigen Gesprächspartner, mit dessen Hilfe er die Antwort auf alle auf die Schweiz bezogenen Grundfragen findet. Den beiden Männern, die für die Zukunft der Eidgenossenschaft symbolisch einstehen sollen, legt Inglin die für die Pointe des Romans bestimmten Worte in den Mund – eine sich aus allerlei Konfliktsituationen des *Schweizerspiegel* ergebende Erkenntnis, dass die Schweiz nach der Unruhezeit im Stande ist, für die Zukunft eine Einheit in der Vielheit zu bewahren, weil sie alle innenpolitischen Zerrissenheiten überwunden hat und gegenüber dem Krieg führenden Europa ihre neutrale Position verteidigen konnte. Der als Vernunftmensch geltende welsche Arzt Rene Junod und der Bauer gewordene

---

70 Nina Ehrlich: *Meinrad Inglins ‚Schweizerspiegel' und Jakob Paludans ‚Jørgen Stein'. Der grosse Krieg an den Rändern*. In: Christian von Zimmermann, Daniel Annen, Anm. 13, S. 159.
71 Adolf Muschg, Anm. 26, S. 166.
72 Ebd.
73 Vgl. dazu Regine Battiston: *Mensch und Natur*. In: Christian von Zimmermann, Daniel Annen (Hg.), Anm. 13, S. 51–67.

Intellektuelle Fred treffen sich zu einem Gespräch über die Schweiz und sind sich einig:

> Also, ich glaube, dass unser Staat nicht nur eine Zusammenfassung des Verschiedenartigen ist... und dass er nicht so ausschließlich nur auf Vernunft und Willen beruht, sondern auch auf der gemeinsamen Natur und Geschichte... und auf einer seelischen Verwandtschaft des Volkes, die durch sprachliche oder andere Unterschiede hindurchwirkt. Wir sind doch nicht nur aus Vernunft Schweizer, sondern aus... ja... Aus Gefühl! Du hast ganz recht. (961)

Unter den das vielfältige Figurenensemble komplementierenden Bildern von Vater und Sohn, Stadt und Land, Soldat und Zivilist, deutsch und welsch, links und rechts darf dasjenige von Mann und Frau in *Schweizerspiegel* nicht unbeachtet bleiben, zumal die Frauenfiguren „vielschichtige, ausgeschriebene Charaktere sind, mit persönlichen, zeittypischen Konflikten und Kämpfen"[74]. Unter mehreren weiblichen Figuren des Romans, denen vorwiegend die zeittypische Rolle einer Ehefrau und Mutter zukommt, wird den beiden Frauen im Hause Ammann, der Mutter Barbara und der Tochter Gertrud, eine besondere Stellung zugeschrieben. Die im Kontext des Schweizerhaus-Motivs bereits erwähnte Rolle Barbaras als einer die alten eidgenössischen Werte bewahrenden Hausherrin und Mutter lässt die Ehefrau Alfred Ammanns zuerst in ihrer zeitlosen Dimension erscheinen. Ihrem Ehemann völlig angepasst und trotz Meinungsverschiedenheiten ausnahmslos gehorchend, schafft Barbara in ihrem Haus zugleich eine starke existentielle und emotionale Grundlage für alle Familienangehörigen. Unabhängig von politischen Ansichten und Zerrissenheiten innerhalb der Familie verkörpert Barbara „ein immergültiges ahistorisches Zentrum"[75].

Es wäre jedoch ein unvollständiges Bild von Barbara, sie nur von Ehemann und Familie her zu definieren. Sie präsentiert sich zugleich als eine aktive und souveräne Figur, die ihre Aufgaben auch außerhalb des Hauses zu verwirklichen hat. An politischen Angelegenheiten zwar unbeteiligt und uninteressiert, nimmt

---

74 Nina Ehrlich: *Meinrad Inglins ‚Schweizerspiegel' und Jakob Paludans ‚Jørgen Stein'. Der grosse Krieg an den Rändern*. In: Christian von Zimmermann, Daniel Annen (Hg.), Anm. 13, S. 172.

75 Beatrice von Matt: *Marie Salander und die Tradition der Mutterfiguren im schweizerischen Familienroman*. In: Gottfried Keller-Gesellschaft: *Achtundfünfzigster Jahresbericht 1989*. Zürich: Verlag der Gottfried Keller-Gesellschaft 1990, S. 15. Zum Mutter-Motiv in *Schweizerspiegel* vgl. auch Dariusz Komorowski: *Zur Dialektik des Familienbildes in Schweizerspiegel von Meinrad Inglin*. In: Beatrice Sandberg (Hg.): *Familienbilder als Zeitbilder. Erzählte Geschichte(n) bei Schweizer Autoren vom 18. Jahrhundert bis zur Gegenwart*. Berlin: Frank & Timme 2010, S. 121–135.

sie in den Diskussionen zu der aktuellen Lage in Europa eine eindeutig pazifistische Stellung ein:

> Warum reden sie nicht miteinander? Warum stellen sie keine Forderungen. Es sind doch zivilisierte Nationen und keine wilden Tierhorden, die sich nicht verständigen können. Man führt doch nicht Krieg, nur um Krieg zu führen, ein Krieg ist ja etwas Furchtbares, es kann gar nicht genug Gründe geben, um ihn einigermaßen zu rechtfertigen. (240)

Barbara leistet mit ihrer Tochter Gertrud konkrete Hilfe für die Kriegsopfer, beteiligt sich am Hilfswerk für die zivilen belgischen Flüchtlinge, gehört dann zum Hilfskomitee für Schweizer im kriegführenden Ausland, betreut Verwundetentransporte und wird somit mit den Schrecken des Krieges direkt konfrontiert. Dass diese Frauen aufgrund ihrer humanitären Tätigkeit mit dem Krieg näher in Berührung kommen als Männer, beweist Barbara nicht zuletzt vor ihren Söhnen, als deren Kleidung den Evakuierten verschenkt wird:

> Was? Und ich habe keine lieber getragen, keine saß mir bequemer! [...] Aber ich hatte doch noch hellgraue Hemden, Mama, wo sind die? - Ich weiß nicht, such sie selber, du hast Hemden genug. Ich habe wahrhaftig keine Zeit mehr, ich muss zum Hauptbahnhof, um halb acht kommt der Evakuiertenzug, fünfhundert Evakuierte. Wenn man das erlebt, vergeht einem die Eitelkeit. (455)

Inglins Konzept, auch vermittels der weiblichen Figuren und deren nicht zu verkennender humanitärer Hilfeleistung das Schweiz-Bild der Kriegszeit detailliert auszumalen, geht mit den Stimmen der bürgerlichen Frauenbewegung während des Krieges einher[76]. Die Präsidentin des Schweizerischen Lehrerinnenvereins und des Bernischen Frauenstimmrechtsvereins Emma Graf betonte die Rolle der Frau in der von Männern beherrschten Kriegszeit wie folgt:

> Als der Krieg ausbrach, da schien es, die Frau werde nun mehr als je hinter dem Mann zurücktreten müssen. Man werde nur das werten, was das Schwert erreicht. Aber es kam anders, als man gefürchtet hatte. Erst im Kriege lernte man die Bedeutung der Frau für die Allgemeinheit kennen.[77]

Es ist dabei jedoch zu betonen, dass Barbaras Weltanschauung von jener der schweizerischen Feministinnen weit entfernt ist. Sie bleibt in *Schweizerspiegel*

---

76 Vgl. dazu Nina Ehrlich: *Meinrad Inglins ‚Schweizerspiegel' und Jakob Paludans ‚Jørgen Stein'. Der grosse Krieg an den Rändern.* In: Christian von Zimmermann, Daniel Annen (Hg.), Anm. 13, S. 171.

77 Emma Graf: *Die Frau und das öffentliche Leben.* Bern 1916, hier zit. nach Nina Ehrlich, ebd.

das Modell der bürgerlichen Mitte und des Maßes, „eine allegorische Figur der Helvetia".[78]

Ihre konservative, antimoderne Lebenshaltung präsentiert sie gegenüber ihrer Tochter Gertrud, einer selbstbewussten Frau, die in ihrem Verständnis der Geschlechterrollen ihrer Zeit weit voraus ist. Aus der Ehe mit einem Berufsoffizier ausgebrochen, widersetzt sich Gertrud den gesellschaftlichen Konventionen, lässt sich von ihrem Mann scheiden und wird am schärfsten von der Mutter verurteilt:

> Und die Kinder? [...] Und Albrecht? Und die Leute, das Gerede, es ist ein Skandal, du bringst uns noch alle um unsern guten Namen, und es ist nur eine verrückte Laune von dir, du hast gar keinen Grund, alles auf die Spitze zu treiben. (481)

Mit ihrem Bekenntnis, in der Ehe keine echte Partnerschaft und Liebe gefunden zu haben, mit dem Begehren, im Leben über die Rolle der Mutter und Ehefrau hinauszugehen, präsentiert Gertrud ein modernes Frauenmodell, das für ihre Zeitgenossen kaum nachvollziehbar ist. Auf ihre selbstbewusste Art ist sie darum bemüht, sich dem männlichen Teil der Gesellschaft gleichstellen zu dürfen und das gelingt ihr auch. Sie erkämpft für sich das Recht, ihr Leben selbst zu steuern, ohne auf die Dominanz ihres wohlhabenden, besitzergreifenden Ehemannes angewiesen sein zu müssen. Schöngeistig ausgerichtet, an Musik und Poesie interessiert, verliebt sich Gertrud in den dem religiösen Sozialismus verschriebenen, dem bürgerlichen Leben entfremdeten Dichter Albin Pfister, eine im völligen Gegensatz zu ihrem Ehemann stehende Figur. Trotz der Seelenverwandtschaft erweist sich jedoch eine dauernde Beziehung der beiden unmöglich. Gertruds Bemühen, ihren Geliebten in ein bürgerliches Leben nach ihrer Gestaltung einzuführen, scheitert, weil der junge Künstler außerstande ist, aus seiner Außenseiterrolle auszusteigen und sich einem konventionellen Modell der Existenz anzupassen. Albin Pfister stirbt während der Grenzbesetzung an Grippe, und „mit seinem Tod gibt der Roman auch die Utopie des religiösen Sozialismus auf"[79].

Dem Scheitern dieser Beziehung mag auch Inglins Vorsatz des Maßes und der konservativen Erneuerung als einer Zukunftsvision der Schweiz zugrunde liegen; zur vorbildlichen Frauengestalt des *Schweizerspiegel*, der für ihre Familie einstehenden Landesmutter, wird demnach Barbara mit ihrer antimodernen Haltung erhoben. Parallel zu Albins für Inglin als utopisch geltender christlich-sozialistischer Gesinnung wird Gertruds feministisch-modern ausgerichteter Position ebenfalls keine Verwirklichungschance eingeräumt. Während Pauls

---

78 Ursula Amrein, Anm. 23, S. 143.
79 Ursula Amrein, ebd., S. 144.

Rebellion mit einem symbolischen Gefechtsabbruch[80], dem Verzicht auf radikales, einseitiges Denken und Urteilen, endet und in das „mütterlich Menschliche [...], den menschlichen Geist" (918) mündet, beharrt Gertrud, sich der Mutter und den Konventionen konsequent widersetzend, auf ihrer renitenten Haltung und hebt sich somit von dem Ideal Inglins ab.

Das zum Schluss des Romans aus den Wirrungen und allerlei Konfliktsituationen hervortauchende Idealbild der Schweiz als einer Willensnation, die angesichts der Bedrohungen ihre Einheit und Neutralität nicht aufgegeben hat, weist jedoch einige Risse auf, die eine von vielen Seiten zu vernehmende Beurteilung des Romans als eines dem helvetischen ‚Landigeist' affirmativ gegenüberstehenden Schweiz-Konzepts zu relativieren vermag. Dass der *Schweizerspiegel* als „eine literarische Abwehrfront gegen drohende Nationalismen"[81] gelten kann, zeigen nicht nur jene Momente, in denen die innere wie äußere Gefahr in der Schweiz überwunden zu sein scheint, und nicht nur jene Figuren wie Paul und Fred, denen „der Gefechtsabbruch und nicht das Gefecht"[82] als eine ihre Bürgerlichkeit und Humanität bewährende Leistung anzurechnen ist, sondern vielmehr auch die von Inglin innerhalb der eidgenössischen Realität gebrandmarkten Defizite. Eines von ihnen stellt der immer mehr dem Rechtsextremen verfallende Severin dar, der – im Gegensatz zu seinen Brüdern – sich zu der Idee der Einheit und Neutralität der Schweiz nicht überzeugen lässt. Indem er in der Zeit des eidgenössischen Gefechtsabbruchs Unterschriften für eine nationale Abwehrfront sammelt und somit der auf Verzicht fußenden Bemühung der Schweizer um friedliche Lösung innerer und äußerer Spannungen kontraproduktiv wirkt, verharrt er in seinem Gefechtswillen, dem sich die Idee des *Schweizerspiegel* schlechthin zu widersetzen versucht. Gerade mit der reaktionären Haltung Severins wurde in der Entstehungszeit des Romans, am Vortag des Zweiten Weltkrieges, die alarmierende Warnung erkennbar: Die Schweiz war nicht frei von faschistischen Tendenzen. Dieses in *Schweizerspiegel* wie auch in anderen Prosatexten Inglins als Krankheit allegorisierte Problem[83] wird im Roman nicht wie

---

80 Vgl. Jürgen Manthey: *Gefechtsabbruch.* 1.11.1991. In: www.diezeit.de, Zugang am 15.07.2015.
81 Beatrice von Matt: *Meinrad Inglin – Erzähler zwischen Wildnis und Menschengesellschaft. Mit einem Seitenblick auf seinen Westschweizer Zeitgenossen Guy de Pourtalès.* In: Christian von Zimmermann, Daniel Annen (Hg.), Anm. 13, S. 34.
82 Daniel Annen: *Der Gefechtsabbruch als Leistung. Meinrad Inglins ‚Schweizerspiegel' – Annäherung an eine Lesart.* In: Neue Zürcher Zeitung, 13./14.10.1990.
83 Vgl. Oliver Lubrich: *Pneumo-Prosa. Nationalsozialismus als helvetische Krankheit.* In: Christian von Zimmermann, Daniel Annen (Hg.), Anm. 13, S. 175–196.

andere negative Entwicklungen überwunden, sondern im Gegenteil – mit Severins Nationalfrontinitiative – in eine Art sich unter die Volksmassen einschleichende nationalistische Propaganda verwandelt. Auf diese Weise

> konfrontiert [Inglins literarischer Diskurs] Bilder der geeinten und der zerstrittenen Schweiz, die je verschieden auf die integrative Bedeutung der demokratischen Willensnation verweisen. Zugleich aber erscheint die Schweizer Identität in ihrer literarischen Konkretisierung fragiler und bedrohter, als in den selbstbewusst und affirmativ formulierten Schriften zur Geistigen Landesverteidigung.[84]

Auf der anderen Seite stellt sich der Roman in den Dienst der geistigen Landesverteidigung, indem er auf den vaterländischen Geist als Ideal verweist und die Rückbesinnung auf die nationalen Werte voraussetzt, ganz im Sinne Philipp Etters und seines autarken Programms: „Verteidigung der geistigen Grundlagen unseres staatlichen Seins im Bewusstsein unseres eigenen Volkes! Besinnung auf diese geistigen Grundlagen! Erneuerung dieser geistigen Grundlagen!"[85]

---

84 Ursula Amrein, Anm. 23, S. 146.
85 Philipp Etter: *Geistige Landesverteidigung*. Vortrag gehalten in Bern in der Versammlung des Vaterländischen Verbandes des Kts. Bern am 29.01.1937. Sonderabdruck aus der Monatsschrift des Schweizerischen Studentenvereins, S. 4.

4. Ein Zürcher Panorama in *Alles in Allem* von Kurt Guggenheim

Dank der am 3. März 2015 im Zürcher Museum Strauhof eröffneten Ausstellung „60 Jahre *Alles in Allem* – Zürich im Spiegel von Kurt Guggenheims Romanchronik und weiteren literarischen Werken des 20. Jahrhunderts", deren Kurator der Kurt-Guggenheim-Kenner Charles Linsmayer war, konnte der in der Schweiz nahezu vergessene Schriftsteller sowie dessen Hauptwerk *Alles in Allem* in den gegenwärtigen Literaturdiskurs erneut hinübergebracht werden. Dass der 1896 geborene, 1983 verstorbene Zürcher Autor seit mehreren Jahrzehnten abseits des literaturwissenschaftlichen Interesses steht, belegt neben einem bescheidenen Publikationsbestand zu seinem Gesamtwerk auch die Tonart der die erfolgreiche Zürcher Ausstellung würdigenden Pressestimmen, die Guggenheim als einen „wiederzuentdeckenden Autor"[1] und dessen Werk als „angestaubt"[2] betrachten.

Seit 1989 gibt der Zürcher Literaturwissenschaftler Charles Linsmayer in der Reihe „Reprinted by Huber"[3] Kurt Guggenheims Werke neu heraus und versieht sie mit einem ausführlichen biographischen Nachwort. Die achtbändige Guggenheim-Werkausgabe wurde 2014 mit dem Roman *Gerufen und nicht gerufen* (1973) und den vier Erzählungen des Bandes *Nachher* (1974) abgeschlossen. Neben der 1971 von Alfred Hauswirth in Neuchâtel verfassten Dissertation *Kurt Guggenheim: Die Romane und autobiographischen Bücher, besonders im Hinblick auf die Entwicklung der Hauptgestalten* bestehen nun die jeweils als biographisches und werkgeschichtliches Nachwort gedachten, umfangreichen Essays Linsmayers zu Guggenheims einzelnen Texten als Hauptquelle von dessen kritischer Literatur. Da jene Guggenheim-Bearbeitungen nicht nur auf den jeweiligen Erstfassungen der Texte, sondern auch auf allerlei Manuskripten, Typoskripten,

---

1 Thomas Waldmann: *Ein rotes Kissen für Urs Widmers Zwerg. Liebevolle Zwischennutzung des Strauhofs*. In: Basler Zeitung, 18.03.2015.
2 «*60 Jahre Alles in Allem» im Museum Strauhof bis 31. Mai*. In: Tagblatt der Stadt Zürich, 18.02.2015.
3 Die gesamte, bisher 32 Teile zählende Edition heißt *Reprinted by Huber* und ist laut bibliographischer Angabe „eine offene Folge bemerkenswerter literarischer Texte aus der mehrsprachigen Schweiz. Seit 1987 im Verlag Huber Frauenfeld, ausgewählt und herausgegeben von Charles Linsmayer". In der Reihe erschienen bisher Werke u.a. von Annemarie Schwarzenbach, Gertrud Wilker, Hugo Marti, Otto Frei, Cécile Ines Loos.

auf dem in der Zürcher Zentralbibliothek zugänglichen, teils unveröffentlichten Nachlass des Schriftstellers sowie auf dem sich im Privatbesitz des Zürcher Germanisten befindenden Quellenmaterial fußen, stellen sie vornehmlich wichtige und zuversichtliche literaturwissenschaftliche Forschungsergebnisse dar.

4.1. Modernität und Antimodernität bei Kurt Guggenheim

Guggenheims literarisches Werk steht mit seinem persönlichen Werdegang in engem Zusammenhang. Als Sohn eines jüdischen Kaufmanns und einer Jüdin wurde er von seinem Vater, dem Besitzer eines Kaffee-Importunternehmens, gegen seinen eigenen Willen, Arzt zu werden, zum Kaufmannsberuf bestimmt. Nach dem Besuch einer Handelsschule sowie den auf berufliche Laufbahn orientierten Aufenthalten in Frankreich und England nahm er die Tätigkeit als Handelskaufmann im Familienunternehmen auf, das 1925 nach dem Tod des Vaters in seine Hände überging. Ohne Interesse an dem geerbten Familiengeschäft konnte jedoch der junge Unternehmer darin keine Erfolge verbuchen und die bald eintretende Krise trieb die Firma in den Bankrott. Kurt Guggenheim dachte nämlich bereits in seiner Ausbildungszeit an eine Schriftstellerlaufbahn und war mehr an französischer und englischer Kulturlandschaft als am Handel interessiert.

Zahlreiche Belege seiner Faszination für Philosophie und Literatur, freies geistiges Leben und ein Schriftstellerdasein einerseits sowie Nachweise seiner Abneigung gegen die ihm von der Familie aufgebürdeten Verpflichtungen materieller Art andererseits, letztlich gegen die eigene, ihm verhasste Familie selbst, finden sich in den Tagebüchern, die der Autor zwar schon seit 1912, also seit dem 16. Lebensjahr führte, die jedoch in der dreibändigen Edition *Einmal nur* lediglich die Jahre 1925 bis 1980 umfassen. Aus den regelmäßig geführten Notizen geht deutlich hervor, wie stark Guggenheims Jugendzeit von den beiden auf ihn einwirkenden Kräften, von Pflicht und Neigung sowie dadurch bedingter extremer Emotionalität, geprägt war. „Niemand kann uns größere Qualen bereiten als die Angehörigen der eigenen Familie"[4], notierte der junge Autor 1925 kurz nach dem Tod des Vaters, den er für allerlei Zwänge verantwortlich machte, und beklagte sich über seine angespannte Lage: „Die Schwierigkeiten in meinem Leben akkumulieren sich; sie sind geschäftlicher, finanzieller und familiärer Natur. Alle um mich herum laden rücksichtslos eine Verantwortung um die andere auf mich."[5] Er bemühte sich, in der ihm fremden Welt des Kapitals

---

4   Kurt Guggenheim: *Einmal nur. Tagebuchblätter 1925–1950*. Frauenfeld: Huber 1981, Bd. I, S. 18.
5   Ebd., S. 19.

gegen „Dummheit und Despotismus"⁶ vorzugehen und verfolgte von Anfang seiner ungewollten Unternehmerkarriere an das Ziel, sich von den ihm über den Kopf wachsenden Verpflichtungen und immer wieder neu eintretenden Krisen loszulösen. Der Begriff ‚Freiheit' als Ausdruck der angestrebten Existenz dominiert nun die Tagebucheinträge aus der Zeit seiner Erwerbstätigkeit in der väterlichen Kaffee-Importfirma, denn „ein Mensch mit geistigen Interessen kann naturgemäß auf dem Gebiet des Erwerbs nicht stark sein"⁷. Nach der endgültigen Befreiung von harten bürgerlichen Verpflichtungen, denen nicht zuletzt auch „Selbstmordgedanken"⁸ vorausgegangen waren, unternahm Guggenheim eine Tätigkeit als Antiquar und Redaktorassistent bei der 1925 von Adolf Guggenbühl und Fortunat Huber gegründeten Zeitschrift „Schweizer Spiegel".

In jenen Jahren verfolgte er konsequent die Absicht, ein Schriftstellerdasein zu führen, das er mit seinem Erstling *Entfesselung* 1934⁹ und unmittelbar danach 1935 mit dem Roman *Sieben Tage* nun antreten konnte. Jene in der schwierigen Jugendzeit gelungene Befreiung aus dem von Pflicht und Zwang fest umrahmten Leben wurde bereits im Titel des ersten Romans zum Ausdruck gebracht. Mit dem Begriff ‚Entfesselung' meinte der debütierende Autor aber auch die lange erwartete Freilegung der literarischen Ausdrucksmöglichkeiten und den Durchbruch zum Schriftsteller; nach einem siebenjährigen Schreibprozess konnte sein erster, von der Kritik mit Lob und Anerkennung aufgenommener Roman veröffentlicht werden.¹⁰ Doch den eigentlichen Durchbruch zum Schriftsteller glaubte Guggenheim erst mit seinem dritten Roman *Riedland* 1938 erreicht zu haben, es sei das erste Buch gewesen,

das er nach einem langen, an Umwegen reichen Weg zur Literatur als *sein* Werk empfand. Und es bleibt in seinem Werk auch von umfangreicheren, vielleicht anspruchsvolleren

---

6 Ebd.
7 Ebd., S. 25.
8 Ebd.
9 Das jeweilige Erscheinungsdatum von *Entfesselung* und *Sieben Tage* mag irreführend sein; *Entfesselung* ist 1935 datiert, erschien jedoch im Herbst 1934, *Sieben Tage* trägt das Datum 1936, erschien auf dem Buchmarkt im Herbst 1935. Bis auf die von Charles Linsmayer edierte Werkausgabe, in der je das tatsächliche Erscheinungsjahr zu finden ist, berufen sich allerlei Lexika und literaturwissenschaftliche Quellen auf die Erscheinungsjahre der beiden Texte 1935 und 1936.
10 Zu *Entfesselung* erschienen Kritiken etwa in der „Neuen Schweizer Rundschau" (von Carl Helbling), der „Neuen Zürcher Zeitung" (von Walter Lesch) und in den „Basler Nachrichten" (von Eduard Fritz Kuchel). Vgl. dazu Charles Linsmayer: Nachwort zu *Entfesselung* und *Sieben Tage*, S. 356.

Büchern unübertroffen, einmalig in seinem unvergleichlich eigenen Ton – durch seinen poetischen Zauber.[11]

Bereits Ende 1935, als die beiden ersten Texte erschienen sind und der Autor seinen ersten Erfolg ernten konnte, mit dem jedoch immer noch keine materielle Sicherheit einherging, gelangte er zu der Erkenntnis, einen ästhetischen Neuanfang antreten zu müssen, ohne dem bisher Konzipierten und Publizierten jegliche Aufmerksamkeit schenken zu wollen. Eine Anregung für den Wandel seiner Denkweise und Schreiblinie erhielt Guggenheim während des Aufenthalts in Genf 1935 bei Eva Welti-Hug, seiner Freundin aus der Zürcher Schulzeit, mit der ihn eine jugendliche Faszination verbunden hatte. Bei Kurt Guggenheim hat diese Zuneigung – im Gegensatz zu seinem Begehrobjekt – nie nachgelassen. Mehr noch: Sie hat in seinem Schaffen in Gestalt von Frauenfiguren Ausdruck gefunden. In Genf wurde der angehende Schriftsteller von seiner Freundin, einer promovierten Biologin, in das aus zehn Bänden bestehende naturwissenschaftliche Werk des französischen Enthomologen Jean-Henri Fabre *Souvenirs entomologiques* eingeweiht, „jene unzähligen, auch das Kleinste und scheinbar Unbedeutendste nicht vernachlässigenden, von unglaublicher Geduld zeugenden Beobachtungen über das Leben und die Eigenarten der Insekten."[12] Mit der Entdeckung einer neuen Betrachtungsweise, einer auf genaues Hinschauen bedachten Perspektive glaubte der Schriftsteller eine seinem sowohl ästhetischen als auch humanen Bewusstsein adäquate Schreibstrategie gefunden zu haben. Die nachfolgenden drei Jahre bis zur Veröffentlichung von *Riedland* 1938 übte sich Guggenheim in der geduldsamen, detaillierten Darstellung äußerer und innerer Verhältnisse, des Vereinzelten und Kleinen, um aus unzähligen winzigen Bausteinen ein zum Ganzen werdendes Mosaik zu konstruieren.

Über die Lektüre von Fabres Insektenerforschung und deren Anwendung auf die eigene Poetik erhielt der Schriftsteller den entscheidenden Impuls für seinen Schreibprozess:

> Nichts hatte sein Inhalt mit dem Werk von Fabres zu tun, und dennoch: ohne die Begegnung mit ihm hätte ich das Buch wahrscheinlich nicht schreiben können. Wie soll man

---

11 Elsbeth Pulver: *Riedland. Annäherung an Kurt Guggenheim.* In: Dies.: *Tagebuch mit Büchern. Essays zur Gegenwartsliteratur.* Unter Mitarbeit der Autorin herausgegeben von Anna Stüssi. Zürich: Theologischer Verlag 2005, S. 111.

12 Charles Linsmayer: *Zu gut für ein Preisausschreiben. Der Schweizer Zeitungsromanwettbewerb 1936/38, Kurt Guggenheims <Riedland> und dessen Spiegelung in <Sandkorn für Sandkorn>.* In: Kurt Guggenheim: *Werke II «Riedland», «Sandkorn für Sankorn».* Mit einem biographischen Nachwort neu herausgegeben von Charles Linsmayer. Frauenfeld: Huber 1999, S. 313 f.

diesen Einfluß bezeichnen? Induktion ist vielleicht das richtige Wort. Es wurde ein Stromkreis erregt. Eine besondere Art des Erlebens.[13]

Das gute Gelingen des Romans *Riedland* verdankte Guggenheim vor allem der Affinität zu Fabres naturwissenschaftlicher Untersuchungsmethode, er vertiefte sich also umso lieber in die neu erarbeitete Strategie und fühlte sich nun als Schriftsteller frei und bereit, ein Monumentalwerk zu schreiben, als dessen Vorstufe er alle bis 1952, bis zum Erscheinungsjahr des ersten Bandes seiner Tetralogie *Alles in Allem* also, veröffentlichten Texte gelten ließ. 1945, als er dem Artemis Verlag die Frage nach der weiteren Entwicklung als Autor beantworten sollte, bekannte er:

> Ich betrachte alles, was ich bis jetzt geschrieben habe, als Vorstufe zu einem großen, modernen schweizerischen Struktur- und Generationenroman, den zu schreiben meine Absicht zwischen 50 und 60 ist. Das Problem für mich ist, die ihm adäquate neue Form zu finden.[14]

Sowohl aus den Tagebucheinträgen als auch aus den jeweiligen Texten, allen voran aus *Sandkorn für Sandkorn* (1959), dem „qualitätsvollen Heimatroman"[15], der die Biographie Fabres mit autobiographischen, poetologischen und literarästhetischen Überlegungen zu vereinigen versuchte, wird ersichtlich, wie intensiv bei Kurt Guggenheim das Suchen nach einer geeigneten, modern anmutenden Form war. Er bemühte sich, bei aller seiner „traditionell bestimmte[n] Weltsicht"[16] sich nicht schlicht in der Reihe der realistischen Schweizer Heimatdichter zu platzieren. Ohne Zweifel war jener Drang, die epische Komplexität mit modernen Erzählmitteln zu erreichen, auf Guggenheims literarische Vorbilder zurückzuführen. Bereits in seiner Jugend- und Reifezeit ließ er sich von den großen Romanen nach der Art von Zola, Flaubert, Hugo, Balzac und

---

13 Kurt Guggenheim: *Sandkorn für Sandkorn*, ebd., S. 254. In dem der Biographie von J.H. Fabre gewidmeten Roman *Sandkorn für Sandkorn* denkt Guggenheim über die eigene Schreibstrategie nach. Dieses Zitat bezieht sich im besonderen auf Arbeit an dem Text *Riedland*.
14 Kurt Guggenheim, hier zit. nach Charles Linsmayer: *Das Fremdsein im Eigenen, das Heimischwerden im Fremden. Kurt Guggenheims Roman Alles in Allem und das Thema der sozialen Integration*. In: Kurt Guggenheim: *Alles in Allem*. Mit einem Nachwort und Illustrationen von Hans Falk und Arnold Kübler neu herausgegeben von Charles Linsmayer. Frauenfeld: Huber 2009, S. 1048.
15 Klaus-Dieter Schult: *Zwischen Selbstbehauptung und Selbstbeschränkung. Die Literatur der Jahrzehnte vor und nach dem zweiten Weltkrieg*. In: Klaus Pezold (Hg.): *Geschichte der deutschsprachigen Schweizer Literatur im 20. Jahrhundert*. Berlin: Volk und Wissen 1991, S. 115.
16 Ebd.

Proust inspirieren. Es lag dem jungen Autor auch viel an der psychologischen und philosophischen Untermauerung seiner Welterfahrung, so sind in seinen Werken u.a. die Ideen von Carl. G. Jung, Henri Bergson, Paul Häberlin und Leonhard Ragaz zu spüren. In seiner genauen, auf momentanen Eindruck bedachten Beobachtung und Darstellung wollte er sich – neben dem bereits erwähnten Enthomologen Fabre – auch der impressionistischen Malerei programmatisch nähern. Guggenheims Faszination von Frankreich leitete sich vor allem von der Begeisterung für die französische Literatur und Kunst her:

> Cezanné, Monet, Sisley, Manet und wie sie alle heißen, hätten dieses Bild Frankreichs, das wir lieben, geschaffen. Sie haben uns gelehrt, wie man es sehen und verstehen muß. Ich kann Frankreich nie mehr anders als mit den Augen dieser Maler sehen.[17]

Nicht nur Frankreich und der geliebten Provence galt Guggenheims Malerblick, er übertrug die impressionistische Sichtweise eines Malers auf seine Schreibstrategie und wollte als Schriftsteller „mit Maleraugen"[18] schauen, womit auch eine auf das Nebeneinander epischer Bilder abzielende Darstellungstechnik gemeint war, die am deutlichsten in der breit angelegten Zürcher Tetralogie *Alles in Allem* mit über 150 Romangestalten unter Beweis gestellt wurde.

So wie *Sandkorn für Sandkorn* eine Hommage an J.H. Fabre darstellte, so widmete der Zürcher Autor den Roman *Minute des Lebens* (1969) seinen beiden ästhetischen Vorbildern Paul Cezanné und Emil Zola, wobei auch der Aspekt der (fehlenden) Anerkennung eines Künstlers zu dessen Lebzeiten nicht ohne Bedeutung bleiben sollte. Zwar identifizierte sich Guggenheim mit beiden Schaffenden und bemühte sich, jedem der beiden Talente direkt im Schreiben gerecht zu werden, in der Entstehungszeit von *Minute des Lebens* musste er jedoch eine besondere Nähe zu dem zeit seines Lebens verkannten Cezanné verspüren.[19] Nicht viel anders erging es nämlich dem Zürcher Schriftsteller um 1967, und der Enttäuschung verlieh er in seinen Tagebucheinträgen mehrmals Ausdruck, als sein Roman *Der goldene Würfel* (1967) von der Kritik negativ beurteilt wurde, während die ganze Aufmerksamkeit der literaturkritischen Öffentlichkeit den

---

17 Kurt Guggenheim: *Sandkorn für Sandkorn*, Anm. 12, S. 296.
18 Kurt Guggenheim: *Entfesselung*. In: Ders.: *Werke VII: «Entfesselung», «Sieben Tage»*. Neu herausgegeben und mit einem biographischen Nachwort versehen von Charles Linsmayer. Frauenfeld: Huber 2009, S. 88.
19 Vgl. dazu: Charles Linsmayer: *Manchmal ist die Resignation der Triumph. ‚Minute des Lebens' und ‚Der heilige Komödiant' im Spiegel von Kurt Guggenheims Tagebüchern*. In: Kurt Guggenheim: *Werke IV: «Minute des Lebens», «Der heilige Komödiant»*. Mit einem biographischen Nachwort neu herausgegeben von Charles Linsmayer. Frauenfeld: Stuttgart, Wien: Huber 1999, S. 250.

beiden Triumphierenden – Frisch und Dürrenmatt – galt. So sehr er sich in dieser Situation in Cezannés Schicksal wiederzuerkennen glaubte, so leicht fiel ihm auch, in dem von ganz Europa bejubelten Emil Zola seinen Zeitgenossen Max Frisch zu erblicken.[20]

Die politisch-geschichtlichen Entwicklungen der ersten Hälfte des 20. Jahrhunderts in und außerhalb der Schweiz ließen Kurt Guggenheim eine Stellung zum aktuellen Geschehen nehmen. Aufgrund seiner jüdischen Herkunft musste er sich in der Zeit des aufkommenden Nationalsozialismus bedroht fühlen. Mit der im Rahmen der geistigen Landesverteidigung betont religiösen „Eigenart und Mannigfaltigkeit des schweizerischen Volkstums"[21] und dem unter jenen Umständen garantierten „Frieden unter den Konfessionen des Landes"[22] meinten die schweizerischen Kulturpolitiker, allen voran der Bundesrat Philipp Etter, eigentlich die Versöhnung innerhalb der christlichen Religion zwischen den Katholiken und Protestanten, womit zuerst der Weg zu einer versteckten Ausgrenzung des Judaismus und in der späteren Folge auch zum Antisemitismus in der Schweiz offen stand. Während die kulturpolitischen Bestimmungen in Bezug auf die jüdischen Schweizer Bürger einen lediglich latenten Antisemitismus aufwiesen, hatten die Politiker es nicht mehr unterlassen, angesichts der 1933 in die Schweiz strömenden Immigrantenwelle vor der übermäßigen Niederlassung der Juden in der Schweiz zu warnen. Philipp Etter verwies 1933 auf Juden,

> die in Deutschland massenweise aus ihren Betrieben und freien Berufen hinausgeworfen werden, zu Tausenden in die Schweiz hereingeflüchtet sind und nun ohne Zweifel Anstrengungen machen, sich hier dauernd niederzulassen und sich in der freien Schweizerluft eine neue Existenz zu gründen. Diese Art der Invasion muß selbstverständlich als unerwünscht bezeichnet und unterbunden werden.[23]

Mit Angst vor der aus Deutschland herankommenden antisemitischen Welle einerseits, mit viel Vertrauen in die eidgenössische Macht der Souveränität und

---

20 Vgl. ebd.
21 Botschaft des Bundesrates an die Bundesversammlung über die Organisation und die Aufgaben der schweizerischen Kulturwahrung und Kulturwerbung vom 9. Dezember 1938, hier zit. nach Ursula Amrein: «Los von Berlin!» Die Literatur- und Theaterpolitik der Schweiz und das «Dritte Reich». Zürich: Chronos 2004, S. 113.
22 Ebd.
23 Philipp Etter: *Die vaterländische Erneuerung und wir.* Zug 1933, hier zit. nach Charles Linsmayer: *Die Krise der Demokratie als Krise ihrer Literatur. Die Literatur der deutschen Schweiz im Zeitalter der geistigen Landesverteidigung.* In: Andrea und Charles Linsmayer (Hg.): *Frühling der Gegenwart. Erzählungen 1890–1950.* Bd. 3. Frankfurt a.M.: Suhrkamp 1990, S. 443.

dem Glauben an den demokratischen Geist seiner Heimat andererseits behielt Guggenheim in den für die jüdischen Bürger schwierigen 1930er und 1940er Jahren eine affirmative Position gegenüber der Schweiz und sah sich dazu verpflichtet, als Kulturschaffender zur Stärkung der geistigen Landesverteidigung beizutragen, indem er als Drehbuchautor an jenen diese Kulturkonzeption unterstützenden Filmen wie *Wachtmeister Studer, Der Schuß von der Kanzel, Gilberte de Courgenay* u.a. mitwirkte. Obwohl Guggenheim von der Kritik als Autor der auf den Dienst an der Gemeinschaft besinnten bürgerlichen Mitte angesehen wurde, was ohne Zweifel auf sein Hauptwerk *Alles in Allem* zurückzuführen war, präsentierte er sich auch von der Seite eines Nestbeschmutzers, indem er 1941 mit dem Roman *Wilder Urlaub*, in einer Zeit also, als sich die Eidgenossen in ihrem Patriotismus zusammengeschlossen haben, um an den Staatsgrenzen die helvetische Neutralität vor dem Feind aus Nord und Süd zu verteidigen, dem Schweizer Leser einen seiner Mitbürger als Deserteur der Schweizer Armee vor Augen führte und sich somit von der Idee der geistigen Landesverteidigung abrupt entfernte, ja in deren Gegenteil umschlug.

1949 lieferte Guggenheim den Roman *Wir waren unser vier*, eine Chronik der Schweiz zur Zeit der Bedrohungen des Zweiten Weltkrieges aus der Perspektive von vier Dienstkameraden, eines welschen Arztes, eines Materialverwalters, eines jüdischen Biologen und eines Schriftstellers, der nach Albin Zollingers Vorbild gezeichnet wurde. Trotz der sich in die Konzeption der geistigen Landesverteidigung integrierenden, von der Schweiz als solcher und dem damals auch literarisch aufgewerteten Soldatischen geprägten Problematik erfüllt der Text doch nicht gänzlich die Kulturbotschaft zur schweizerischen Kulturwahrung und Kulturwerbung, sondern – ganz im Stil des Zürcher Autors – behandelt auch etwa den Schweizer Antisemitismus, der den jüdischen Biologen Glanzmann dazu bewogen hat, 1945 die Schweiz zu verlassen und sich nach Palästina zu begeben. Auch von anderen heiklen Zeitfragen der Kriegszeit – wie Landesverrat oder Kriegsgewinnlertum – wendet sich der Roman nicht ab.

Verfolgt man Guggenheims im Laufe mehrerer Jahrzehnte entstandene Epik sowie auch seine das Zeitgeschehen penetrierenden Tagebücher und Essays, so zeigt sich, dass sich sein Verhältnis zur Schweiz und zum Judentum, dem er doch entstammte, inkonsequent gestaltet. Der Grund für jene Ambivalenz scheint nun gerade in der Konstellation ‚jüdisch-schweizerisch' geortet zu sein. Darüber hinaus unterlag Guggenheims Position gegenüber dem Schweizer Staat und der Schweizer Gesellschaft in der Nachkriegszeit sowie besonders in den 1960er und 1970er Jahren einem wesentlichen, von anwachsender Skepsis gezeichneten Wandel.

Der Assimilation und Integration der Juden galt Guggenheims Interesse bereits in den 1920er Jahren, bis es letztlich in der Zürcher Tetralogie seinen Höhepunkt erreichte. Nach der Publikation eines dem modernen Judentum gewidmeten Artikels *Anders als die anderen* (1930) für den „Schweizer Spiegel" musste Guggenheim die heftige Kritik seitens jüdischer Kreise über sich ergehen lassen.[24] Es wurde dem Autor vorgeworfen, einen judenfeindlichen, das friedliche Nebeneinander christlicher und jüdischer Konfession in der Schweiz beeinträchtigenden Text geschrieben zu haben:

> Der Christ, der aus Guggenheims Artikel Kenntnisse vom Juden gewinnt, muß zwangsläufig den Juden für minderwertig halten, für einen Untermenschen, und er muß Antisemit werden, wenn er es nicht ist. Eine bessere Unterstützung, wie zügige Phrasen solcher Art, aus dem Munde eines Juden, kann sich der Antisemitismus nicht wünschen.[25]

Als nicht praktizierender Jude bewahrte der Schriftsteller sein ganzes Leben lang eine gewisse Distanz zum Judentum, es lassen sich jedoch sowohl eine Annäherung an das Semitische als auch eine Distanznahme von dessen Ideen konstatieren. Eine sein weiteres Leben als Jude prägende und es auch wesentlich verändernde Erfahrung war die Trennung von der Jugendfreundin Eva Hug, die dann den Schweizer Maler und Schriftsteller Jakob Albert Welti heiratete. Für die Tochter eines angesehenen Zürcher Bürgers, des Musikalienhändlers und Oberstn der Schweizer Armee Adolf Hug, hätte eine Beziehung mit einem Juden nicht in Frage kommen können.[26] Ein Argument für Hindernisse und Bedenken rassistischer Natur lieferte Eva Hug dem jungen Verliebten explizit selbst, indem sie ihm nach der Beendigung ihrer kurzen Liebschaft ihr Tagebuch mit ausführlichen Notizen aus jener Zeit, auch zur Ursache ihrer Trennung, übermittelte. Guggenheim konnte darin Folgendes lesen:

> Ob aber der wahre Grund nicht im Rassenunterschied liegt? Eine unüberbrückbare Kluft, ein nur ganz feiner Riß, aber doch für ein feines Auge störend, um so störender, da er nur so fein ist, nicht flickbar, selbst, wenn alles andere ausgezeichnet stimmte zueinander.[27]

---

24 Vgl. dazu Charles Linsmayer, Anm. 14, S. 1084 f.
25 Erich Marx, der Chefredaktor des „Israelitischen Wochenblatts der Schweiz", hier zit. nach Charles Linsmayer, ebd.
26 Vgl. Peter Keckeis: *Kurt Guggenheim (1896–1983). Ein helvetischer Don Quichotte*. In: Joseph Bättig, Stefan Leimgruber (Hg.): *Grenzfall Literatur. Die Sinnfrage in der modernen Literatur der viersprachigen Schweiz*. Freiburg: Paulusverlag Schweiz 1993, S. 159–174, hier S. 168 f.
27 Eva Hug. Das Tagebuch befindet sich im privaten Archiv von Charles Linsmayer, in dem Briefe und Fotos von Eva Hug enthaltenden „Dossier Eva Hug", geschenkt von Kurt Guggenheim, hier zit. nach Peter Keckeis, ebd., S. 169.

Sein Verhältnis zum Judentum durchzieht Guggenheims Tagebücher wie ein roter Faden und ist dort in diversen Schattierungen erkennbar, die von der versöhnlichen Hinnahme seines Schicksals – „Man muß eine Krankheit annehmen, wie beispielsweise ein Mensch seine Zugehörigkeit zu den Juden annehmen muß"[28] – über die Erbitterung bis zur Anklage ‚der anderen' hin reichen:

> Der Haß der anderen ist der Juden Charakteristikum. Es gibt keine rationalen Ursachen für diesen Judenhaß. Er ist biologisch wie der Trieb des Tieres, ein anderes, schwächeres zu fressen. Man fände in jedem anderen Menschen, in jedem anderen Volke gleiche Motive, um zu hassen. Die Juden erregen Haß wie andere Menschen oder Dinge Ekel erregen. Der Judenhaß ist nicht irgendein Haß (ein Gefühl), sondern ein Urtrieb. Es ist unausrottbar. Nur wer selbst Jude ist, kann ermessen, welch ein psychisches und materielles Handicap dieser Schicksalsschlag für einen Menschen bedeutet, als Jude geboren zu sein.[29]

Mit der Position gegenüber der Heimat Schweiz – besonders in den 1930er und 1940er Jahren – bewies Guggenheim jedoch immer wieder, dass ihm sein Schweizertum viel näher und wichtiger war als sein Judentum: „Ein Schweizer Jude würde der Schweiz trotzdem dienen (wenn es Judengesetze gäbe) wie die Verbannten und Geächteten bei Morgarten"[30], schrieb der Autor in sein Tagebuch während des Zweiten Weltkrieges.

Im Leben und Schaffen von Kurt Guggenheim ist die Diskrepanz zwischen der in vielen seiner Texte auffallenden modernen Schreibweise und einer antimodernen Lebenshaltung sowie dem konservativen Weltverständnis nicht zu übersehen. Verfolgt man etwa die facettenreichen Bilder des Zürcher Menschen- und Landschaftsmosaiks in *Alles in Allem*, von Toleranz und Respekt gegenüber den in der Schweizer Großstadt verweilenden Immigranten aus Ost und West durchdrungen, literarische Bilder, die der Idee der sozialen Integration dienen sollten, so lässt sich Guggenheims sechs Jahre nach dem Abschluss der Tetralogie in dem Essay *Heimat oder Domizil* (1961) verkündetes Bekenntnis zur Schweiz und deren gesellschaftspolitischen wie wirtschaftlichen Entwicklungen als eine Rückkehr zur nationalistisch geprägten Zeit der geistigen Landesverteidigung ansehen. Der Verfasser drückt darin seine Enttäuschung über die seiner Meinung nach übermäßige wirtschaftliche und kulturelle Integration der Schweiz mit Europa aus, über „die Heere der fremden Arbeiter […], die die

---

28 Kurt Guggenheim: *Einmal nur. Tagebuchblätter 1951–1970*. Frauenfeld: Huber 1982. Bd. 2, S. 126.
29 Ebd., S. 181.
30 Kurt Guggenheim: *Tagebuchblätter 1925–1950*, Anm. 4, S. 243.

Schweiz überschwemmt haben"[31] und zu deren Überfremdung beitragen. Ähnlich der Bedrohung während der beiden Weltkriege sah Guggenheim eine neue Gefahr aufkommen:

> Es hat sich in unserem Volke etwas Seelisches verändert, beinahe möchte man sagen: etwas Charakterliches. Im Strome der Hochkonjunktur, in der großen Euphorie des Gelingens wurde manche Eigenschaft eingelullt, narkotisiert, gelähmt.[32]

Die negative Entwicklung in der Schweiz glaubte Guggenheim daher in der mangelnden Beachtung des Eigenen zugunsten des Fremden zu erkennen. Somit stand er auch der wirtschaftlichen und soziokulturellen Öffnung der Schweiz skeptisch gegenüber und rief nostalgisch die Zeit des hermetischen Ausharrens seiner Heimat in der Igelhaltung herbei: „Zeiten äußerer Gefahr haben der Eidgenossenschaft immer genützt, weil sie sie gestärkt haben. In der Abwehr waren wir einig, schöpferisch, fruchtbar."[33] Die von der Idee der Autarkie ausgehende Besinnung auf die Identität und innere Geschlossenheit der Eidgenossenschaft führte in direkter Linie zum Postulat der schweizerischen Kulturwahrung von 1938 sowie der Landesausstellung 1939, deren Aufgabe es war, unter totalem Ausschluss des Fremden die eigenen Errungenschaften zu veranschaulichen und zu loben.[34]

Neben der ökonomischen Überfremdung erkannte Guggenheim „einen komplizierteren, subtileren Vorgang, der die Schweiz bedroht [...]. Ich meine die kulturelle Aufweichung durch die Kunst – die Verfremdung"[35]. Jenes Vergehen an der Kunst erblickte der Schriftsteller in der unter fremdem Einfluss stehenden Architektur und Malerei, doch

> komplizierter und schwerer zu überblicken sind die Attentate auf die Schweiz und das schweizerische Kulturbewußtsein, die vermittels der Sprache, vermittels der uns vertrauten deutschen Sprache erfolgen – durch die Literatur.[36]

An dieser Stelle greift der Autor die schweizerischen Bühnen an als von fremder Kultur und Nihilismus in der Art von Sartre, Beckett, Genet und Brecht eroberte

---

31 Kurt Guggenheim: *Heimat oder Domizil. Die Stellung des Deutschschweizer Schriftstellers in der Gegenwart*. Zürich: Artemis 1961, S. 21.
32 Ebd., S. 23.
33 Ebd., S. 20.
34 Vgl. Urs Altermatt, Catherine Bosshart-Pfluger, Albert Tanner (Hg.): *Die Konstruktion einer Nation. Nation und Nationalisierung in der Schweiz, 18.-20. Jahrhundert*. Bd. 4. Zürich: Chronos 1998.
35 Kurt Guggenheim, Anm. 31, S. 23.
36 Ebd., S. 25.

Stätten, die keine nationalen Zentren mehr seien, von denen „Impulse des Kulturbewußtseins ausgehen"[37] würden. Unter diesen Umständen sah sich Guggenheim als Vertreter der älteren Generation in eine Lage versetzt, als sei „der Salonbolschewismus wieder aufgestanden"[38]. Die Hegemonie der nichtschweizerischen Vorbilder in eidgenössischen Theatern verurteilte er als „Rache- und Zerstörungsfeldzüge gegen die abendländische, gegen die christliche Welt"[39] sowie als „Einfalltor für die Feinde dieser nationalen Kultur, eine Bresche für das trojanische Pferd, [einen] Infektionsherd"[40]. Mit seinem kritischen Standpunkt gegenüber der Schweizer Kulturpolitik der Nachkriegszeit verschonte er keinesfalls die damals von der Kritik gefeierten Schriftsteller Frisch und Dürrenmatt. Ohne sie beim Namen zu nennen, verwies er auf seine Zeitgenossen, die „sich in der Nachbarschaft der nihilistischen Bühne einen ruhmvollen Platz errungen haben"[41] und sich „mit Entschlossenheit von der Heimat abgewendet zu haben scheinen"[42]. Mit der bereits im Titel enthaltenen These und antizipierten Anklage, die Schweizer Heimat sei für jene Nestbeschmutzer „nichts als ein bequemes Domizil"[43] mag Guggenheim auf die Worte Max Frischs hingewiesen haben, der in seinem 1960 verfassten Text *Die Schweiz ist ein Land ohne Utopie* konkludierte: „Warum ich dennoch in der Schweiz und nicht in Westdeutschland lebe? Ganz einfach darum, weil es sich hier bequem leben läßt und ich hier noch am ehesten hingehöre."[44]

Mit einer solchen Diagnose der aktuellen Kondition der europäischen wie schweizerischen Literatur konnte Kurt Guggenheim als Vorläufer jener auf die neuesten literarischen Tendenzen bezogenen Thesen gelten, mit denen Emil Staiger fünf Jahre später, 1966, den Zürcher Literaturstreit entfachte, indem er im Kontext der zeitgenössischen Texte „von Psychopaten, von gemeingefährlichen Existenzen, von Scheußlichkeiten großen Stils und ausgeklügelten Perfidien"[45] sprach. Während die Reaktion der Öffentlichkeit im Falle des berühmten

---

37 Ebd.
38 Ebd., S. 26.
39 Ebd.
40 Ebd.
41 Ebd., S. 27.
42 Ebd.
43 Ebd., S. 33.
44 Max Frisch: *Die Schweiz ist ein Land ohne Utopie*. In: Ders.: *Gesammelte Werke*. Bd. 4. Frankfurt a.M.: Suhrkamp 1998, S. 258.
45 Emil Staiger: *Literatur und Öffentlichkeit*. In: *Sprache im technischen Zeitalter*. 22 (1967), S. 90–97, hier S. 93.

Zürcher Professors Emil Staiger zum Ausmaß einer literarischen Debatte angewachsen war[46], blieb Guggenheims Essay im Schatten der triumphierenden Werke von Frisch und Dürrenmatt und wurde nur vereinzelt als eine konservative Gegenposition zu den sich abzeichnenden kritischen Tendenzen in der Schweiz wahrgenommen – etwa von Kurt Marti, dessen Essaysammlung *Die Schweiz und ihre Schriftsteller – die Schriftsteller und ihre Schweiz* (1966) zwar nicht wortwörtlich auf Guggenheims *Heimat oder Domizil* Bezug nahm, jedoch in einer klar argumentierten Opposition zu dessen Haltung stand und eine genaue Kenntnis des 1961 verfassten Textes nachwies. Es wird also in der vorliegenden Abhandlung gerade dem antimoderne Tendenzen in Guggenheims Weltanschauung aufzeigenden Essay so viel Aufmerksamkeit geschenkt, um zu belegen, dass seine konservative, gegenüber der sich in den 1960er Jahren in der Schweiz abzeichnenden literarischen Vielfalt skeptische Position den Verfasser ins literarische Abseits verdrängt haben muss; die besagte Skepsis besiegelten übrigens mit ihrer Kapitalismuskritik auch seine späten Romane *Der goldene Würfel* (1967) und *Das Zusammensetzspiel* (1977).

Aus der Variabilität kritischer Texte, die nach dem Zweiten Weltkrieg begannen, ins eidgenössische soziopolitische Leben Einzug zu halten und bis heute – je nach Dekade mit entsprechenden Akzentverschiebungen – ein aktuelles Thema aufgreifen, geht deutlich hervor, dass die kosmopolitisch gesinnten Vertreter der schweizerischen Literaturbühne und Publizistik einen offenen Dialog mit ihrem Heimatland nach wie vor zu einem das helvetische Bewusstsein prägenden Diskurs werden lassen. Bereits von Carl Spittelers *Unser Schweizer Standpunkt* (1914) inspiriert und von Karl Schmids *Engagement und Opposition* (1969) ermuntert, meldeten sich Autoren, „die aus dem apolitisch-neutralen Raum der schönen Künste ausscherten, die eine ‚Literatur der Auflehnung' der ‚Literatur der Zustimmung' vorzogen."[47]

Die aus der Perspektive der Auflehnung entstandenen Texte wie etwa *Die Schweiz ist ein Land ohne Utopie* (1960) und *Demokratie ohne Opposition* (1968) von Max Frisch, *Diskurs in der Enge* (1970) von Paul Nizon, *Schweizer Tabus, Schweizer Sünden* (1978) von Walter M. Diggelmann, *Wenn Auschwitz in der Schweiz liegt* (1997) und *Ein Land kommt sich abhanden* (1998) von Adolf Muschg, um nur einige wenige anzuführen, vermochten in der zweiten Hälfte des 20. Jahrhunderts eine neue Qualität in der Diskussion über die Schweiz herzustellen und

---

46 Vgl. Peter von Matt: *Hingerissen und erbittert*. Neue Zürcher Zeitung, 8.02.2008.
47 Klara Obermüller (Hg.): *Wir sind eigenartig, ohne Zweifel. Die kritischen Texte von Schweizer Schriftstellern über ihr Land*. München u. Wien: Nagel u. Kimche 2003, S. 8.

die Stimmen der älteren, autark denkenden Generation, zu der sich auch Kurt Guggenheim zugehörig fühlte, zu übertönen. An mehreren Stellen seiner Tagebücher betonte der Schriftsteller als Vertreter der älteren Generation „an der äußersten Grenze der alten Zeit"[48] in Opposition zu den Autoren der „neuen Zeit"[49], zu Frisch und Dürrenmatt, zu stehen und wertete dabei ‚die Alten' patriotisch auf: „Unsere Generation: die letzten Schweizer."[50]

Als eine der wenigen Ausnahmen unter den früheren Befürwortern der Besinnung auf das Schweizerische, somit auch als ein Gegenbeispiel zu Guggenheims Position, gilt der 1901 geborene Historiker und Intellektuelle Jean Rudolf von Salis, der während des Zweiten Weltkrieges zur ‚Stimme der Nation' wurde und während der Bedrohung von außen im Sinne der geistigen Landesverteidigung für die Schweizer Vernunft, Neutralität und „Stillesitzen"[51] plädierte, nach dem Krieg jedoch eine seinem Heimatland gegenüber kritische Position bezog, indem er etwa in seiner 1961 verfassten Rede *Die Schweiz im Kalten Krieg* den Zeitgenossen „antikommunistische Angstpsychose"[52] vorwarf, eine offene, europäische Schweiz postulierte und mit Rückblick auf die Vergangenheit bekennen musste: „Wir haben – und ich bin selber mitschuldig – im Zweiten Weltkrieg aus unserer Neutralität eine Ideologie gemacht."[53]

4.2. *Alles in Allem* – Das Zürcher Leben als Schweizer Leben

Zwischen 1952 und 1955 entstand Guggenheims *Opus Magnum* – das vierbändige, über Tausend Seiten umfassende Werk, das genauso detailliert die Stadt Zürich wie auch die dort nebeneinander auftretenden, nahezu 150 Figuren schildert. Für den Roman erhielt sein Verfasser 1955 den großen Kunstpreis der Stadt Zürich und erwarb sich die Anerkennung der Kritik. Diese klassifizierte den Text als Generationenroman, Epochenroman, Stadtchronik und auch als historischen Roman.[54] An der Konzeption des groß angelegten Werkes arbeitete der Schriftsteller seit seiner Jugendzeit, was sich an den Tagebuchnotizen linear verfolgen

---

48 Kurt Guggenheim, hier zit. nach Peter Kekeis, Anm. 26, S. 171.
49 Ebd.
50 Kurt Guggenheim: *Einmal nur. Tagebuchblätter 1951 – 1970*. Anm. 28, S. 251.
51 Sibylle Birrer: *Die Stimme der Nation und ihr Nachklang. Zum 100. Geburtstag von Jean Rudolf von Salis*. In: Neue Zürcher Zeitung, 12.12.2001.
52 Jean Rudolf von Salis, zit. nach Sibylle Birrer, ebd.
53 Ebd.
54 Vgl. etwa: Carl Helbling: *Kurt Guggenheim: Alles in Allem*. In: Neue Zürcher Zeitung, 05.12.1953; Gottlieb Heinrich Heer: *Alles in Allem. Zum neuen Roman von Kurt Guggenheim*. In: Neue Zürcher Zeitung, 12.12.1952.

lässt. Angefangen bei *Riedland* (1938), dem bereits erwähnten Durchbruch zum Schriftsteller nach der Entdeckung von Fabres Beobachtungsart, über *Wir waren unser vier*, einen auf das Schweizer Zeitgeschehen sowie auf menschliches Sein und Sinnen ausgerichteten Roman, den er als Vorstufe zum geplanten Großwerk betrachtete, gelangte Guggenheim nun zu *Alles in Allem*, zu seiner „schriftstellerischen Lebensaufgabe"[55], dem Zürcher Zyklus, in dem die Jahre 1900 bis 1945 in Form von epischer Chronik dargestellt wurden. Ein Anschluss an die Tetralogie und deren chronologische Fortsetzung gelang dem Autor 1973 mit dem Roman *Gerufen und nicht gerufen*, einer episch vielfältigen Geschichte Zürichs zwischen 1945 bis 1970, in der Zeit der Neuorientierung der Gesellschaft, der Schweizer Hochkonjunktur und der Atmosphäre des Kalten Krieges.

In *Alles in Allem* ist aber nicht nur Zürich wiederzufinden, sondern an vielen Stellen auch die Biographie des Autors selbst. Als sein Alter Ego ist der jüdische Junge Aaron Reiß zu erkennen, der von seiner Kindheit als sensibler Schüler über Höhen und Tiefen seiner Existenz bis zum erwachsenen Dasein als angehender Schriftsteller verfolgt wird. Eine wichtige biographische Komponente des Romans stellt die Figur von Arons jugendlicher Freundin Jacqueline Voubrasse dar, die nach dem Vorbild von Eva Hug konstruiert ist. So wie in vielen anderen seiner Romane baute Guggenheim auch hier eine zwischen Nähe und Distanz schwebende Frauengestalt auf, die als ein heimliches Liebesobjekt des Protagonisten gedacht war und auf unerfüllte Liebe, eine kurze Romanze von 1918, zurückging.

In seinem lange anvisierten Projekt *Zyklus* – so lautet in den *Tagebüchern* der Arbeitstitel von *Alles in Allem* – wollte Guggenheim die Stadt selbst zum Rang des Haupthelden erheben, als „die Ökologie der Agglomeration Zürich (die gegenseitige Beeinflussung der einzelnen Glieder einer Gesellschaft und ihre Abhängigkeit von Umweltfaktoren; der Haushalt), das Alles in Allem"[56]. Der Konzeption nach – und dies soll auch zur Hauptthese bei der vorliegenden Betrachtung der Tetralogie werden – strebte der Autor eine auf Ganzheit und „Repräsentation"[57] fußende Darstellung an, ein Panorama von

---

55 Kurt Guggenheim in einem Bericht an Franz Beidler, den Sekretär des Schweizerischen Schriftsteller-Vereins, im Juni 1951, hier zit. nach Charles Linsmayer, Anm. 14, S. 1048.
56 Kurt Guggenheim: *Einmal nur. Tagebuchblätter 1925–1950*, Anm. 4, S. 380.
57 In Kurt Guggenheims Tagebuch heißt es zur Konzeption des Werkes: „Der sogenannte Generationenkonflikt, der Vater-Komplex, die Psychoanalyse, die Sexualmoral, das Starre auch, die gestärkten Kragen und die eisernen Gartenzäune. Das unglaubliche Gewicht der Repräsentation. Die Angst vor der Armut, das Gespenst des Konkurses.

Tatsachen, Feststellungen, Begebenheiten, nicht nur aneinandergereiht, sondern sich überkreuzend, miteinander verflechtend, sich durchdringend – am Ende so etwas wie eine Richtung und eine Tendenz sichtbar, fühlbar werdend. Zum Teil Spiegel, ein Objekt der Zeit, beeinflußt die Agglomeration Zürich wieder ihrerseits die Zeit – drückt sie dem ganzen Lande ihren Impuls auf.[58]

Als ein historischer, aber auch ein Generationenroman vereint das Werk die repräsentativ gestalteten Familien- und Individualgeschichten von Zürchern, Schweizern, Deutschen, von den in der Eidgenossenschaft ansässigen wie auch den erst dort ankommenden Juden und Immigranten des Ersten und Zweiten Weltkrieges mit Zeitgeschehen zwischen 1900 und 1945 – den ersten Arbeiter- und Streikbewegungen, innenpolitischen Angelegenheiten, den beiden Kriegen und an deren Rande dem Schweizer Aktivdienst, mit jeweils aktuellen Berichten aus dem Zürcher Leben, nicht selten mit präzisen Zahlenbelegen. Die historischen Aspekte des Romans werden unterstützt durch Figuren sowohl aus der schweizerischen als auch der europäischen Geschichte und Kulturwelt: Lenin, Einstein, Hodler, Albin Zollinger, Leonhard Ragaz, die Generäle von Wille und Guisan. Mit Hilfe jener Gestalten gelingt dem Verfasser die nahtlose Verbindung der objektiven mit der subjektiven Geschichtsschilderung[59], indem das Historische als Rahmen für dichterische Freiheit dient und in diese integriert wird.

Der Zürcher Roman zeigt sich darüber hinaus als ein glaubwürdiger Spiegel der Kulturentwicklung der Stadt in der ersten Hälfte des 20. Jahrhunderts, deren architektonischer und räumlicher Wandlungen, die in ihren kleinsten wirklichkeitsgetreuen Details von fiktiven Figuren getragen werden. Der sozialen Differenzierung der Schweizer Gesellschaft entspricht die Struktur des Romans von Guggenheim. Sowohl Einzelpersonen als auch Familienkreise sind für verschiedene Gesellschaftsschichten repräsentativ, und dies trifft für Arbeiter, Handwerker, Lehrer und Akademiker, Händler, Politiker und wohlhabende Industrielle zu; all „die Gestalten des Romans haben den festen Auftrag des Dichters, ein Teilstück des Großen, das die Welt bewegt, in ihrem Mikrokosmos zu verwalten"[60]. In der soziopolitischen Konstellation werden dementsprechend sowohl links als auch rechts orientierte Figuren mit anarchistisch und revolutionär

---

Das Fahren in der zweiten Klasse. Irregeleitete Vorstellung der Sicherheit, Wohlhabenheit." Ebd., S. 373.
58 Ebd., S. 375.
59 Vgl. Alfred Hauswirth: *Kurt Guggenheim: Die Romane und autobiographischen Bücher, besonders im Hinblick auf die Entwicklung der Hauptgestalten*. Zürich: Juris Druck Verlag 1971, S. 78.
60 Carl Helbling: *Kurt Guggenheim: Alles in Allem*. In: Neue Zürcher Zeitung, 05.12.1953.

Ausgerichteten in das Stadt- und zugleich in das übergreifende Schweizbild eingefügt. Was in diesem Zusammenhang das vom Autor von Anfang an angestrebte, ausschlaggebende Profil des Buches auszumachen hat, ist eben das Prinzip der sozialen Integration, des ‚Alles in Allem', das seinen Ausdruck in einem dynamischen Ineinandergehen und Durchdringen unterschiedlicher Akteure, aber auch deren Offenheit auf Impulse von außen findet:

> der Roman evoziert Zürich als schweizerische, aber zugleich europäische Handelsstadt am Seebecken, die breiten, politischen und kulturellen Geistesströmen offensteht und immer wieder fremden Einfluss am Hergebrachten misst, versöhnt und verändert, oder ihn abstösst, wo der Prozess der assimilierenden Verwandlung misslingt.[61]

Guggenheims Darstellungsstrategie mit ihren momentanen, ständig wechselnden Bildern macht es möglich, die zahlreichen Figuren, manchmal nur vorübergehend, in allerlei Konstellationen treten zu lassen, das Fremde und das Heimische miteinander zu versöhnen. Aus der so konzipierten Erzählperspektive, aus der Sicht des auktorialen Erzählers, der „die erlebte Zeit"[62] unter die Lupe nimmt und sie in den Mittelpunkt stellt, bestätigt sich sein Bestreben, ein breites Spektrum von Menschen und Landschaften zur Geltung kommen zu lassen: „der Erzähler hat es erlebt und erfahren, wohin dies alles führte, hinein und auch wieder hinaus. Seine Botschaft: das Abenteuer einer Stadt, einer Stadt, die im Begriffe war, sich selbst zu verlieren."[63] Das konzeptuelle Vorhaben Guggenheims lässt folglich den Erzähler keine der Romangestalten zur Hauptfigur erheben, obwohl Aaron Reiß, dem Alter Ego des Verfassers, eine gegenüber anderen Personen diskret dominante Position zugeschrieben wird. Das Individuum zeigt sich hier „als Komponente der Gemeinschaft"[64], als Teil eines riesigen Körpers, denn

> kein menschliches Wesen ist ein isoliertes Geschehen. Jeder Organismus steht unter den Einflüssen seiner Umgebung; er selbst ist aber wieder ein Einflußfaktor. Die Vergesellschaftung entscheidet sowohl über die Dauer einer Existenz als auch über deren Möglichkeit überhaupt.[65]

In dieser Logik lässt sich auch die im Roman dargestellte Stadt Zürich erfassen, die als Einzelelement des eidgenössischen, föderalistischen Organismus repräsentativ,

---

61 Alfred Hauswirth, Anm. 59, S. 79 f.
62 Kurt Guggenheim: *Einmal nur. Tagebuchblätter 1951–1970*, Anm. 28, S. 7.
63 Ebd.
64 Kurt Guggenheim: *Einmal nur. Tagebuchblätter 1925–1950*, Anm. 4, S. 376.
65 Ebd., S. 380.

„beispielhaft für die Schweiz"⁶⁶, den helvetischen Geist als Teil eines Ganzen, als ‚Pars pro toto' steht. Guggenheims Figuren, soweit sie nicht als in Zürich ansässige Außenseiter und Weltbürger, wie Leon Loeb oder der Engländer Clive Lawrence Bell, konzipiert sind, bekennen sich zum Schweizertum oder befinden sich auf dem Weg zur Verschweizerung, die dann auch – wie etwa im Fall des Deutschen Gustav Wilhelm Meng – letztlich erfolgt. Auf politisch-ideologischen ‚Irrwegen' gelangen sie auch zu einer bürgerlichen Gesinnung und stellen sich in den Dienst der Gemeinschaft, denn „jeder Kanton, jede Talschaft, jedes Dorf ist eine Schweiz. So trägt auch Zürich ein Bild, sein Bild der Schweiz in sich, und seine Ereignisse, seine Massenbewegungen spiegeln im zürcherischen auch den schweizerischen Geist."⁶⁷ Es gehört zur eigentlichen Botschaft des Romans, anhand der mosaikartigen Verbindung der Einzelelemente der Zürcher Menschen- und Stadtlandschaften zu einem exemplarischen Ganzen zu gelangen, den Versuch zu unternehmen, allerlei gegensätzliche Kräfte zu integrieren, um den schweizerischen Geist als einen kosmopolitischen zu präsentieren, ein Vorbild und Teil des abendländischen Kulturkreises gelten zu lassen. Die Stadt Zürich nämlich

> liegt eingebettet in der Schweiz, in Europa. Schweizerische, europäische Ströme begegnen, mischen, scheiden sich hier […]. Die Stadt am Seebecken will uns in Guggenheims Darstellung über manche Seiten hin als Wahrerin nicht bloss schweizerischen, sondern europäischen Geisteserbes erscheinen.⁶⁸

Ähnlich nimmt sich das auf Totalität ausgerichtete Bild der Schweiz in Meinrad Inglins *Schweizerspiegel* aus, das mit Hilfe der sich in den Dienst der Gemeinschaft stellenden Figuren die Idee der eidgenössischen Vernunft und Toleranz nach außen zu vermitteln und somit den schweizerischen und europäischen Geist schlechthin zu vertreten meint.

Alles in Allem lässt sich in mancherlei Aspekten vor dem Hintergrund der geistigen Landesverteidigung betrachten. Als ein Prüfstein der schweizerischen Toleranz und Humanität ist die in den historischen Rahmen des Romans mit einbezogene Zeit 1933–1945 zu sehen, die Guggenheim aus der Perspektive eines schweizerischen Juden mit besonderer Sensibilität für Antisemitismus und Flüchtlingsschicksal erlebt. Während die Auseinandersetzung mit Judenfeindlichkeit in Zürich der ersten Jahrhunderthälfte vorwiegend an der Person des Aaron Reiß und einiger seiner Zeitgenossen aufgezeigt wird, bleiben andere, das

---

66 Klaus-Dieter Schult, Anm. 15, S. 114.
67 Alfred Hauswirth, Anm. 59, S. 95.
68 Ebd., S. 121.

Schweizer Bild in der Zeit des Nationalsozialismus beeinträchtigende Erscheinungen am Rande der literarischen Darstellung, denn

> Guggenheim schrieb unter dem unmittelbaren Eindruck von Krieg und Holocaust und stilisierte [...] die geschilderten Zustände ganz ostentativ zum Glücksfall im kriegsverwüsteten Europa. Dabei wird nicht einfach Geschichte geschönt, sondern ein Katalog von Sozialverhalten aufgestellt, welche eine Gesellschaft dazu befähigen, Nationalismus, totalitäre Ideologien und eben auch den Antisemitismus in Schach zu halten.[69]

Diese Perspektive ergibt sich aus Guggenheims Überzeugung, dass „die Schweiz, genauer: Zürich, mit Nachdruck als ein Sonderfall"[70] zu betrachten ist.

Im Rhythmus der Stadt Zürich um die Jahrhundertwende bis 1945 lässt der Erzähler mehrere Vertreter einer Generation parallel agieren, bald bei einer, bald wieder bei anderen Figuren genau zuschauend, um ein repräsentatives Panorama von Zeitgeschehen und epochalen Veränderungen aufzuzeigen, um „jegliche Äußerung ins allgemein Gültige, wenn möglich, ins Typische emporzuheben."[71] Mosaikartig werden die Bilder aneinander gereiht und wechseln von einem Zürcher Ort zum anderen, immer mit präzisen Angaben von Straßennamen, Stadtvierteln, Plätzen, Lokalen, von Limmat- oder Sihlbrücken, sodass der Leser, mit dem Zürcher Stadtplan in einer Hand und dem Roman Guggenheims in der anderen, die Stadt topographisch erkunden kann.[72] Keiner seiner Gestalten den Vorrang gebend verfolgt der Erzähler seine Absicht, bei aller Individualisierung der jeweiligen Figuren doch für die Epoche und deren Generation symptomatische Verhaltensmuster zu exponieren und – nach Fabres Vorbild – ein aus winzigen Bausteinen bestehendes, als Ganzes zu begreifendes Bild seiner Zeit darzustellen; jede Gestalt erscheint demnach „stellvertretend für eine der

---

69 Dominik Müller: *Jüdisches Leben in der Schweiz. Kurt Guggenheims ‚Alles in Allem' und Charles Lewinskys ‚Melnitz'* In: Dariusz Komorowski (Hg.): Jenseits von Frisch und Dürrenmatt. Raumgestaltung in der gegenwärtigen Schweizer Literatur. Würzburg: Königshausen & Neumann 2009, S. 198 f.
70 Ebd., S. 199.
71 Gottlieb Heinrich Heer: *Alles in Allem. Zum neuen Roman von Kurt Guggenheim.* In: Neue Zürcher Zeitung, 12.12.1952.
72 Die Vielheit der in *Alles in Allem* beschriebenen Zürcher Orte wurde den Lesern und Zuschauern auf imposante Art und Weise in der eingangs erwähnten, im Zürcher Museum Strauhof zwischen Februar und Mai 2015 veranstalteten Ausstellung Charles Linsmayers „60 Jahre Alles in Allem" vor Augen geführt, indem nahezu 150 historische Bilder Zürichs, begleitet von entsprechenden Textpassagen aus *Alles in Allem*, präsentiert wurden.

möglichen Haltungen, die es im Politischen und im Sozialen, im Öffentlichen wie im Privaten gibt."[73]

Die dem gesamten Romangeschehen den Ton angebende Generation besteht aus kurz vor der Jahrhundertwende, noch in der *Belle Époque* geborenen Figuren, deren Leben zwischen 1900 und 1945 verfolgt wird. Den verschiedensten Gesellschaftsschichten entstammend, streben die jungen Zürcher ähnliche Ziele an – sie distanzieren sich von den Normen ihrer Väter und wollen sich aus den Zwängen ihres Familiendaseins befreien. Die junge rebellische Generation sucht „von mancher Fragwürdigkeit innerlich gepackt, eigene und neue Wege aus einer Vereinzelung, die trotz aller Betriebsamkeit ein Zeichen der allgemeinen Seelenlage ist."[74] Der Jude Aaron Reiß, Sohn eines Liegenschaftenhändlers, Walter Abt, Sohn eines liberalen Zürcher Politikers, Gotthold Wettstein aus einer Handwerkerfamilie, Katharina Meng, Tochter eines deutschen, wohlhabenden Industriellen, Karl Gebhardt aus einer armen Arbeiterfamilie sowie Jacqueline Voubrasse, Tochter eines welschen Unternehmers – sie alle wollen durch ihr Handeln einen neuen Weg einschlagen, der sich wesentlich von der Laufbahn ihrer Eltern abhebt.

Kurt Guggenheim, selbst 1896 geboren, konzipierte jene Generation seiner Zeitgenossen nach dem ihm aus früheren Werken vertrauten Prinzip von Ausbruch und Einkehr. Nach eigenem Vorbild ließ er seine Figuren der Ordnung und Mentalität ihrer Väter Widerstand entgegensetzen, um sich letztlich zu dieser auf Umwegen, in der Erfahrung der Gemeinschaft zu bekennen. Bis jedoch ihre geistige Rückkehr in die Stadt und deren Gesellschaft möglich ist, werden die Jungen nicht nur von der Zürcher und Schweizer Geschichte determiniert, sondern nicht selten auch vom Weltgeschehen beeinflusst: Aaron begibt sich zur Ausbildung nach Paris, Jacqueline nach Genf, Walter Abt nach London und Boston, Gotthold Wettstein nach Berlin, Reto Arquint verlässt nach seiner Dienstverweigerung Zürich und geht nach Kanada.

Der Ausbruch des Ersten Weltkrieges versammelt die ehemaligen Schulkameraden – Aaron, Walter, Gotthold und Jacqueline – wieder in Zürich, und es wird erkennbar, wie ziel- und selbstbewusst sie handeln, wie kritisch und souverän sie die aktuelle gesellschaftspolitische Lage wahrnehmen. Die Vertreter jener Generation werden von der Geschichte der ersten Hälfte des 20. Jahrhunderts in ihrer Weltanschauung und ihrem sozialen Verhalten geformt, sie üben aber auch Einfluss auf das Zeitgeschehen aus. Sie werden etwa Zeugen der ersten Arbeiterbewegungen in Zürich, sie selbst stellen jedoch auch Fragen zu beobachteten

---

73 Carl Helbling, Anm. 60.
74 Gottlieb Heinrich Heer, Anm. 71.

Klassengegensätzen und suchen nach Lösungen für eine ‚neue Schweiz'. So wie die jungen Schweizer in Inglins *Schweizerspiegel* stehen auch Guggenheims junge Zürcher in der Zeit des Ersten Weltkrieges unter dem Einfluss des religiösen Sozialismus von Leonhard Ragaz, dessen Vortrag sie besuchen und nach eigenem Ermessen deuten:

> Bei uns, in uns müsse die Erneuerung beginnen – und jede Erneuerung sei zuerst ein Ordnen des Verhältnisses zu Gott, zum Absoluten. Das sei es, was Ragaz gemeint habe, als er sagte: Nicht darum geht es, die Wahrheit in den Dienst der Nation, sondern darum, die Nation in den Dienst der Wahrheit zu stellen. (417)

Den radikalsten Ausbruch aus ihrem Milieu unternimmt Katharina Meng, indem sie ohne das Wissen ihrer großbürgerlichen Eltern eine Beziehung mit Karl Gebhardt, dem Buchbinderlehrling und Sohn eines alkoholsüchtigen Schneiders und einer Abwartsfrau, eingeht. Auf diese Weise demonstriert Katharina ihren Willen, die am Anfang des 20. Jahrhunderts in der Schweiz herrschenden Klassengensätze zu überwinden und der Vätergeneration den Rücken zu kehren: „Man kann doch so nicht leben, sagte das Käterli. Alles an ihnen ist verlogen. [...] Ich hätte noch ein Sparheft – aber ich will nichts mitnehmen von zu Hause, nichts, was von ihnen kommt. Wir wären nicht frei."[75]

Während mit der Ehe- und Familiengründung von Katharina und Karl Gebhardt eines unter vielen anderen im Roman angeführten Beispiele für die soziale Integration vorliegt, bleibt ihr Ideal, der materialistisch geprägten Welt fernzubleiben, ein naiver, unerfüllter Traum. Karls Drang nach Ausbildung führt ihn über Maturität und Geschichtsstudium bis hin zum Lehrerberuf, ohne dass seine Familie während der langen Lehrzeit materiell gesichert werden kann, was für die beiden Eheleute eine permanente finanzielle Abhängigkeit von Katharinas Eltern bedeuten muss. In der Logik von Ausbruch und Einkehr muss die junge rebellische Frau ihre Rückkehr in die ihr verhasste Bürgerlichkeit mit Verdruss und Enttäuschung hinnehmen.

Ein Ausbruch aus dem Familiendasein gelingt auch Jacqueline Voubrasse, dem „Töchterchen aus gutem Hause" (392), nicht mehr bereit, sich in den elterlichen Willen zu fügen, „sie habe einfach genug von diesem Leben in einem Pensionat für bessere Töchter. Es lag etwas Fremdes auf ihrem Gesicht [...]. Sie wolle sich hier immatrikulieren, Medizin studieren." (392). An dieser Figur wird

---

75 Kurt Guggenheim: *Alles in Allem*. Mit einem Nachwort und Illustrationen von Hans Falk und Arnold Kübler neu herausgegeben von Charles Linsmayer, Frauenfeld: Huber 2009, S. 135. Im Folgenden werden die Zitate aus dem Roman mit Seitennummer in Klammern nach dem Zitat angegeben.

exemplarisch aufgezeigt, was für einen tiefen mentalen und sozialen Wandel die Vertreter der vor und während des Ersten Weltkrieges heranwachsenden Generation vollzogen haben. Die kritische Beobachtung ihrer sich weiterhin nach den Traditionen des 19. Jahrhunderts orientierenden Eltern, die Konfrontation mit den neuen Ideen der Gegenwart, mit Arbeiterbewegung, mit Sozialismus und Kommunismus sowie dessen immer lauter werdendem Ruf nach Revolution, die auch in der neutralen Schweiz sichtbaren Folgen des ausgebrochenen Krieges – all die Faktoren verhelfen den jungen Menschen zu einer neuen Bewusstseinsbildung und verleiten sie auf diversen Wegen zu direktem Engagement für Heimatland und Gesellschaft; sie bemühen sich, „ihrem Leben in ihrer Zeit einen neuen Sinn zu geben, und sie glauben vor allem an die Notwendigkeit der sozialen Tat"[76].

Während die junge Generation sich von neuen Ideen mitreißen lässt, sehen die Väter – wie im Fall der Familie Voubrasse – der gesellschaftlichen Transformation skeptisch und zurückhaltend entgegen:

> Das sei nun sicher auf den Umgang mit diesen emanzipierten Slawinnen zurückzuführen, diesen Revolutionärinnen, von denen sie geschrieben habe, vermutete Andrée in der Nacht, während die Ehegatten das Ereignis miteinander beredeten. Und dann natürlich dieser Krieg. Das Mädchen sei ja ganz verändert, wie abgekapselt und auf eine Art renitent. (392)

Mit ihrer Hilfeleistung für die mit Zugtransporten in die Schweiz strömenden Verwundeten des Ersten Krieges, die sie dann als Ärztin während des Zweiten Weltkrieges zusammen mit ihren Zeitgenossen fortsetzt, gehört Jacqueline Voubrasse, neben anderen Figuren, auf die hier noch hingewiesen wird, zu Guggenheims Schweiz-Konzeption, Helvetien als ein Gemeinwesen darzustellen, in dem sich das Individuum in den Dienst der Gemeinschaft zu stellen weiß. Gerade in den beiden klar umrissenen Ärztefiguren, Jacqueline Voubrasse und dem nach Fritz Brupbacher, dem Zürcher Arzt und Sozialisten gezeichneten Franz Theodor Bluntschli, einem Pazifisten, Anarchisten und Zürcher Armenarzt, wird deren soziale Mission betont. „Wie lange, Felix [...] willst du eigentlich noch Angestellter, Beamter bleiben?" (711), fragt Jacqueline ihren Ehemann, einen Chirurgen und medizinischen Forscher, der ihrem Vorhaben, eine eigene Praxis im Zürcher Arbeiterviertel zu eröffnen, kein Verständnis entgegen bringt.

> Mich interessiert der Kranke, nicht die Krankheit. Euch ehrgeizigen Forschern ist der kranke Mensch nichts als ein Untertan der Herrscherin Wissenschaft. Ich sehe es anders.

---

76 Gottlieb Heinrich Heer: *Alles in Allem. Zum III. Band des Romans von Kurt Guggenheim.* In: Neue Zürcher Zeitung, 26.11.1954.

> Für mich ist die ganze stolze Medizin nichts anderes als eine Dienerin des kranken Menschen (712),

konkludiert die junge Ärztin nach der Wahl ihres Lebenswegs, denn die von Guggenheim „zum Suchen aufgerufenen Menschen haben ja die Auseinandersetzung mit der Lebensflut zu leisten. Sie mühen sich am bedrohten Damm, haben [...] gleichzeitig am Dienst für eine Gesamtheit teilzunehmen"[77].

Viel weniger Durchsetzungsvermögen präsentiert Aaron Reiß, der sich auch unter Zwang der Vätergeneration sieht und dem seine konfessionelle Zugehörigkeit von Kindheit an zur Last wird. Aus der Perspektive eines jüdischen Mitschülers betrachtet er die ihn etwa aufgrund seiner an jüdischen Feiertagen „ungewöhnlichen Kleidung" (245) verspottenden Kameraden als „Angehörige, ja Komplizen in einer anderen Welt, aus der er, Aaron, für immer und schicksalhaft ausgeschlossen war." (245). Den Konflikt mit dem Vater verursacht dessen Wille, Aaron als Nachfolger im Familiengeschäft zum Kaufmann werden zu lassen. Humanistisch veranlagt denkt der Junge, von der sensiblen Freundin Jacqueline unterstützt, bereits in seiner Jugendzeit an ein schriftstellerisches Dasein, das als Aarons Traum wie ein roter Faden den ganzen Roman durchzieht. Er muss jedoch einen langen und leidvollen Weg passieren, bis er eine von äußeren Zwängen freie Existenz antreten kann.

Nach dem Tod seines Vaters übernimmt Aaron das Liegenschaftenunternehmen, das ihm zu Qual und Provisorium wird: „All dies konnte ja nur vorübergehend sein, gar nicht das richtige, sondern nur das provisorische Leben, dachte er fortwährend, das würde ein Ende nehmen und dann würde das andere Dasein beginnen, nach seinen Wünschen gestaltet." (652).

Den Beruf des Vermittlers als Spekulantentätigkeit betrachtend, widersetzt sich Aaron innerlich dem väterlichen Erbe, das „Gewinn ohne produktive Arbeit erzielt" (636) und keine Werte vermittelt, „sondern lediglich Zuschläge auf Werten, die in die Tasche der Vermittler flossen" (636). Auf diese Weise manifestiert er seine moralische Haltung, die einen Bürger zur Pflichtbewusstheit und Erfüllung seiner gesellschaftlichen Aufgaben motiviert. Darüber hinaus lebt Aaron als jüdischer Liegenschaftenvermittler in doppelter Spannung zwischen dem verhassten Beruf und der Belastung seiner Konfession. Die Verkündung seines Austritts aus dem bisherigen Leben erfolgt somit auch als eine Demonstration seiner benachteiligten Position als Jude:

> Ich mache nicht mehr mit, ich trete aus! Wenn euresgleichen ein Geschäft vorschlägt, so setzt man die Wohlanständigkeit voraus; uns gegenüber ist es ein Gegenteil. Wir müssen

---

[77] Carl Helbling, Anm. 60.

sie immer zuerst beweisen. Ein jüdischer Liegenschaftenvermittler! Achten Sie auf den Tonfall! Zum vorneherein: ein Parasit, ein Schmarotzer an der Gesellschaft. Ich habe es satt. (744)

Jener Schritt, der gehassten Existenz ein Ende zu setzen, markiert eine Zäsur in Aarons Leben – eine Entfesselung, die seinen künstlerischen Werdegang erst eröffnet. Nach dem Bankrott des Familienunternehmens wird er jedoch jahrelang am Rande der Zürcher Gesellschaft Einsamkeit, Elend und Hunger leiden, bis auch ihm eine Rückkehr in die Gemeinschaft vermittels der kreativen Arbeit an seinem ‚Werk' möglich wird. Zwar spürt er eine Verbindung zu seinen Altersgenossen und ehemaligen Schulkameraden, deren Wege sich immer wieder in Zürich überschneiden, mit Enttäuschung muss Aaron aber sein bisheriges privates wie berufliches Scheitern gegenüber den Erfolgen der anderen zugeben.

Im Konflikt mit der materialistisch geprägten Welt seiner Väter sucht Aaron den eigenen Weg, im Namen seiner Generation die Verantwortung für die Gestalt der Gemeinschaft zu übernehmen, an der er teilhaben will. Jene Rolle hofft er in schriftstellerischer Tätigkeit zu finden, als deren Vorbereitung die für Zeitungen verfassten Rezensionen, Reklamefilme und Übersetzungen aus dem Französischen gedacht sind. In seinem Inneren reift bereits das ‚Werk':

> Es glitt wie Versprechungen an ihm vorüber: es sei und es warte ein Ungeformtes auf die Erlösung durch Worte, es müsse über den Liebesgeschichten, über dem Streit um die Güter, über dem Aufstieg und dem Niedergang der Sippen, den Ängsten und den Hoffnungen der Leute, den Siedelungen und den Flüssen eine Beschwörung eine Formel geben, die sie alle einschließe, deute und erhöhe, nicht tragisch, nicht weinerlich und ohne Anklage, ein Ja, mit Mut in der Freude, nein, mit jubelnder Dankbarkeit ausgesprochen. (880 f.)

Als Dankbarkeit fasst Guggenheim das Leitgefühl von Aarons Generation auf, die in unruhigen Zeiten sich zu einem in Freiheit und Frieden lebenden Volk zugehörig fühlen darf. Jene Stimmung der dankbaren Vereinigung der Nation im Dienst ihrer Heimat im Sinne der geistigen Landesverteidigung wird in der 1939 in Zürich veranstalteten Landesausstellung vermittelt. Die dort zur Schau gestellte Größe, die kulturelle und wirtschaftliche Macht der Schweiz, können auch Guggenheims Figuren aus der Nähe betrachten; sowohl Aaron als auch sein Freund Walter Abt wirken beim Gestalten der Ausstellung aktiv mit. Erzählerisch gehört die lange, jene groß angelegte Zürcher Veranstaltung detailliert schildernde Passage zu den dynamischsten und buntesten des Romans und scheint als eine an den Leser gerichtete Botschaft der Zeitzeugen über die Schweizer Idylle formuliert zu sein:

Festliches und Feierliches, Jux und Betrieb, Essen und Trinken, Müdesein und immer wieder aufgestachelte Wißbegierde, Bildungsschauer und Kunsterlebnis, Stolz und wieder Müdesein, Freude am Kleinen und die Ahnung des Großen – es mischte und mengte sich in den Frauen und Männern, den Kindern, den Jünglingen, und Mädchen zu einem Wirbel jenes Erlebens, bei dem immer ein wenig die Empfindung anwesend war, es sei für die Erinnerung bestimmt, in der es erst ganz schön und gerundet wurde. (931)

Die Atmosphäre der Landesausstellung, deren Klänge in Aarons Dachzimmer dringen, wirkt sich produktiv auf seine kreative Arbeit am ‚Werk' aus und wird somit zum symbolisch zu deutenden Auslöser seiner dichterischen Tätigkeit. Explizit verweist der angehende Schriftsteller auf den engen Zusammenhang zwischen dem in ihm gedeihenden Stoff und „den Bildern […], die heute in sein Auge gedrungen waren" (934); die am Schluss des Romans von Jacqueline gelesenen ersten Sätze aus Aarons Werk, die mit den ersten Zeilen von *Alles in Allem* identisch sind, entlarven die Aaron-Figur als das Alter Ego Guggenheims und das durch den Geist der Landesausstellung 1939 inspirierte ‚Werk' als die über eine Dekade später geschriebene Zürcher Tetralogie.

Einen ähnlichen, sich auf Irr- und Umwegen zu seiner selbst und zu der Gemeinschaft vollziehenden Werdegang muss auch Aarons Schulkamerad Gotthold Wettstein durchmachen. Mit dieser, seit der frühen Schulzeit für das Deutschtum begeisterten Figur wird dem Leser vor Augen geführt, inwieweit in der deutschsprachigen Schweiz die Nähe zum deutschen Kulturkreis in der Zeit der beiden Weltkriege auch in eine Nähe zur deutschen Ideologie und Politik transformiert wird. Die Faszination für die Dichter der deutschen Klassik hatte „zur Folge, dass Gotthold anfing, seinen eigenen Lebenslauf mit literarhistorisch geschulten Blicken zu betrachten" (321). Sein Literaturstudium in Berlin weckt einen Traum von künstlerischer Existenz, die er auch nach der Rückkehr nach Zürich, immer noch von der Idee des Pangermanismus ergriffen, zu verwirklichen versucht. Er führt jedoch nur ein dürftiges Literatenleben und ist bemüht, die Vorherrschaft der deutschen Kultur, des Deutschtums schlechthin, zu exponieren und die Eigenständigkeit des Schweizerischen in Frage zu stellen. Hier jedoch stößt Gotthold auf Widerstand seines Freundes Walter Abt, der gerade den helvetischen Provinzialismus zur Quelle von dessen Größe erhebt:

Ist es dir nicht aufgefallen, dass die meisten epischen Werke, die in die Weltliteratur eingingen, Lokalgeschichten sind? Homer, Dickens, Balzac, Hamsun, Flaubert, Tolstoi, Dostojewskij, de Coster, Cervantes, Manzoni – alles Lokalgeschichten, von Flamen für Flamen, von Russen für Russen, von Franzosen für Franzosen geschrieben. Und Gotthelf, und Keller, für Zürcher, für Emmentaler gekritzelt und deshalb entdeckt und von der Welt für würdig befunden. (728 f.)

Vergleicht man diese Art Rhetorik mit Guggenheims Tagebuchnotizen sowie dem bereits besprochenen Essay *Heimat oder Domizil*, so steckt in den Gedanken Walter Abts die nahezu wortwörtliche, kritische Reflexion des Autors zu einer immer breiteren Öffnung der Schweizer Schriftsteller auf Deutschland und – nach Guggenheims Meinung – deren allzu große Orientierung an deutschen Kulturmaßstäben.

Gotthold Wettstein unterlässt es auch nicht, sich während des Ersten Weltkrieges für Deutschland zu ereifern: „Wenn eine gerechte Sache es in diesem Kriege gebe, so sei es die deutsche. Und wenn Gott auf der Seite des Rechtes stehe, so müsse Deutschland den Krieg gewinnen und es werde ihn auch gewinnen." (419). Während Walter Abt in seinem neu gegründeten Verlag sich anfangs damit begnügen muss, ein Kochbuch herauszugeben, schmiedet Gotthold Pläne, in Deutschland geisteswissenschaftliche Werke zu publizieren. Seine historische Studie *Gobineau als Vorläufer rassischen Denkens* wird jedoch von einem deutschen, nationalsozialistisch gesinnten Verleger ohne Wissen des Autors im Dritten Reich als ‚Volksausgabe' zu Propagandazwecken gefälscht und veröffentlicht. An dieser Stelle erst durchschaut Wettstein die Gefahr des Nationalsozialismus und protestiert, ungeachtet der ihm bevorstehenden Möglichkeit eines hohen Verdienstes, heftig gegen den Missbrauch. Sein Leben unterliegt einem radikalen Wandel, er heiratet eine Zürcherin und wird zum Kaufmann. Somit wird die in seiner Existenz lange dauernde „Spannung zwischen Künstlertum und Bürgertum"[78] zugunsten eines bürgerlichen Daseins aufgehoben. Jene Spannung trifft auch auf Aaron Reiß zu[79], bei ihm jedoch mündet sie in das Künstlertum, nachdem sich der angehende Schriftsteller von seiner ungewollten bürgerlichen Existenz befreit hat: „Es ist, als wäre in Gotthold Aarons inneres Gegengeschick, das Scheitern aus Mangel an Berufung, gestaltet worden – ein Versagen, das freilich Wettstein zur Versöhnung mit sich selbst führt."[80] und zu der lange angestrebten Selbstverwirklichung. So kehrt er – der verlorene Sohn – im wortwörtlichen wie im übertragenen Sinn in die Stadt Zürich zurück und stellt sich in den Dienst der Gemeinschaft.

Das Problem der sozialen Integration und Assimilation, „das Fremdsein im Eigenen, das Heimischwerden im Fremden"[81], als ein in allen vier Bänden des Romans von dem Autor konsequent verfolgter Grundgedanke und Leitfaden findet seine Widerspiegelung in allerlei Konstellationen von Begegnungen, die

---

78 Alfred Hauswirth, Anm. 59, S. 111.
79 Vgl. ebd.
80 Ebd.
81 Charles Linsmayer, Anm. 14.

in der Stadt Zürich der ersten Jahrhunderthälfte wie in einem Tiegel zustande kommen. Nicht nur den Schweizern, den dort beheimateten Zürchern gilt der genaue Blick des erzählenden Beobachters, sondern auch den gerade seit dem Anfang des vorigen Jahrhunderts in die Limmatstadt aus dem Ausland strömenden Menschen: Wissenschaftlern, Künstlern, Studenten, Juden, Geschäftsleuten und russischen Revolutionären. Unter unzähligen lokalen Bildern und Geschichten tritt in *Alles in Allem* das Kosmopolitische der Stadt deutlich hervor.[82] In dem bunten Zürcher Kulturraum prägen neben den Einheimischen und den eine feste, bürgerliche Existenz anstrebenden Zuwanderern auch allerlei Außenseiter das Stadtbild wie etwa der Zürcher Rene Hirzel und der Engländer Clive Lawrence Bell:

> Es hatte nicht ausbleiben können, daß diese beiden sich immer wieder an den stillsten Orten der Siedelung begegneten, gehörten sie doch inmitten der zielstrebigen Bewohner dieser Stadt zu jenen Randexistenzen, die sich über keine regelmäßige und nützliche Beschäftigung ausweisen konnten. (309)

Als nonkonformistisch gesinnter Maler, Dichter und Pazifist sucht Bell in Zürich ein zum allzu konventionellen England alternatives Leben und bleibt lange Jahre in einem ambivalenten Verhältnis von Nähe und Distanz gegenüber der Stadt und den Menschen. Als leidenschaftlicher Flaneur entwickelt Bell eine sich mit der Zeit immer mehr intensivierende Faszination für die Limmatstadt und deren Bewohner, mit denen er hin und wieder ins Gespräch kommt. In seiner um 1920 erfolgenden Einbürgerung durch den Stadtrat bestätigt sich der Auftrag des Romans, Zürich als eine Stadt der Integration von unterschiedlichsten Kräften darzustellen: „Er sei kein Gewinn, kein Zuwachs für die Stadt, und dennoch wollten sie es tun, in unbegreiflicher gütiger Weise, auf keinen anderen Fürspruch hin, als die anderthalb Jahrzehnte liebenden Flanierens in diesen Mauern." (446).

Ein neues Bewusstsein in sich erweckt, sieht sich Bell durch seine veränderten sozialen Umstände zur „Pflicht der Vergeltung" (447) und zum „Einfügen in die Gemeinschaft als ein nützliches Glied" (447) innerlich bewogen, wird jedoch von seinem Schicksalsgenossen, dem Zürcher idealistisch gesinnten Stadtwanderer Rene Hirzel, zurück auf den ihnen beiden vertrauten Weg des Vagabundentums gebracht:

> Wir gehören zu ihnen, aber nicht auf ihre, doch auf unsere Weise, so wie wir sind, […] es war die Stadt, die durch ihre Protokolle und Schriftsätze hindurch einen ihnen selbst unverständlichen Sinn kundgab: daß sie fremder, liebender Augen bedarf, um mit ihrem Geheimsten und Abenteuerlichsten Gestalt zu werden. (448)

---

82 Vgl. dazu Alfred Hauswirth, Anm. 59.

Das vielfältige Zürcher Mosaik komplementieren demnach neben tatkräftigen und sozial engagierten Bürgern auch jene Randexistenzen, die „immer unterwegs daheim" (448) sind, zu denen neben Bell und Hirzel auch der permanent seinen Lebensweg und -ort suchende Hausierer und Altstoffsammler August Merkli, der im Café Terrasse verweilende Dichter Albin Zollinger, der elegante Lebenskünstler Leon Loeb sowie mehrere Episodenfiguren des Romans wie etwa Emmy Hennings und Hugo Ball gehören.

Trotz familiärer wie auch geschäftlicher Bindung an die Schweiz verweigert dagegen der deutsche Ingenieur und Honorarkonsul Gustav Wilhelm Meng jahrzehntelang seine Integration mit der Eidgenossenschaft. Mit einer Schweizerin verheiratet, eine Installationsfirma in Zürich, wo er auch ansässig ist, erfolgreich betreibend, bewahrt er, dem Deutschtum treu, eine Position zwischen Heimat und Fremde. Stolz auf „die deutsche Beharrlichkeit, deutsche Erfindungskunst" (127), identifiziert er sich mit dem Deutschen Kaiserreich in guten wie in schlechten Zeiten, so etwa auch während des Ersten Weltkrieges:

> Den englischen Rasen in seinem Garten hatte er umstechen und die Fläche mit Kartoffeln bepflanzen lassen. Er wollte es nicht besser haben als seine Landsleute draußen im Reich, die unter Entbehrungen und Gefahren heldenhaft und treu einen Kampf um Leben und Tod bestanden. (436)

Seine Opferbereitschaft äußert sich zu jener Zeit auch in einer Investition in deutsche Kriegsanleihen, bei denen er nahezu eine Million verliert. Auch eine Bewunderung für die Ideologie Hitlers lässt sich anfangs bei Meng vernehmen:

> Ich habe *ihn* [Hervorhebung im Original – EM] reden gehört, in Stuttgart, in einer Versammlung, vor sechzigtausend Menschen, Herr Voubrasse! [...] Ich sage Ihnen, da weht ein neuer Ton. Die ganze Schwerindustrie steht hinter dem Mann. Das Ende der sozialistischen Ära ist da! Das Ende der Schmach! (759)

An dieser Stelle erfolgt eine in seinem Leben symbolisch zu deutende Zäsur – Gustav Meng wird von einem Schlaganfall getroffen. Dies scheint auch ein Wendepunkt in seinem Verhältnis zu der Wahlheimat zu sein, es beginnt in ihm nun eine allmähliche Annäherung an das Schweizerische. Die fünfundzwanzig Kilometer lange Entfernung von Zürich bis zur Reichsgrenze hatte er als ein vor vielen Jahren in die Stadt gekommener junger deutscher Ingenieur als nur geographische Grenze wahrgenommen, „die Jahrzehnte hatten es ihn gelehrt, daß dieser Raum eine fünfundzwanzig Kilometer dicke Mauer war, nicht aus Stein allerdings, aber aus einem Material anderen Ursprungs und nicht mit Kanonen zu durchlöchern." (795).

Erst im Alter bekennt sich Gustav Meng zum Schweizertum, wird eingebürgert und lässt die Vergangenheit mit Bedauern Revue passieren. Er bereut es, in Zürich „ein Inseldasein geführt" (993) zu haben und bekennt mit Schuldgefühlen, in seiner Existenz dazwischen weder dem Deutschen Reich noch der Schweiz einen fruchtbaren Dienst geleistet zu haben:

> Dieses in diesem Lande, wo er sein Auskommen gefunden, zu Wohlstand gelangt, eine Familie gegründet hatte und Großvater geworden war, künstlich hochgehaltene Gefühl, hatte ihn vom eigentlichen Leben mit diesen Menschen ausgeschlossen. (993)

Gemäß der Botschaft des Romans, anhand des Kleinen das allgemeingültige Große, ein schweizerisches Totalitätsbild, auszumalen, werden die in ihrem individuell gestalteten Mikrokosmos agierenden Figuren durch ihre Integration mit der Stadt in den helvetischen Makrokosmos eingefügt. Die mit der Konzeption der geistigen Landesverteidigung einhergehende Absicht des Dichters ist es auch, und dies wurde bereits an den Lebenswegen etwa von Gotthold Wettstein, Jacqueline Voubrasse und Wilhelm Gustav Meng nachgewiesen, die im Zürcher Milieu nach ihrem eigenen Ort Suchenden in die bürgerliche Mitte zu führen. In dieser Logik wird den anfangs in all ihren radikalen Positionen verharrenden Figuren ein maßvolles, am Wohl der Gemeinschaft orientiertes Dasein als die geltende und zu erfüllende gesellschaftliche Norm aufgezeigt. Guggenheim gelingt es jedoch, durch feine Schattierungen der psychologisch differenziert ausgearbeiteten Gestalten ein buntes und vielfältiges Figurenensamble zu skizzieren, in dem ein jedes Element seine scharfen individuellen Züge beibehalten kann.

So wird auch dem Schriftsteller möglich, den zum Anarchismus wie Sozialismus neigenden Zürcher Armenarzt Franz Theodor Bluntschli in seiner Vielschichtigkeit zu zeichnen. Anhand der am komplexesten dargestellten Figur des Romans kann der Leser auch die politischen und sozialen Veränderungen in der Schweiz der ersten Jahrzehnte des 20. Jahrhunderts mitverfolgen. Von den Staatsbehörden als ein radikaler, die Mechanismen der Schweizer Demokratie gefährdender Kämpfer um Arbeiterrechte angesehen, erscheint der junge Arzt in den Augen seiner Ehefrau, der russischen Revolutionärin Lydia Stepanowa, dagegen als ein von der harten Realität unterdrückter Menschen fern lebendes „Kücken aus den weißblauen Ostereiern dieser Stadt" (23), weil er anfangs kaum an die große von Lenin und Plechanow vermittelte Idee der Revolution glaubt, sondern jene als „etwas Starres, ein Schema" (22), was nichts „mit lebendigen Menschen zu tun hat" (22), ablehnt. Den Institutionen der eigenen Heimat misstrauend, unterstützt Bluntschli aktiv die Zürcher Arbeiterbewegung, indem er etwa seine Patienten, arme und überarbeitete Proletarier einerseits auf die mangelnde Wirkungskraft der Gewerkschaftsvertreter hinweist, sie seien nämlich „so bürgerlich wie die andern mit ihrem fixen Salär aus den Beiträgen der Arbeiter! Sesselhocker sind das, aber keine klassenbewußten Sozial-Revolutionäre" (105).

Andererseits ruft er sie zum aktiven Protest gegen die kapitalistischen Arbeitgeber und Machthaber auf:

> Worum es geht, ist vorläufig einfach das: ihnen, euch selbst und der ganzen Welt zu zeigen, daß ohne euch die Maschinen nichts anderes sind als ein Haufen Schrott. [...] Und das könnt ihr nicht anders beweisen, als daß ihr sie anhaltet, stillsetzt und so lange mit verschränkten Armen dabeisteht, bis die Kapitalisten einsehen, daß sie euch gehören, weil ihr ja die einzigen seid, die damit etwas anfangen, etwas hervorbringen könnt. (105 f.)

Während der ersten Streikbewegungen in Zürich 1912 wird der Arzt als Verfasser von revolutionären Broschüren entlarvt und verhaftet. In einem Gespräch zwischen Bluntschli und dem Richter Hofer versucht Guggenheim neben der Konstellation der sich damals in der Schweizer Politik und Gesellschaft konträr aneinander reibenden Kräfte auch die eigentliche Stärke der Demokratie zu zeichnen. Die gegenüber dem Staatsbeamten klar formulierte Haltung des Revolutionären („Sie wissen, daß ich den ganzen Rechtsapparat hinter Ihnen nicht anerkenne, dass ich Sie als Vertreter einer Ordnung ansehe, die zu stürzen mein ganzer Wille ist", 108), verleitet den Richter zu einer Diskussion mit einem seiner jüngeren Fachkollegen über die Grenzen der Demokratie. Wenn der andere auf eine Verschärfung des Strafgesetzes als Lösung für die Bekämpfung der in der Schweiz bisher unbekannten, mit der Arbeiterbewegung neu aufkommenden Delikte einerseits, jedoch auf eine dadurch zu befürchtende Einschränkung der Demokratie andererseits verweist, verlässt sich Hofer auf das Prinzip der eidgenössischen Toleranz und Humanität, sieht daher jeglichen Eingriff in das bestehende Gesetz dem Volk gegenüber als „Bedrohung seiner Souveränität, einen Schritt in der Richtung nach der Diktatur." (109). Hofers Worte gelten in diesem Zusammenhang als eine dem Bürger vom Staat vermittelte Botschaft, die sich auch der Roman schlechthin zu eigen macht:

> Die Toleranz ist nicht ein passives Gewährenlassen, sie verkörpert den aktiven Glauben an die Weisheit und die Gesundheit der geographischen Gemeinschaft. Und das ist eine viel bessere Abwehr als ein erweiterter Katalog der Delikte. (109)

Resigniert betrachtet der Arzt Bluntschli den Beginn des Ersten Weltkrieges auch als Ohnmacht internationaler politischer Organisationen, engagiert sich weiterhin für die Rechte des Proletariats, bleibt jedoch auch nicht unkritisch gegenüber Linksradikalen in seinem Milieu. Am Vortag des Generalstreiks ruft er wiederum das arbeitende Volk zur Revolution gegen das Bürgertum auf, dieses sei nämlich „mürbe, bereit zum Umfallen, von seinem eigenen schlechten Gewissen, von seinem Schuldgefühl gegenüber dem Proletariat unterhöhlt" (478). Dabei betont er, dass die von Lenin und Trotzki angeführte russische Revolution von den beiden in Zürich vorbereitet wurde: „Das kleine Zimmer an der Spiegelgasse habe die Bedeutung einer weltgeschichtlichen Keimzelle." (479). Mit der Zeit setzt sich Bluntschli auch mit den Revolutionsideen der Kommunisten auseinander, indem er deren Kampfformen in Frage stellt und sich dem Syndikalismus zuwendet, dem er als Anarchist näher zu sein glaubt. Aus der kommunistischen Partei ausgeschlossen unterlässt er es nicht, die Menschen weiterhin auf die soziale Ungerechtigkeit aufmerksam zu machen. Mit dem fortschreitenden Alter tritt bei dem Arzt seine Kampflust zugunsten einer schlichten Hilfsbereitschaft zurück, er muss einsehen, dass die Machtausübung und Gewalt in jeder Form zu vergleichbaren Folgen führt:

> Aber das ist nicht nur eine bürgerliche Gepflogenheit – die Kommunisten treiben den genau gleichen Zauber – die Tabus und Totempfähle heißen dort einfach Marx und Lenin und Stalin. (869)

Mit der Komplexität ihres Charakters fügt sich die Gestalt Bluntschlis – trotz ihres ideologischen Profils und Standpunkts innerhalb der erzählten Zeit des Romans, als man dem Kommunismus in gleichem Maße wie dem Faschismus Einzug ins Land zu versperren bemüht war – doch in den Rahmen der im Werk vermittelten Idee der geistigen Landesverteidigung ein. Als Kommunist und Atheist beweist er, wie etwa in Zusammenarbeit mit dem katholischen Pfarrer Hausherr, in dessen Hände er einen hilfsbedürftigen Jungen übergibt, immer wieder eine als in der abendländischen Kultur christlich zu wertende Nächstenliebe und Humanität. Ähnlich wie seine Fachkollegin Jacqueline Voubrasse sieht er als Arzt im Dienst des Menschenwohls und nicht allein der Medizin seine Lebensaufgabe. Durch seine soziale Tat und allmähliche Entfernung von radikalen Ideen zugunsten einer versöhnlichen Haltung gegenüber den Mitbürgern und der Schweiz bewegt sich der Armenarzt Bluntschli immer mehr in Richtung der maßvollen bürgerlichen Mitte. Als er zusammen mit anderen Zürchern unmittelbar nach dem Ende des Zweiten Weltkrieges Verwundete und KZ-Opfer aus Kriegsgebieten empfängt, zeigt sich an Stelle des früheren Kämpfers und Ideologen ein am Humanen und Vernünftigen orientierter Mensch. So wie Zürich die germanophilen Gotthold Wettstein, Wilhelm Gustav Meng oder den Außenseiter Bell aufnimmt, so lässt sich auch der Anarchist Bluntschli in die Gemeinschaft der Stadt integrieren, ohne dabei die alten Ideale aufgeben zu müssen:

> Er war mit den Jahren ein richtiger Spaziergänger geworden, immer noch hochgewachsen, schlank; doch war das Herausfordernde aus seinen Gesichtszügen verschwunden. […] Zwar gehörte er der Kommunistischen Partei schon längst nicht mehr an, und er hielt sich darauf etwas zugute. Er war Revolutionär geblieben, in Permanenz, und den nationalen Zauber der Russen machte er nicht mit. (980)

Guggenheims zentrales Problem der sozialen Integration wird neben den vielfältigen, hier nur ansatzweise umrissenen individuellen Schicksalen, auf eine besondere Art und Weise auf die jüdische Gemeinschaft in Zürich fokussiert. Vor dem Hintergrund des detailliert geschilderten jüdischen Lebens in der Stadt lässt der Verfasser einen für die Schweizer Israeliten wichtigen Abschnitt ihrer Geschichte in den Roman einfließen. Bis 1866, als den in der Schweiz ansässigen Juden die Niederlassungsfreiheit und volle Ausübung der Bürgerrechte im ganzen Staat zuerkannt wurden, durften sie sich nur in den zwei Dörfern Endingen und Lengnau im Kanton Aargau ansiedeln. Kurz davor, 1862, wurde jenes Freiheitsrecht im Kanton Zürich verabschiedet.[83] Demnach gehören die in Guggenheims Zürich der Jahrhundertwende lebenden und bereits in allerlei Berufen tätigen Juden zu einem neuen Landschaftsbild. Den in der Schweiz länger sesshaften Westjuden, die aus den beiden Judendörfern ab 1866 vor allem in die Städte gezogen sind, stellt der Schriftsteller die um 1890 aus dem zaristischen Russland[84], somit auch aus dem damals geteilten Polen, in die Schweiz strömenden, verarmten Ostjuden gegenüber.

So wie Guggenheim selbst[85] stammt sein Alter Ego Aaron Reiß aus einer westjüdischen Familie, die aus dem Aargau nach Zürich gezogen ist. Während jedoch Aarons Eltern nur im Hintergrund des Erzählten zu vernehmen und als offenbar nicht regelmäßig praktizierende Juden zu erkennen sind, ist sein Großonkel und Ahnherr Abraham Rottweiler noch symbolisch als Hüter der alten jüdischen Tradition aufzufassen. An seinem Werdegang nämlich wird die neueste Geschichte der Westjuden in der Schweiz aufgezeigt: In einem der ersten Kapitel des Romans, als würde der Erzähler die wichtige Grundlage der schweizerischen Judenexistenz vorwegnehmen wollen, erscheint Rottweiler in seinem Zürcher Quartier nahe Bahnhofsplatz als ein Liegenschaftenagent, der in der Stadt „zu einem weitverzweigten Grundbesitz gekommen war" (19). Er verspürt jedoch keine emotionale Bindung an die Stadt und auch kaum an das Land, ist zufrieden,

---

83 Vgl. dazu etwa Anette Brunschwig, Ruth Heinrichs, Karin Huser: *Geschichte der Juden im Kanton Zürich. Von den Anfängen bis in heutige Zeit.* Zürich: Orell Füssli 2005.
84 Vgl. Doris Angst, Ralph Weingarten, Willy Guggenheim: *Juden in der Schweiz. Glaube, Geschichte, Gegenwart.* Küsnacht, Zürich: Edition Kürz 1982, S. 58 f.
85 Kurt Guggenheim stammte aus einer alten elsässischen jüdischen Familie, die sich im 18. Jh. in Aargau niedergelassen hatte. Während noch der Vorfahre mütterlicherseits, Abraham Ris, ein bekannter Rabbiner von Endingen und Lengnau war, lebte Guggenheims Vater fern von der jüdischen Tradition und Religion. Vgl. dazu Peter Keckeis, Anm. 26, S. 160.

„daß keine Wurzel seines Wesens von diesem Boden genährt wurde" (19). Der Schweizer Boden, das Stück Land, auf dem er wohnt, hat nämlich für ihn als einen Grundstück- und Immobilienhändler nur einen Geschäftswert, weil ihm als Juden in der Schweiz ein Heimatgefühl bisher immer verwehrt war. Abrahams tiefgehende Reflexion über seine Vergangenheit und Gegenwart wird zur Quintessenz des jüdischen Schicksals in der Eidgenossenschaft und zur Stimme der Vätergeneration Guggenheims:

> Denn hinten im Geheimnis seines Bewußtseins, war die Welt, in der er sich seit seiner Kindheit bewegte, feindlich und gebot ein Verhalten der Schweigsamkeit, des Argwohns und der List. Wohl hatte sich in diesem Lande vor einigen fünfzig Jahren die bloße Duldung der Israeliten in ein Gesetz verwandelt, das ihnen Freizügigkeit, Gewerbefreiheit und Bürgerrecht gewährleistete; wohl war in diesem Zeitraum aus dem schmächtigen Handelsmann Rottweiler, der mit seinem Hausiererkorb von Lengnau über den Berg nach Baden hinab wanderte, dort den Zug nach Zürich bestieg, und in dieser Stadt seinem mühsamen und verachteten Gewerbe nachging, ein ansässiger Liegenschaftenvermittler geworden, ein Sensal, wie man sagte. Aber dies war Oberfläche, Traum beinahe. In der Tiefe brodelten noch immer die Gefühle der Kränkung, der Angst, des Hochmuts, der Auserwähltheit und der Verachtung der Andersgläubigen – das Gepäck auf der ruhelosen Wanderung in der Zerstreuung über die Erde. (20)

Unter Beachtung strenger Religionsgebote einerseits und harter Geschäftsregeln andererseits führt Rottweiler inmitten der Stadt und deren Bürger über lange Jahre ein einsames Dasein, ohne jegliche Integration in die Gemeinschaft anzustreben. Seine religiöse Gesinnung und die Weisheit des Alters verleiten ihn jedoch mit der Zeit zum Nachdenken über den Sinn der menschlichen Existenz: „Was wir besitzen, es ist uns nur geliehen von Gott" (522), und er erkennt, zu einem Lebensfazit geneigt, dass ihm die Stadt Zürich in den vielen unruhigen Jahrzehnten ein Stabilität und Sicherheit gewährendes Dasein bietet:

> Daß er noch dasitzen durfte und von den Silhouetten dieser Stadt umgeben war, in der Mitte einer menschlichen Siedelung, die ihn hinübergetragen hatte, unversehrt, durch diese Zeit der Kriege, mit jungen Soldaten, die auch ihn, sein Leben und Gut beschützten – es gab ihm in der Späte seines Daseins eine Empfindung der Verbundenheit. (522)

Mit tief in ihm verwurzelten Vorurteilen gegenüber der judenfeindlichen Schweiz aus der Aargauer Zeit auf seiner ‚Judenwanderung' in Zürich ansässig geworden, sieht sich Abraham Rottweiler erst im Alter ‚heimisch in der Fremde' – mit seiner Umgebung versöhnt und als Teil der Gemeinschaft zu einer Genugtuung verpflichtet. Sein Vermögen „wollte [er] nach seinem Tod nicht der Sippe hinterlassen, sondern der größeren Gemeinschaft, die sie umschloß. Die ‚Abraham-Rottweiler-Stiftung für blinde Bürger der Stadt' sollte für die Dankbarkeit seiner Augen zeugen." (523). Der religiöse und nach jüdischen Traditionen streng lebende, lange

Zeit in die Schweizer Gesellschaft nicht integrierbare Sensal Rottweiler stellt unter den übrigen Westjuden Zürichs eine Ausnahme dar. Schweizer Juden nämlich, die nicht nur aus dem Aargau, sondern auch aus dem Elsass, dem Vorarlberg und aus Südbaden in der Zeit der steigenden Industrialisierung in die Städte strömten[86], haben sich zum großen Teil schnell säkularisiert und assimiliert, sodass die in der Schweiz neu ankommenden Ostjuden mit ihrer anderen ostjiddischen Sprache und nach alter Tradition gepflegten Religiosität auf Unverständnis und Ablehnung stießen. So muss auch der nach voller Assimilation strebende Aaron zugeben,

> daß er und die Kreise, aus denen er stammte, die Berührung mit diesen Glaubensgenossen mieden und daß der Ausspruch, das seien ‚Polnische', den sein Vater und andere aus dem Aargau stammende Israeliten gebrauchten, einen verächtlichen Beiklang erhielt. (280)

Aus der Perspektive der Ostjuden dagegen wurden die Assimilierten verurteilt als Juden, „die Herkommen und Mission ihres Volkes vergessen hätten und aufgehen wollten in der Masse der Andersgläubigen" (280). Aus dem slawischen Kulturkreis Galiziens gekommen, der Armut und Unterdrückung des Zaren entflohen, bringt die nach Zürich gezogene ostjüdische Familie Gidionovics den festen Willen mit, die wirtschaftlichen Möglichkeiten der sich nach 1900 intensiv entwickelnden Schweiz in Anspruch zu nehmen. Mit Hilfe eines Handwerkerkredits eine Schürzenmanufaktur gegründet, erarbeitet sich Leib Gidionovics und dessen Familie mit großem Fleiß die Anerkennung der Zürcher Kundschaft, sodass er in den Vorstand des Zürcher Manufakturistenverbandes gewählt wird. Leibs Wille ist es, ein vollwertiges Mitglied der Schweizer Gemeinschaft zu werden und nach diesem Vorsatz baut er konsequent sein Zürcher Dasein auf. Wider alle Vorurteile den Ostjuden gegenüber gelingt es dem polnischen Juden, sich in die schweizerische Gesellschaft zu integrieren, weil er nach den Grundsätzen „der Solidität, der Steuerwahrheit, des marktmäßigen Gewinns, der ortsüblichen Arbeitszeit und Entlöhnung, der Sparsamkeit und der Verpönung jeden Luxus'" (649) zu handeln weiß. Die Zürcher Integration der Gidionovics' erweist sich als mehrdimensional, wenn ihr Sohn Isidor die Enkeltochter des deutschen Unternehmers Wilhelm Gustav Meng heiratet und damit beweist, dass er in einem freien Land souverän lebt und agiert: „Heute abend noch, dachte er, will ich es Vera sagen, wir werden heiraten, ich werde mit ihr zu den Eltern gehen. Wir sind ja frei, frei. Geliebtes Land! Geliebte Stadt!" (939 f.).

Im Gegensatz zu Charles Lewinskys Roman *Melnitz*, der die jüdische Gemeinschaft Lengnaus und Zürichs von innen als eine aufgrund ihrer strengen Religiosität und des schweizerischen Antisemitismus nicht assimilierbare, in

---

86 Vgl. Doris Angst, Ralph Weingarten, Willy Guggenheim, Anm. 84, S. 58 f.

sich verschlossene Diaspora präsentiert, entwirft Guggenheim in *Alles in Allem* ein mit der Stadt fest verwachsenes jüdisches Panorama, in dem etwa Eheschließungen zwischen jüdischen und nichtjüdischen Bürgern gesellschaftlich sanktioniert werden. In dem vom Deutschtum geprägten großbürgerlichen Haus Mengs führt weder die Heirat seiner Tochter mit dem armen Buchbinderlehrling Karl Gebhardt noch diejenige seiner Enkelin mit dem Sohn von eingewanderten Ostjuden zu Entfaltung sozialer Konflikte, sie erscheinen vielmehr als „ein Zeichen der befreiten und selbständig gewordenen Jugend [...], als eine Zeitentwicklung urbaner Verhältnisse, als die Schicksalsmacht der Liebe" (949).

In der Zusammenführung „zweier so grundverschiedener Sippen" (950) bekräftigt Guggenheim seine dem Roman zugeschriebene These von der Stadt Zürich als Ort der Vernunft und Toleranz der sich hier zusammenfindenden unterschiedlichsten Kräfte:

> Ob ein Mann von hoch oben, von der Wasserkante her, ob er vom Osten komme, ob er bescheidenen Handwerkerkreisen entstamme, wessen Standes, wessen sozialer Klasse, wessen Glaubens er auch sei, die Zeit, die er in dieser Siedelung zugebracht, die Luft, die er hier atmete, allmählich, ohne dass er selbst es merkte, erwiesen sich stärker, kräftiger, bedeutsamer als sein Herkommen. (950)

Während Inglins *Schweizerspiegel* die Gestalt von Barbara Ammann, die der ganzen Familie und der Gemeinschaft als moralisch starke, hütende, liebende Mutter gilt, zur Mutter Helvetia schlechthin erhebt, übergibt *Alles in Allem* diese Funktion der Stadt Zürich. Als „die große Mutter" (951), bei der die Bürger „auf Gedeih und Verderb" (951) miteinander verbunden sind, manifestiert sich Zürich bei Guggenheim, auf den uralten literarischen Topos verweisend, symbolisch als Beschützerin, Nährmutter und Lebensspenderin.

Nichtsdestotrotz enthüllt das jüdische Bild Zürichs auch seine Schattenseiten. Für Ruben Gidionovics, der seinem Bruder Leib aus Polen nachkommt, wird Zürich – wie auch die Schweiz überhaupt – nur eine weitere Station auf seiner schicksalhaften Wanderung. Als Gegenfigur zu der seines Bruders gezeichnet, verschließt sich Ruben der Integration und somit auch der Stadt, indem er es verweigert, am Aufbau der Gemeinschaft teilzunehmen. Einen schnellen Gewinn „frech und übermütig" (172), unter Missachtung von Geschäftsregeln und menschlicher Grundwerte anstrebend, bringt es Ruben in Zürich zu keinem Erfolg und wird vom Gefühl des Fremdseins begleitet. Nach der Lektüre der nationalistischen Zeitung „Front", in der „Ausmerzung der Juden aus dem kulturellen, wirtschaftlichen und politischen Leben der Schweiz" (891) verlangt wird, beschließt er, angesichts der herannahenden Hitler-Diktatur, nach Amerika auszuwandern. In dem Abschiedsgespräch der beiden Brüder begegnen einander zwei grundverschiedene subjektive Schweizbilder: Aus der Perspektive des misstrauischen, von Angst vor dem Nationalsozialismus ergriffenen Ruben sind die Schweizer „Fremde, Feinde, Judenfeinde" (896), der integrierte Leib dagegen vermittelt eine versöhnliche Sicht und steht den ihn aufnehmenden Schweizern bei:

> Sie stehen zusammen, sie machen sich bereit. [...] Sie wollen sich wehren, sich verteidigen, ihre Freiheit, und ihre Freiheit ist auch die Freiheit der Juden. Und das ist das wenigste, daß wir ihnen dabei helfen – und sei es nur aus Dankbarkeit. Wir sind doch keine Parasiten, die sich vollsaugen und dann abfallen, wenn der Leib, der uns genährt hat, selber bedroht wird. (897)

Mit Leibs Stimme lässt Guggenheim seine eigene Haltung unverhohlen zu Wort kommen – die in den Tagebüchern mehrmals geäußerte Dankbarkeit, als Jude in der demokratischen und neutralen Schweiz in den stürmischen Zeiten der nationalsozialistischen Bedrohung eine Beschützung gefunden zu haben.[87] Auch sein Dienst für die Schweizer Armee während der beiden Kriege sei – wie dies die Tagebucheintragungen belegen – ein Ausdruck jenes Standpunkts gewesen.

„Das unglaubliche Gewicht der Repräsentation"[88] bringt Kurt Guggenheim zur Geltung, wenn er mit Genauigkeit filmischer Montagearbeit die Zeitgeschichte Zürichs und der Schweiz der ersten fünf Dekaden des 20. Jahrhunderts zu einer Chronik aufbaut. Die politische Geschichte der Limmatstadt und insbesondere die anwachsenden und wieder nachlassenden Reibungen zwischen Liberalen und Sozialdemokraten werden an den beiden Figuren, an Walter Abt, dem freisinnigen Zürcher Politiker und Mitglied des Stadtrats sowie an Heinrich Angst, dem sozialdemokratischen Gewerkschaftssekretär, bildhaft geschildert und durch Begleitung authentischer Gestalten wie etwa der Stadtpräsidenten Hans Konrad Pestalozzi, Robert Billeter und Emil Klöti, der Generäle Ulrich Wille und Henri Guisan, als ein lebendiges Panorama des Zeitgeschehens ausgemalt. Rege, im Stadthaus geführte Diskussionen zu aktuellen Zürcher, Schweizer und europäischen Problemen erschließen den konsequenten Prozess der helvetischen Gestaltung und Erhaltung von Demokratie, der einerseits in Überwindung innerer Spannungen besteht, andererseits angesichts der äußeren Bedrohung außerordentliche strategische Maßnahmen erfordert. So lassen sich im Stadthaus bereits kurz nach der Jahrhundertwende vor „Überfremdung" (92) und „Verdeutschung" (92) warnende Stimmen vernehmen – wie etwa die von Walter Abt, der als Liberaler die in der

---

87 Vgl. Zitat mit der Anm. 30.
88 Kurt Guggenheim: *Einmal nur. Tagebuchblätter 1925–1950*, Anm. 4, S. 373.

Stadt immer stärker werdende Sozialdemokratie „made in Germany" (92) als eine Gefährdung der bisherigen Ordnung ansieht:

> Die führenden Männer sind Deutsche oder ehemalige Deutsche. Sie übernehmen alles von draußen. Aus dem deutschen Kulturkampf haben sie ihre Abneigung gegen die Religion übernommen, aus ihrem Haß gegen den preußischen Militarismus lehnen sie die Kredite für den freiwilligen Vorunterricht ab und gründen bei uns, in der Schweiz, eine antimilitaristische Liga. (92)

Auf der anderen Seite zeichnet sich die Zürcher Sozialdemokratie im offiziellen politischen Diskurs als souveräne Kraft immer deutlicher ab und setzt sich für die Arbeiterrechte in der sich industrialisierenden Stadt ein. Auf der Handlungsebene des Romans vertritt der Gewerkschaftsführer Angst die Interessen des Arbeitervolks und erkämpft zuerst beim Präsidenten Pestalozzi für seine Genossen etwa das Recht, „in einem geschlossenen und disziplinierten Umzug durch die Stadt spazieren und das welthistorische Ereignis der russischen Revolution feiern zu dürfen. Ob es der Regierung passt oder nicht." (102). Seitens der Staatsbeamten hält jedoch eine Skepsis gegenüber den Linken an, denen Pläne des Umsturzes und der Revolution nach russischem Vorbild zur Last gelegt werden.

Vor dem Hintergrund der scharfen Auseinandersetzungen zwischen den politischen Gegnern Angst und Abt entfaltet sich ein in linke und liberale Tendenzen stark polarisiertes, politisches Bild Zürichs der ersten Dekaden des 20. Jahrhunderts, eine Stadt- und Schweizvision, die in die Vereinigung der beiden gegensätzlichen Ideen im demokratischen Nebeneinander mündet. Die Ursachen der soziopolitischen Transformationen glaubt jeder der beiden Gegner jedoch in diversen Entwicklungen zu erkennen. Während der freisinnige Abt „für die Stadt nur eine wirkliche Gefahr: Germania" (640) diagnostiziert, die neben russischen Einflüssen in Zürich als Zeitströmung Einzug hält, entlarvt der zukunftsorientierte Angst die auf alte Traditionen pochenden politischen Thesen der Liberalen als erstarrt und unzeitgemäß:

> Diese historische Niederlage des Freisinns, dieser Übergang der Stadt von der bürgerlichen zur sozialistischen Macht, das ist nicht rote Propaganda, nicht rote Taktik, das ist der Entscheid eines freien Volkes, einer Masse von neunzigtausend stimmberechtigten Männern, die mit untrüglichem Instinkt herausgefunden haben, daß ihr selbst nicht wißt, was Ihr wollt, daß Ihr nichts mehr zu sagen, nichts mehr zu bieten habt. Bewahren, konservieren, das genügt eben nicht mehr, ein Gemeinwesen zu erhalten und zu beschützen. Die Größe dieser Stadt ist nicht das Sein, sondern das Werden! (641)

Im Sinne des Friedensaufrufs Carl Spittelers beweisen auch die Stadtverwalter Zürichs, dass ihnen vor dem Hintergrund der sich verschärfenden internationalen Beziehungen das Wohl der Gemeinschaft wichtiger ist als alle politischen und sozialen Spannungen. So wie in *Schweizerspiegel* die Appelle um die innerschweizerische Versöhnung und Einheit aus dem Parlament dringen, dessen Vertreter Alfred Ammann ist, so versammeln sich in *Alles in Allem* die Stadtführer unter dem Präsidenten Billeter, um es als Aufgabe zu begreifen, „daß sich das Gemeinwesen möglichst reibungslos in das große Ganze einfüge oder, um nun konkret zu werden, die wirtschaftlichen und militärischen Maßnahmen des Bundes in Ruhe und Ordnung in seinem Bannkreis ausführe." (358 f.).

Sein Vertrauen in ein überparteiliches Zusammenwirken der Politiker und Bürger für die Stadt Zürich äußert Walter Abt auch während der Stadtratssitzung vor der Eröffnung der Landesausstellung 1939, einer für die Schweiz strategischen Veranstaltung am Vortag des Ausbruchs des Zweiten Weltkrieges, die den Zusammenschluss des Volkes und den autarken, starken Staat präsentieren sollte. Dem ersten sozialdemokratischen Stadtpräsidenten Emil Klöti bringt der liberale Abt trotz politischer Differenzen genauso viel Anerkennung wie seinen Vorgängern entgegen, denn „kaum gewählt, beginnt der Geist der Stadt sie zu formen und zu modeln, aus Kämpfern werden Verwalter, aus Umstürzlern Stützer der bestehenden Ordnung, aus Zweiflern Bejaher, aus Kritikern Schöpfer" (893). Die übergeordnete Funktion der Landesausstellung durchschauend sowie den Ernst der Lage erkennend, überträgt Abt in der Zeit der drohenden deutschen Aggression seine der Gemeinschaft geltenden Gedanken allmählich vom Stadt- auf das Staatswesen und vereint um sich einige Gleichgesinnte. Einen Anlass zu Gesprächen über die Schweiz liefert ihnen etwa der Abend des 14. Mai 1940, der Tag des deutschen Angriffs auf Holland und Belgien und zugleich der Anfang des Westfeldzugs also. An jenem Abend, wenn die Schweizer einen Überfall auch auf ihr Land befürchten müssen, versammeln sich Walter Abt, Emil Angst, inzwischen Freunde geworden, und der Buchdrucker Weder in Abts Haus, um eventuelle Angriffe gemeinsam abzuwarten. Um ihre Heimat besorgt, reflektieren die Männer ihr Verständnis des Schweizbegriffs und erörtern ihn in Anlehnung an die Idee des unsterblichen Geistes:

> Die Schweiz ist mehr als ein Territorium, sagte Abt, darum kann sie durch eine militärische Eroberung allein nie untergehen. Jeder Kanton ist eine Schweiz, jede Talschaft, jede Gemeinde und jeder Mann in der Gemeinde. Um sie zu töten, müßten sie alle töten, drei Generationen, da sie das Bild unserer Menschenordnung Schweiz in sich herumtragen. (974)

Komplementär zur Schilderung des politisch-sozialen Werdegangs der Limmatstadt, die nicht nur durch die wichtigsten Ereignisse der Zeit zwischen 1900 und 1945 markiert, sondern auch mit unzähligen kurzen Momentaufnahmen des Zürcher Lebens festgehalten wird, verfolgt der Erzähler die architektonische

Entwicklung der Stadt und wählt sich dabei die kritische Perspektive des Architekten und Flaneurs René Hirzel. In der Synthese aus topographischer Vielfalt von Schauplätzen einerseits und fachbezogenem Diskurs über die ästhetischen und praktischen Aspekte des Zürcher Baugedanken andererseits entsteht ein als Ganzes zu erfassendes, architektonisches Panoramabild der Stadt. Als ein hartnäckiger Kritiker der Stadtentwicklung im Bereich des Bauwesens geht Hirzel kompromisslos mit den nach der Jahrhundertwende errichteten Gebäuden um, allen voran mit dem um 1900 im Geist des stilpluralistisch geprägten Historismus ausgebauten Stadthaus, das sich den alten Bauten gegenüber

> wie ein fremder Schandpfahl schlechten Geschmacks, ein Monument des Großhansentums [erhebt] […]. Ohne Beziehung, weder zum Lindenhof noch zum Semperbau des Polytechnikums dort oben. Fremd zu den beiden Mühlestegen, zum gedeckten Holzbrücklein zu seinen Füßen, fremd und feindlich auch zu den Großstadthäusern französischen Stils an der Bahnhofstraße! Eine Verschandelung! Ein Frankfurt, ein München, ein Stuttgart wollt ihr aus Zürich machen! (93)

Mit gleicher Inbrunst bemüht sich Hirzel, in Anbetracht des vom Kanton geplanten Baus der Universität „der Stilverwirrung, der architektonischen Ratlosigkeit der Zeit" (205) rechtzeitig entgegenzuwirken. Um seinem Bestreben um die sachliche, schweizerische Eigenart in der Architektur Ausdruck zu geben, sucht Hirzel diesmal nach Unterstützung im Stadtamt wie auch bei den Medien, er unternimmt Fachdiskussionen sowohl mit Walter Abt als Mitglied einer Expertenkommission als auch mit Professor Bovet, dem Redaktor der Zeitschrift „Wissen und Zeit". In dem von Hirzel geführten Kampf gegen die Nachahmung fremder, im Besonderen deutscher Muster erkennt der Leser die Haltung Guggenheims, der offenbar jener Vagabundenfigur die eigenen Gedanken über die Entwicklung Zürichs in den Mund gelegt hat.

Einer der überzeugendsten Verfechter der Idee Guggenheims, die Stadt als ein ‚Alles in Allem', ein Wesen, als eine aus kleinen Bestandteilen herausragende Totalität auszumachen, ist dagegen der Historiker Karl Gebhardt, dem der Autor nicht nur seine Initialen gibt, sondern ihn auch den Titel des Romans deuten lässt. Mit dem Schriftsteller verbindet Karl auch die Strategie, der ihn umgebenden Wirklichkeit zu begegnen; schon seit der Kindheit sammelt der Buchbinderlehrling kurze, zehn Zeilen nicht überschreitende Zeitungsausschnitte, denen Zürichs Zeitgeschehen zu entnehmen ist. Aus den jahrelang in Heften chronologisch geordneten, nebeneinander gereihten kurzen Passagen, die als einzelne Fakten scheinbar Belangloses dokumentieren, ergibt sich für Karl Gebhardt allmählich ein überschaubares Ganzes an Geschichtsbildung seiner Stadt. Aus der Fülle der isolierten kleinen Bausteine erwächst eine Schöpfung von sich mit der Zeit verknüpfenden

Zusammenhängen: „Diese Sammlung war das Geländer, dem entlang Karl sich durch die Jahre bewegte [...]. Die Kenntnis der Orte und der Leute fügte den belanglosen Nachrichten jenes Etwas hinzu, das erst sie verständlich machte." (549). Gebhardts Collagearbeit ähnelt derjenigen des an Fabres Technik geschulten Guggenheim. In dem vielfältigen Mosaik der oft abrupt wechselnden Bilder sowie beim ersten Anblick der voneinander unabhängigen Gestalten und Ereignisse glaubt er im ‚Alles in Allem' das übergeordnete Ganze zu erkennen, was auch Karl durchschaut:

> Was wir sehen ist Gestaltung, Darstellung, Hinstellen vor unsere Blicke [...]. Hinter dem Zweckhaften und Zufälligen stellt die Stadt sich als ein Unternehmen dar, in dem wir uns zusammengefunden haben, um uns selbst, unscheinbare Wesen, in einer höheren Person aus der Zeit in die Dauer zu retten. In Jedem ist Jeder und Jedes, in Allem ist Alles. (718)

Aus dieser Erkenntnis schöpft der junge Historiker auch eine Inspiration für seine Dissertation und setzt sich somit zum Ziel, aus den jeweiligen Geschehnissen der jüngsten Vergangenheit ihren geschichtsbildenden Wert zu erschließen. Aus der langwierigen, geduldigen, ein scheinbar vorläufiges Ziel anstrebenden Tätigkeit des jungen Buchbinders entfaltet sich nun seine Lebensphilosophie und ein der Stadt erwiesener Dienst der Geschichtsschreibung.

Der Generation Karl Gebhards – Jacqueline Voubrasse, Gotthold Wettstein, Aaron Reiß, Reto Arquint, August Merkli sowie dem jungen Walter Abt, dem Sohn des Stadtrates – wird im Roman, wie dies bereits zum Teil erörtert wurde, die Aufgabe der sozialen Tat auferlegt. Diese zu erfüllen, benötigen manche von den kurz vor der Jahrhundertwende Geborenen wie Wettstein, Reiß, Arquint und Merkli einen langen Prozess der auf das Kollektive orientierten Bewusstseinsbildung, schließlich führt der Erzähler all die Figuren, jede auf eine individuell gestaltete Art und Weise, zur Mitte der Gemeinschaft, wo sie ihren Platz und ihre Selbstverwirklichung finden. Für Walter Abt Junior und Reto Arquint, die nach den beiden „Schweizer-Spiegel"-Herausgebern Adolf Guggenbühl und Fortunat Huber[89] gezeichnet sind, wird der Weg der Vermittlung von Schweizer Kultur als ihr Beitrag zum Gemeinwesen bestimmt. Nach der Verweigerung des

---

89 Die Zeitschrift „Schweizer Spiegel" wurde 1925 von Adolf Guggenbühl und Fortunat Huber gegründet und bemühte sich von Anfang an mit ihrer kulturellen Arbeit um die Verstärkung des Nationalgefühls und die geistige Verteidigung der Schweiz vor fremden Einflüssen, propagierte somit als eine der ersten Schriften den Begriff ‚geistige Landesverteidigung', der erst 1937 in die Öffentlichkeit Einzug hielt. Vgl. dazu: Charles Linsmayer, Anm. 23, S. 436–445 und zur Botschaft der geistigen Landesverteidigung: Ursula Amrein, Anm. 21, S. 25–100.

Militärdienstes und einem Aufenthalt in Amerika gründet der heimgekehrte Arquint mit seinem Freund Abt die Kulturzeitschrift „Wir". Den beiden Zürchern liegt es daran, eine Publikation in die Wege zu leiten, die den tieferen Sinn „für das Gemeinsame, für das allgemein Menschliche und das Nationale" (698) neu erwecken würde. Jene Zielsetzung ergibt sich aus ihrer Skepsis gegenüber dem aktuellen Lebensmodell ihrer Zeitgenossen: Deren Gemeinschaftsgefühl gründe sich nämlich immer mehr auf „materiellen Interessen" (698), das Kulturleben komme daher zu kurz, „der sogenannte Alltag werde langweilig, farblos, uniform, anfällig für alle fremden Einflüsse" (698). Analog zu dem „Schweizer-Spiegel"-Programm, das in den 1930er und 1940er Jahren die Botschaft der geistigen Landesverteidigung befolgte, verpflichtet sich die Zeitschrift „Wir", die Schweizer auf ihr Kulturgut und ihre Eigenart aufmerksam zu machen.

Mit seinen episodenhaft aneinander montierten Bildern aus dem Zürcher Leben gestaltete Kurt Guggenheim ein facettenreiches Panorama der Limmatstadt, das – aus der Nähe betrachtet – seine mosaikartigen, scharfen Konturen wiedergewinnt. So ist der Roman in zwei Dimensionen zu sehen – der nahe, das Detail suchende Blick fängt eine Fülle der einzelnen Figuren und Schauplätze auf, Gespräche, Emotionen, schnell wechselnde Ereignisse und eine unwiederholbare Atmosphäre des Augenblicks. Dem entfernten Beobachter dagegen wird ein globaler Raum vor Augen geführt: das Schicksal der Familien, die beiden Weltkriege, der Werdegang der Stadt der ersten Hälfte des 20. Jahrhunderts, letztlich die sich in Zürich widerspiegelnde Schweiz. Mit der Optik des sich in kleinen Elementen verwirklichenden Totalitätsbildes wollte Guggenheim selbst sein Werk betrachten, noch bevor es entstand:

> Daß im Beginn schon Absicht und Ablauf eines Komplexes sichtbar und erkennbar wird. Es muß sich so darbieten, wie ein Mensch von Kindheit auf es erlebt: chaotisch, unverständlich, undeutbar, ohne einen geistigen Inhalt, ohne Sinn. All das muß erst das Ensemble geben.[90]

Aus den Einzelaufnahmen errichtete der Schriftsteller einen Kosmos, dem er einen übergeordneten Sinn und eine Botschaft gab: Zürich gilt als ein Ort der sozialen Integration, als Verkörperung der Toleranz und Humanität der ganzen Schweiz. Guggenheims Werk ist somit eine „Utopie von Zürich als Modell eines humanen urbanen Gemeinwesens, das Fremdes und Heimisches, Tradiertes und Neues letztlich fruchtbar ineinander aufgehen lässt"[91].

---

90 Kurt Guggenheim: *Einmal nur. Tagebuchblätter 1925–1950*, Anm. 4, S. 373.
91 Ute Kröger: *Nirgends Sünde, nirgends Laster. Zürich inspiriert Literaten*. Zürich: Limmat Verlag 2012, S. 217.

5. Integration, Assimilation, Antisemitismus. Das jüdische Panorama der Schweiz im Roman *Melnitz* von Charles Lewinsky

Mit seinem 2006 publizierten Roman *Melnitz* schrieb Charles Lewinsky Gottfried Kellers Tradition des groß angelegten realistischen Erzählens fort. Die Kritikerstimmen betonten das am Schweizer Klassiker orientierte epische Kolorit, man fühle sich „manchmal wie bei Gottfried Keller in einem jüdischen Seldwyla, so sehr wirken die Figuren, die Pinchas Pomeranz heißen, wie Wiedergänger klassischer Charaktere"[1]. Analog zu Kellers Seldwyla als „repräsentative[m] Konzentrat der Schweiz"[2] sah Ernst Osterkamp die Kleinstadt Lengnau – den ursprünglichen Handlungsort von *Melnitz* – als einen für Schweizer Juden ganz besonderen Ort, an dem sie sich bis 1866 niederlassen durften. Dominik Müller erkannte dagegen Parallelen zwischen Kellers letztem Roman *Martin Salander* und *Melnitz*, indem er auf den Verzicht der beiden Texte verwies, die Schweiz als einen Sonderfall darzustellen, etwa nach Arnold Salanders Motto: „chez nous comme partout"[3]. Dabei betonte Müller, in Kellers um 1886 konzipierter Figur sei die Grundlage des gegenüber dem Schweizer Mythos distanzierten Denkens zu situieren, das etwa in Frischs *Andorra,* Muschgs *Wenn Auschwitz in der Schweiz liegt* und nicht zuletzt auch bei Lewinsky kontinuiert werde.[4]

In dem zum Bestseller gewordenen Familien- und Generationenroman *Melnitz* erblickte die Kritik auch die Fortsetzung der helvetischen Tendenz aus der ersten Hälfte des 20. Jahrhunderts, die Schweiz in ihrer Totalität darzustellen, sie als ein breit gefächertes, repräsentativ gestaltetes Panorama zu entwerfen. So

---

1 Hans Peter Kunisch: *Die großen Verpfuscher des Lebens*. In: Süddeutsche Zeitung, 03.06.2006.
2 Ernst Osterkamp: *Janki, der Held. Was die Schweiz bewegt: Charles Lewinskys 'Melnitz'*. In: Frankfurter Allgemeine Zeitung, 11.03.2006.
3 „Es ist überall wie bei uns". Gottfried Keller: *Martin Salander*. In: Ders.: *Sämtliche Werke in drei Bänden*. Bd. 3. München: Hanser 1958, S. 781.
4 Vgl. Dominik Müller: *Jüdisches Leben in der Schweiz. Kurt Guggenheims ‚Alles in Allem' und Charles Lewinskys ‚Melnitz'*. In: Dariusz Komorowski (Hg.): *Jenseits von Frisch und Dürrenmatt. Raumgestaltung in der gegenwärtigen Schweizer Literatur*. Würzburg: Königshausen & Neumann 2009, S. 189–200, hier S. 199.

wurde *Melnitz* etwa von Klara Obermüller[5], Roman Bucheli[6] und Dominik Müller[7] mit Kurt Guggenheims Zürcher Familiensaga *Alles in Allem* in Beziehung gebracht. Am detailliertesten äußerte sich Dominik Müller zu der Affinität der beiden Texte, indem er in seinem Beitrag *Jüdisches Leben in der Schweiz* das Problem des in den zwei Romanen aus unterschiedlichen Perspektiven dargestellten Schweizer Judentums erörterte und erkannte bei Guggenheim und Lewinsky die jeweils diverse Einstellung zu Integration bzw. Assimilation der Juden in der Eidgenossenschaft. Man dürfe, so Müller,

> die Bücher von Guggenheim und Lewinsky einander nun aber nicht einfach als positiver und negativer Befund zur Integration der Juden unmittelbar gegenüberstellen. Zu verschieden sind die Entstehungsumstände und die ganze Lagerung der beiden historischen Aufarbeitungen.[8]

Für beide Romane ließ er jedoch Kellers *Martin Salander* als gemeinsame Grundlage gelten – für Lewinsky als ästhetisch-inhaltliche, für Guggenheim dagegen als eine gestalterische Inspiration.[9]

Auf der anderen Seite wird Lewinskys Roman „jüdischer Schweizer Spiegel"[10] wie auch „schweizerischer Judenspiegel"[11] genannt und somit auf Meinrad Inglins *Schweizerspiegel* von 1938 bezogen. Bei Dominik Müller und Klara Obermüller wird *Melnitz* sogar in den gemeinsamen Kontext der beiden als Zeitgemälde und Familienchroniken verstandenen Romane – *Alles in Allem* und *Schweizerspiegel* – gebracht.[12]

Sowohl in der Schweiz als auch in Deutschland wurde der Roman *Melnitz* mit Anerkennung aufgenommen – als „Familien- und Geschichtspanorama"[13] im Sinne eines Flaubert oder eines Fontane, als eine vor dem Hintergrund einer ganzen Epoche konstruierte Chronik und eine „schwierige Geschichte der Emanzipation, die, wenn sie gelingt, Integration, doch niemals Assimilation

---

5 Vgl. Klara Obermüller: *Hell leuchtet die Menora*. In: Die Weltwoche 05/2006.
6 Vgl. Roman Bucheli: *Die Geschichte einer jüdischen Familie als Melodrama*. In: Neue Zürcher Zeitung, 04.02.2006.
7 Vgl. Dominik Müller, Anm. 4.
8 Dominik Müller, ebd., S. 198.
9 Vgl. ebd., S. 197.
10 Andreas Isenschmid: *Jüdischer Schweizer Spiegel*. In: Neue Zürcher Zeitung am Sonntag, 29.01.2006.
11 Giorgio Girardet: *Der Melnitz-Komplex. Jüdischer Schweizerspiegel oder Schweizer Judenspiegel?* In: Basler Zeitung, 11.03.2006.
12 Vgl. Dominik Müller, Anm. 4; Klara Obermüller, Anm. 5.
13 Hans Peter Kunisch, Anm. 1.

bedeuten kann"[14]. Das bei Lewinsky exemplifizierte Leben der Juden in der Schweiz[15] wurde zugleich als „die zu einer bewegenden Familiensaga verdichtete Allegorie eines schleichenden Ausgrenzungs- und Ausschlußprozesses"[16] klassifiziert. Ähnlich wie in Guggenheims *Alles in Allem* betonte auch hier die Kritik die präzise und detailreiche Gestaltung eines Mikrokosmos der „in dynamischer Beschleunigung geschilderten Familienchronik"[17], aus dem sich „die grossen Linien der Welthistorie ablesen"[18] lassen.

Ein ähnliches Ziel wie Guggenheim mit seiner Zürcher Saga scheint auch Charles Lewinsky mit *Melnitz* zu verfolgen: Mit der facettenreichen Darstellung von fünf Generationen der Familie Meijer gelingt es dem Erzähler, „fast die ganze Kultur- und Sozialgeschichte der Schweizer Juden"[19] zu schildern. Anders als Kurt Guggenheim jedoch, der als assimilierter Jude seine Zeit- und Glaubensgenossen auf ihrem meistens erfolgreichen Weg zur Integration und Assimilation innerhalb der schweizerischen Gesellschaft zeigt und Zürich wie die gesamte Schweiz als einen bis auf einige wenige Ausnahmen toleranten, insbesondere während der beiden Kriege Schutz und Rettung bietenden Raum, die Schweiz als Sonderfall schlechthin präsentiert, entwirft Lewinsky ein zum großen Teil illusionslos trübes Bild der Schweiz vor dem Hintergrund des jüdischen Schicksals. Indem der Autor die Geschichte der Schweizer Juden zum groß angelegten Subjekt seines Romans erhebt, strebt er auch ein Totalitätsbild an, denn das Schicksal der Juden, vor allem im 19. und 20. Jahrhundert ist ein globales, nicht nur ein europäisches Problem. Insofern lässt sich das jüdische Panorama in *Melnitz* als ein die Schweiz übergreifendes Bild betrachten.

Charles Lewinsky[20] wurde 1946 in Zürich geboren, studierte Theaterwissenschaft und Germanistik in Zürich und an der FU Berlin. Seine ersten Inszenierungen machte er am Stadttheater Ingolstadt. Die Arbeit als Regieassistent bei Fritz Kortner bei den Münchner Kammerspielen betrachtet der Schriftsteller aus heutiger Perspektive als eine für seine künstlerische Tätigkeit sehr fruchtbare und lehrreiche Zeit. Er arbeitete als Regisseur und Dramaturg an Bühnen in Berlin und Kassel, ist Autor von ca. 30 Hör- und Kinderhörspielen und war lange

---

14 Klara Obermüller, Anm. 5.
15 Vgl. Roman Bucheli, Anm. 6.
16 Hendrik Werner: *Und da kam Onkel Melnitz*. In: Die Welt, 04.02.2006.
17 Roman Bucheli, Anm. 6.
18 Ebd.
19 Andreas Isenschmid, Anm. 10.
20 Alle Informationen zum Leben und Werk von Charles Lewinsky wurden seiner ausführlich gestalteten Homepage http://www.lewinsky.ch/ entnommen.

Zeit bei dem Schweizer Fernsehen tätig, schrieb aber auch für ARD und ZDF; unter anderem verfasste er eine in der Schweiz sehr erfolgreiche Sitcom *Fascht e Familie* sowie über 500 Liedtexte für verschiedene Sänger und Komponisten. Auch Drehbücher zu Filmen wie u.a. *Mord nach Mitternacht* oder *Ein ganz gewöhnlicher Jude* gehören zu Lewinskys künstlerischem Werdegang. Nach wie vor widmet er viel Aufmerksamkeit dem Theater und verfasste inzwischen ca. 20 Theaterstücke und Musicals. Sein Buchdebüt erfolgte 1984 mit dem Text *Hitler auf dem Rütli. Historische Fiktion*. 2001 erhielt er den Schillerpreis der Zürcher Kantonalbank für den Roman *Johannistag*. Zu Lewinskys bedeutenden und vielgelesenen Romanen gehören darüber hinaus etwa *Gerron* (2011) und *Kastelau* (2014). Für seine literarische Tätigkeit wurde er für den Schweizer und für den Deutschen Buchpreis nominiert. Er lebt in Vereux (Frankreich), in Zürich und in Ingolstadt.

5.1. Der ‚jüdische Schweizerspiegel'

Der Roman *Melnitz* strebt es an, mit der über fünf Generationen detailgenau geschilderten, sich zwischen 1871 und 1945 abspielenden Geschichte der jüdischen Familie Meijer sowohl den Schweizer Mikrokosmos als auch die Weltgeschichte zu zeigen. Dabei werden die fünf Kapitel des Buches mit einem für die Schweizer Juden jeweils historisch signifikanten Jahresdatum markiert: 1871 setzen die sogenannten jüdischen Gründerjahre ein, die Anfänge der Gleichberechtigung der Juden in der Schweiz; bis 1866 nämlich, als den in der Schweiz ansässigen Juden die Niederlassungsfreiheit und volle Ausübung der Bürgerrechte im ganzen Staat zuerkannt wurden, durften sie sich nur in zwei Dörfern, in Endingen und Lengnau im Kanton Aargau ansiedeln. Kurz davor, 1862, wurde jenes Freiheitsrecht im Kanton Zürich verabschiedet. Die Aargauer Juden mussten aber bis 1879 auf ihre volle Gleichberechtigung warten. Die Emanzipation der Juden in der Schweiz bedeutete nun auch die freie Ausübung von Berufen, die ihnen bis dahin verwehrt war. Bis zur Erlangung der vollen Bürgerrechte durften sich die Aargauer Juden mit dem Vieh- bzw. Pferdehandel, Hausieren oder mit Liegenschaftenvermittlung befassen. Die Schweizer Juden waren bis zum Inkrafttreten der Emanzipationsgesetze vom Handwerk ausgeschlossen.

Das zweite Kapitel ist mit der Jahreszahl 1893 signiert – auf dieses Jahr fallen zwei für das Schweizer Judentum relevante Ereignisse, die in die Romanhandlung integriert werden und das Schicksal der Figuren gravierend beeinflussen – am 20. August 1893 wurde als allererste eidgenössische Volksinitiative das sich gegen die jüdische Bevölkerung richtende Schächtverbot – Verbot des Tierschlachtens ohne vorherige Betäubung – in die Bundesverfassung aufgenommen. In demselben Jahr fand in Zürich auch ein Sozialistenkongress statt. Eine weitere Station des Romans macht das Jahr 1913 mit den Wirrungen des Ersten Weltkrieges aus, dann folgt 1937, als mit dem herannahenden Nationalsozialismus eine für die Juden verhängnisvolle Zeit angebrochen ist. Den Roman schließt ein kurzer Epilog ab – eine 1945 gezogene, düstere Epochenbilanz.

Inmitten der weit verzweigten Familie Meijer erscheint der Onkel Melnitz, die allegorische Schlüsselfigur des Romans, ein bereits Verstorbener, der immer dann auftaucht, wenn etwas Wichtiges und Folgenschweres um die Sippe passiert: „Immer, wenn er gestorben war, kam er wieder zurück", lautet der immer wiederkehrende Satz, der den Roman einleitet und ihn auch abschließt. Melnitz, die Titelfigur, fungiert als Vertreter des jüdischen Gedächtnisses; als einziger von den Meijers kann und will er sich erinnern, wenn die anderen ihr trauriges, auch tragisches Schicksal vergessen wollen. Er ist der Mahnende, Warnende und Erläuternde – das für die anderen sprechende Gewissen, dessen Mission die Überlieferung ist.[21] Er scheint den ewigen Juden zu verkörpern, kann nicht richtig sterben, weil es in der jüdischen, von Verfolgung geprägten Geschichte „das nie auszulöschende Gedächtnis"[22], das Wachhalten der Erinnerung, eine Notwendigkeit ist.

In jeder Generation der Endinger Familie Meijer wird eine harmonische, glückliche Existenz in der Schweizer Gesellschaft angestrebt, ohne dass man den eigenen Glauben verleugnen will. All diese jüdischen Figuren werden mit dem Antisemitismus konfrontiert – der Judenhass wird hier als in der Schweizer Mentalität tief verwurzelte Vorurteile entlarvt und von den aus ganz Europa heranströmenden Antagonismen weitgehend verstärkt. Lewinsky gelingt es jedoch, mit seinem nüchternen Erzählduktus den Antisemitismus ohne anklagenden Ton zu schildern, als wäre die Ausgrenzung der Juden eine düstere Selbstverständlichkeit, mit der die Israeliten seit Jahrhunderten ihr Schicksal ertragen müssten.

Die Meijers, aus dem Aargau stammende Westjuden, deren Nachkommen nach dem Inkrafttreten der Emanzipationsgesetze nach Baden und Zürich übersiedeln, präsentieren sich als streng gläubige, im Geist ihrer Religion lebende Juden – anders als es bei Kurt Guggenheim der Fall ist, wo Aaron Reiß' Familie als Nachfahren alteingesessener Schweizer Juden zum größten Teil säkularisiert und assimiliert ist. Bei Lewinsky fehlt auch fast gänzlich Guggenheims starke Polarisierung von West- und Ostjuden, ein von Historikern gründlich erörtertes[23] Phänomen, das sich in der Schweiz vornehmlich um 1900 geltend machte, als die verarmten Ostjuden

---

21 Vgl. Hendrik Werner, Anm. 16.
22 Roman Bucheli, Anm. 6.
23 Vgl. dazu etwa Claude Kupfer, Ralph Weingarten: *Zwischen Ausgrenzung und Integration. Geschichte und Gegenwart der Jüdinnen und Juden in der Schweiz.* Zürich:

in die Schweiz einzuströmen begannen. In *Melnitz* wird zwar Galizien sowie den Ostjuden vor dem Hintergrund der Schweizer Judengeschichte viel Aufmerksamkeit eingeräumt, die innere Spaltung und antagonistische Gegenüberstellung ist aber auf der Handlungsebene, wie sie etwa bei Guggenheim im Fall der Familien Reiß und Gidionovics als zwei sozial und religiös geprägter Lebensmuster vorzufinden ist, bei Lewinsky kaum präsent. Dem in die Meijers, eine in der Schweiz alteingesessene, in mäßigem Wohlstand lebende Familie einheiratenden Ostjuden Zalman Kamionker kommt in der innerjüdischen Hierarchie von Anfang an die gleiche Stellung zu. Während also bei Guggenheim eine doppelte gesellschaftliche Polarisierung erkennbar ist – die zwischen den Ost- und Westjuden sowie diejenige zwischen der jüdischen und nichtjüdischen Gemeinschaft, die sich immer wieder im latenten wie ganz offenen Antisemitismus manifestiert –, präsentiert Lewinsky eine scharf gezeichnete gesellschaftliche Konstellation, die in der klaren Gegenüberstellung von der mit einigen wenigen Ausnahmen homogenen, in sich geschlossenen jüdischen Gemeinschaft und der nichtjüdischen Gesellschaft schlechthin zum Vorschein kommt.

So in der Kleinstadt Baden wie auch in Zürich sehen es die Meijers nicht als notwendig, sich zu assimilieren, sie pflegen ihre Sitten, erziehen ihre Kinder im jüdischen Glauben und wollen nichts mehr, als von der Schweizer Gesellschaft akzeptiert zu werden. Die ihnen nach Gesetz zustehende Gleichberechtigung wird von den Schweizer Mitbürgern jedoch stets verweigert. Der Antisemitismus durchzieht den Roman wie ein roter Faden und reicht von dem dörflichen Endingen, über die Kleinstadt Baden bis nach Zürich. Bei der Darstellung antisemitischer Tendenzen weiß Lewinsky jedoch, die nötige Schattierung der helvetischen Judenfeindlichkeit vorzunehmen. Die Schweiz wird dabei doppelt konnotiert: einerseits als ein Land mit einer in vielen Aspekten den Juden gegenüber feindlichen Geschichte, andererseits doch als eine sichere Insel im Meer des Zweiten Weltkrieges und des nationalsozialistischen Terrors, als ein „trockener Boden mitten in der Überschwemmung"[24], was in mehreren Handlungssträngen des Romans seine Widerspiegelung findet. Jene doppelte Konnotation der glücklich-unglücklichen jüdischen Existenz in der Schweiz ist im vorletzten, von Melnitz ausgesprochenen Satz des Romans zu erkennen, als er 1945 im Epilog die sechs Millionen ermordete Juden wie folgt heraufbeschwört: „Genießt euer Leben, sagte er. Ihr habt Glück gehabt, hier in der Schweiz." (765). Melnitz'

Sabe 1999; Doris Angst, Ralph Weingarten, Willy Guggenheim: *Juden in der Schweiz. Glaube, Geschichte, Gegenwart.* Küsnacht, Zürich: Edition Kürz 1982.

24 Charles Lewinsky: *Melnitz.* München, Wien: Nagel & Kimche 2006, S. 761. Im Folgenden als Seitenzahl in Klammern nach dem Zitat angegeben.

Worte erhalten zwar nach all seinen Klagen über das jüdische Schicksal in der Schweiz einerseits einen zynischen Beiklang, müssen jedoch auf der anderen Seite, nach der tragischen Bilanz des Zweiten Weltkriegs, als Anerkennung der Eidgenossenschaft als Arche Noah gelten:

> Melnitz liebte die Schweiz. Auch wer den Krieg fürchtet, spielt gern mit Zinnsoldaten. Er liebte dieses Land, in dem man schon über Hunger klagte, wenn die Schokolade knapp wurde. Es war interessant, die Arche Noah zu besuchen, nach ihrer tausendjährigen Reise. (762)

In der Familie wird selten von den judenfeindlichen Zwischenfällen gesprochen, sie werden auch vom Erzähler nicht kommentiert. Die einzige dazu berechtigte Instanz ist Onkel Melnitz, der immer wieder mit seiner Erinnerungsarbeit und Bewusstmachung des erfahrenen Unrechts in die Handlung eingreift:

> Du schläfst, sagte Melnitz, […] du denkst, es kann dir nichts mehr passieren […]. Aber das stimmt nicht. Es ist hier nicht anders als anderswo. Es ist nirgendwo anders. Vor zehn Jahren war es zum letzten Mal soweit. Hier in Endingen, ja. Wir sollten ein paar Rechte mehr bekommen. Nicht Rechte wie die Christen, aber doch fast schon wie Menschen. Dafür haben sie uns die Fenster eingeworfen. Nicht nur die Fenster […]. Es gab keine Schuldigen, weil keiner dabei gewesen war. Keiner, den man kannte. So hatten sie das besprochen […]. Es gibt keine Sicherheit, sagte Onkel Melnitz und erzählte noch eine Geschichte und noch eine. (39 f.)

Lewinskys Figuren, obwohl deren Wohnsitz bis zur Erlangung der gesetzlichen Gleichberechtigung in der Schweiz auf das kleine Aargauer Territorium beschränkt ist, leben in keinem Ghetto, sondern besiedeln zusammen mit ihren Schweizer Mitbürgern zuerst kleine Dörfer, später immer größere Städte, und sehen sich dazu berechtigt, am Leben der Gemeinschaft teilzunehmen. Während der alte Salomon Meijer noch nach jüdischer Tradition als Viehhändler tätig ist, will sein junger, aus Frankreich zugereister Verwandter Janki, der sich in Endingen niederlässt, in seiner beruflichen Laufbahn gleich einige Schritte weiter gehen und einen Textilladen in der Kleinstadt Baden eröffnen. Hier stößt er anfangs auf Hass und Neid der nichtjüdischen Umgebung und kann sich erst durch List und kleine Lügen die Gunst der potentiellen Kunden erkaufen. Janki, am Anfang des Romans „eine pikareske Figur"[25], verspürt als einer der wenigen in seiner Familie den Drang nach Integration in seine Umgebung, er will einfach dazugehören, muss jedoch mehrmals in seinem Leben das Gefühl der Ausgrenzung und Benachteiligung aufgrund seines Glaubens über sich ergehen lassen. Auch dann, wenn er zum anerkannten Besitzer von zwei gut besuchten Textilgeschäften wird

---

25 Ernst Osterkamp, Anm. 2.

und in der höheren Gesellschaft verkehren darf, wird er immer wieder auf eine demütigende Art und Weise an seine jüdische Herkunft erinnert. Janki verharrt in seinem jüdischen Glauben, obwohl dies seine Integration in die Schweizer Gesellschaft erschwert oder gar unmöglich macht. Statt der Assimilation wählt er lieber das Schweigen um seine Abstammung; aufgrund seines deutsch klingenden Namens kann er nämlich in unbekannten Kreisen einen vorurteilsfreien Umgang genießen, allerdings nur so lange, bis sein Judentum aufgedeckt wird. Von Anfang an bleibt bei ihm das Religiöse im Schatten seines beruflichen Werdegangs und des Ringens um sozialen Aufstieg. Zum Symbol seiner Selbstdarstellung wird eine von seinen Freunden für die Presse erfundene Geschichte, Janki sei ein Held der Schlacht bei Sedan, was mit einer fiktiven Beinverletzung unter Beweis gestellt wird. Teilweise ohne sein Zutun entsteht nun um seine Person eine heldenhafte Legende, die er zeit seines Lebens diskret zu pflegen weiß, indem er etwa, von den Kundinnen dazu aufgefordert, ihnen von seinen Heldentaten berichtet und sich das unbewusste Hinken nicht mehr abgewöhnen kann. Mit der Zeit scheint der falsche Held an seine Legende selbst zu glauben und erzählt sie als Selbsterlebtes weiter. Janki erstellt unter seinen sonst frommen und zurückhaltenden Verwandten mit seinem überdurchschnittlichen Durchsetzungsvermögen neue Verhaltensmuster, die von François, einem seiner Kinder, übernommen und radikalisiert werden. Um das eigene Judentum zu verbergen, exponiert Janki sowohl im Beruflichen als auch im Privaten seine französische Herkunft – das Ladenschild seines ersten Geschäfts lässt er „Französisches Stofflager Jean Meijer" (65) beschriften, dem ältesten Sohn gibt er den Vornamen François, auch in Diskussionen zu jüdischen Angelegenheiten versteckt er sich gerne hinter der französischen Nationalität. Nach der Meinung zu der aus vielerlei Perspektiven dargelegten Volksinitiative zum Schächtverbot gefragt, versucht Janki taktisch geschickt auszuweichen: „Mir steht in diesem Punkt keine Meinung zu. [...] Ich bin schließlich nach wie vor Gast in diesem schönen Land. Als Bürger Frankreichs ..." (191) Dabei wird er von seinem Sohn strategisch unterstützt: „Wir sind gerne Franzosen, Herr Kantonsrat. [...] In Frankreich ist egalité nicht nur ein Wort." (191).

In einer idyllischen, von Vorurteilen und Ausgrenzung freien Welt glaubt sich Janki endlich während seines Urlaubs auf Sylt aufzuhalten, wenn er sich unter Kriegsveteranen und durch die Schlacht bei Sedan verbundenen Schicksalsgenossen Teil jener Gemeinschaft fühlen darf: „Janki lachte mit ihnen. Er würde über alles gelacht haben, so glücklich war er, von dieser Runde aufgenommen zu werden, in der einer doch tatsächlich einen Adelstitel hatte." (436). Den in der Zwischenkriegszeit in Deutschland ansteigenden latenten wie offenen Antisemitismus will er nicht wahrnehmen, obwohl in seiner Umgebung immer wieder nationalistisch-rassistische Anmerkungen zu vernehmen sind. Er lässt sich von jener „Welt, die es nicht wirklich gab" (443), betäuben und verharrt in seiner Utopie: „Meijer, sagte von Stetten, das ist doch ein guter deutscher Name. Wir hatten in unserem Regiment einen Meier, der ist sogar Regierungspräsident geworden." (447).

Lewinskys jüdischen Figuren gelingen jedoch weder Integrations- noch Assimilationsversuche, so wird auch dem umsonst auf Gleichberechtigung hoffenden Janki seine unterprivilegierte Position bald bewusst gemacht:

> Meijer, ich habe nur eine Frage an dich: bist du ein Jud? – Was spielt das für eine Rolle? Ich bin auch Franzose, und ihr habt gesagt ... – Ich würde es begrüßen, Herr Meijer, sagte Leutnant von Stetten, wenn Sie mich nicht duzen würden. (450)

Trotz seines geschäftlichen Erfolgs führt Janki eine Existenz, die beruflich zwar im Hauptstrom, sozial jedoch am Rande der Schweizer Gesellschaft situiert ist. Während er sich nach außen hin von der jüdischen Tradition zu distanzieren weiß, präsentiert sich sein familiäres Leben dank seiner streng nach Gesetzen ihrer Religion lebenden Frau Chanele als ein buntes Zeitgemälde jüdischer Sitten und Bräuche. Gerade der Haushalt von Janki, Chanele und ihren drei Kindern wird zum Zentrum allerlei jüdischer Feste und Feierlichkeiten, die in ihrem Wesen und Kolorit detailgenau und nachdrücklich in Erscheinung treten. Die um ihren Tisch versammelte Sippe ist darauf bedacht, dem jüdischen traditionsreichen Alltagsrhythmus treu zu bleiben, lebenswichtige Entscheidungen gemeinsam zu treffen und zu vertreten.

Während Janki – im Gegensatz zu seiner auf ihre jüdische Abstammung stolzen Frau Chanele – zwischen Tradition und Integration schwankt, zögert sein Sohn, ein junger Zürcher Unternehmer, nicht mehr, dem jüdischen Glauben und somit auch der eigenen Familie den Rücken zu kehren, um sich den Weg in die Karriere und zur Gunst der Schweizer Gesellschaft zu bahnen. Bereits in der Kindheit lässt sich der Junge einerseits als überdurchschnittlich begabt, andererseits als raffiniert, skrupellos, Menschen verachtend, mit einem Gesicht „wie ein Buch in einer fremden Sprache" (264) erkennen. Furcht erregt bei seiner Mutter Chanele auch „François' Lächeln, bei dem die Augen nicht mitlachten, dieses falsche höfliche Lächeln" (264), mit dem er die anderen zu manipulieren weiß. Vom Vater François, von der Mutter dagegen jüdisch Schmul genannt, lässt sich der junge, seine französische Staatsangehörigkeit schätzende Jude taufen, um seinen Traum vom Errichten eines Warenhauses auf dem Zürcher Paradeplatz zu verwirklichen; das Grundstück darf nämlich, nach dem Willen des Besitzers, keinem Juden verkauft werden.

Diese Entscheidung, von großer Hoffnung getrieben, als Christ inmitten der meinungsbildenden gesellschaftlichen Mehrheit ein von antisemitischen

Vorurteilen freies Leben führen zu dürfen, trifft François auch für seinen Sohn Alfred, der ohne eigenen Willen zur Konversion verleitet wird. Damit verurteilen sich die beiden sowohl unter Juden als auch unter Christen zum Außenseitertum, sie werden folglich aus der eigenen Familie als ‚Goijim', als Nichtjuden, ausgeschlossen und auch von den Christen nicht in deren Gemeinschaft aufgenommen; die Taufe führt sie „deshalb in die doppelte Unzugehörigkeit hinein"[26]. Als François dem Grundstückbesitzer die Taufurkunde vorweisen will, macht dieser aus seinem Klischeehorizont keinen Hehl, denn „auch ein getaufter Jude ist immer noch ein Jude" (411). François' Taufe bewegt Onkel Melnitz zu weiteren Reflexionen über den Sinn der Assimilation und die Geschichte christlich-jüdischer Beziehungen.[27] Die Juden und Christen werden hier stark polarisiert, wobei die letzteren als ewige Peiniger angeprangert werden, die zwar ihre mosaischen Brüder bekehren wollen, niemals jedoch bereit sein werden, ihnen das Stigma ihrer Herkunft zu nehmen:

> Du lässt dir dein Judentum abwaschen, sagt er [...], aber es wird dir nichts nutzen. Es hat noch keinem genutzt. Sie haben uns schon immer mit der großen Freiheit vor der Nase herumgewedelt [...]. Die Juden in Spanien [...], erinnerst du dich? Die stolzen Sephardim. Lasst euch taufen, haben sie zu ihnen gesagt. Ganz freundlich. Damit erspart ihr euch den Scheiterhaufen und das Fegefeuer, und alle werden euch lieben. [...] Und dann haben sie sie Maranen genannt, was Schweine bedeutet und das ganze schöne Taufwasser hat ihnen nichts genutzt. (405)

Jegliche Bemühungen um Integration und Assimilation sind nach Melnitz lediglich Täuschung und münden in die Enttäuschung, die Juden würden immer wieder überlistet, ausgegrenzt und versklavt. Mit seiner düsteren, hartnäckig

---

26 Alfred Bodenheimer: *Zwischen Tantalus und Riesenfisch. Religion in Charles Lewinskys Roman ‚Melnitz'* (2006). In: Albrecht Grözinger, Andreas Mauz, Adrian Portmann (Hg.): *Religion und Gegenwartsliteratur. Spielarten einer Liaison. Interpretation interdisziplinär.* Bd. 6. Würzburg: Königshausen und Neumann 2009, S. 86.

27 Zu dem in der Schweiz ausführlich erörterten Phänomen der katholisch-jüdischen Beziehungen vgl. etwa: Urs Altermatt: *Katholizismus und Antisemitismus. Mentalitäten, Kontinuitäten, Ambivalenzen. Zur Kulturgeschichte der Schweiz 1918–1945.* Frauenfeld: Huber 1999; Ernst Ludwig Ehrlich: *Die Beziehungen zwischen Juden und Katholiken.* In: Ernst Braunschweig (Hg.): *Antisemitismus – Umgang mit einer Herausforderung. Festschrift zum 70. Geburtstag von Sigi Feigel.* Zürich: Jordan-Verlag 1991, S. 75–89; Marcus Ries: *Katholischer Antisemitismus in der Schweiz.* In: Aram Mattioli (Hg.): *Antisemitismus in der Schweiz 1848–1960.* Zürich: Orell Füssli 1998, S. 45–57; Jacques Picard: *Die Schweiz und die Juden 1933–1945. Schweizerischer Antisemitismus, jüdische Abwehr und internationale Migrations- und Flüchtlingspolitik.* Zürich: Chronos 1997.

wiederholten Erkenntnis ("Ein Jude bleibt ein Jude bleibt ein Jude. Ja, ganz egal, wie oft er sich taufen lässt," 406) scheint Melnitz weniger auf den religiösen Aspekt des jüdischen Glaubens zu verweisen, wie dies etwa François' Ehefrau Mina in Bezug auf ihren Sohn Alfred betont, dass der Sohn einer jüdischen Mutter für immer als Jude gelte, sondern vielmehr auf den gesellschaftlichen: Auf die von Ausgrenzung und Stigmatisierung gezeichnete jüdische Geschichte zurückgreifend, prophezeit der Wiedergänger zugleich die unmittelbare Zukunft des getauften Juden und erklärt dessen Konversion für sinnlos.[28] Der „für eine Kontinuität und Irreversibilität jüdischen Schicksals"[29] stehende Melnitz erinnert und mahnt seine Nachfahren, kann jedoch im Grunde nur beobachten, wie sich trotz veränderter Lebensumstände des neuen Jahrhunderts und neuer weltanschaulicher Entwicklungen innerhalb des Judentums die Geschichte wiederholt und wie ihre Welt in die Katastrophe stürzt. Die Flucht aus dem jüdischen Unglück mündet bei Lewinsky jedes Mal in neues Leid, das Melnitz zu verkörpern und den Ahnungslosen bewusst zu machen hat, „er ist der Schatten aus der Vergangenheit, der die Gegenwart verdunkelt"[30], auch wenn die Figuren der Zukunft mit Zuversicht entgegensehen wollen.

François bleibt jedoch konsequent bei seiner Trennung von jüdischer Religion und Lebensweise, denn – wie er meint – „es hat keinen Sinn, sich an überholte Traditionen festzuklammern, von denen man nichts als Nachteile hat. [...] Wir leben im zwanzigsten Jahrhundert." (400). So lässt er bei seinem Namen (Meijer mit jüdischem J geschrieben) den seine mosaische Herkunft verratenden Buchstaben entfernen, was in dem für sein Warenhaus entworfenen Firmenlogo zur Schau

---

28 Gemäß der restriktiven Bevölkerungspolitik der Schweizer Fremdenpolizei war der Prozess der Assimilation der Juden im Land nur unter Beachtung besonderer Voraussetzungen möglich, da die Israeliten einer fremden Kultur und Gesinnung angehörten. In seinem Werk *Schweizerbürgerrecht* schrieb der Vertreter der Fremdenpolizei Max Ruth: „Schnelle und befliessene Anpassung [...] ist [...] immer gefährlich und unerwünscht. Wir dürfen uns nicht mit blosser Taufe und hergeleiertem Lippenbekenntnis begnügen; es ist uns nicht gedient mit Leuten, denen der Gesinnungswechsel deshalb leicht fällt, weil sie keiner rechten Gesinnung fähig sind. Wir müssen hier fortwährend vor der Gefahr schwerer Selbsttäuschung auf der Hut sein. Dem Verfasser machen Beteuerungen gut schweizerischer Gesinnung eines Ausländers meistens einen ungünstigen Eindruck." Max Ruth, hier zit. nach: Patrick Kury: *Wer agiert? Der Überfremdungsdiskurs und die schweizerische Flüchtlingspolitik*. In: Franz X. Eder (Hg.): *Historische Diskursanalysen: Genealogie, Theorie, Anwendungen*. Wiesbaden: Verlag für Sozialwissenschaften 2006, S. 205–222, hier S. 214.
29 Alfred Bodenheimer, Anm. 26, S. 89.
30 Roman Bucheli, Anm. 6.

getragen wird: „Ein Kreis und darin, waagerecht und senkrecht, die Buchstaben M-E-I-E-R, so angeordnet, dass sich die beiden Worte das zentrale I teilten. Meier. Vertrauenserweckend und bodenständig." (507). Auch diesem vom Opportunismus geleiteten Schritt sieht der Mahner Melnitz jedoch skeptisch zu; François' Maßnahme erinnert ihn zwar an die alte jüdische Tradition, sich einen Namen zu kaufen, doch man wählte einen solchen, dem die israelische Herkunft abzulesen war: „wer genügend Geld mitbrachte, durfte dafür Blumenfeld heißen oder sonst etwas Nettes" (509). Ein anderes Ziel verfolgt jedoch Meijer, der mit der Namensänderung seine Abstammung verheimlichen will. Darüber hinaus verweist Melnitz sarkastisch auf die christliche Konnotation des Ladenschildes und zugleich auf die Vergeblichkeit jeglicher Versuche, dem Jüdischen zu entgehen: „So wunderbar symbolisch. Dein Name als Kreuz, wie passend. Und so ein hübscher Kreis drum rum. Ist das der Kreis, in dem du dich jetzt bewegst?" (509). Bald muss François seinem trüben Schicksal wieder gegenüberstehen, als an den Schaufenstern seines Geschäfts bei dem neuen Namen ein mit Ölfarbe dazugeschriebenes J erscheint.

Seine Assimilationsversuche sieht François als den einzigen Weg an, in der Schweizer Gesellschaft anerkannt zu werden. Nicht nur für sich selbst, sondern auch für seinen Sohn Alfred wählt er ein Leben außerhalb der jüdischen Gemeinschaft und trifft somit autoritär eine Entscheidung, die den beiden Männern zum Verhängnis wird. Aus der Familie und deren Tradition herausgerissen, fühlt sich der junge Alfred nirgendwo zugehörig, folgt zwar dem Willen seines Vaters, sucht jedoch zugleich zu seinen Angehörigen Kontakt. In eine heimliche Liebesbeziehung mit der mit ihm verwandten Desirée verwickelt, muss der Junge, nachdem die Liebschaft entlarvt worden ist, laut Beschluss des Familienrates sofort die Schweiz verlassen und nach Frankreich gehen. Somit wird Alfred zum Opfer des opportunistischen Handelns seines Vaters: Als französischer Staatsangehöriger wird er beim Ausbruch des Ersten Weltkrieges der dortigen Armee einverleibt: François' Bemühungen, seinen Sohn in dieser Situation zum Schweizer Bürger werden zu lassen, bringen nichts. Er wird 1914 durch „eine verirrte französische Granate" (549) getötet.

In jedem Bereich seines Lebens gescheitert – nach Alfreds Tod nimmt sich dessen Mutter und François' Frau Mina das Leben, wegen der durch den Krieg verursachten Krise ist er finanziell beinahe ruiniert – muss der getaufte Jude nun das Ausmaß seiner Lebensfehler einsehen. Seinen streng gläubigen jüdischen Verwandten Pinchas bittet François, ihn nach Thann im Elsass zum Grab des Sohnes zu begleiten und für ihn ein jüdisches Gebet zu sprechen. Erst dort erkennt er, wie wenig all seine Bemühungen um Anerkennung und sozialen Status sowie die Konversion angesichts des tragischen Schicksals bedeuteten:

So kam es, dass Pinchas Pomeranz an einem christlichen Grab den Kaddisch sprach, Jisgadal wejiskadasch schemeij rabó. Den Kaddisch für Alfred Meijer, den man zum Christen gemacht hatte und zum Schweizer, und dem das alles nichts genützt hatte. Den Kaddisch für einen Juden, auf dessen Grab ein Kreuz stand. (558)

Mit den beiden Figuren, dem französisch-jüdischen Janki und seinem Sohn, dem getauften Juden François, der als einziger von den fünf Generationen der Familie Meijer konvertiert, schildert Lewinsky exemplarisch, dass weder Integration noch Assimilation möglich sind. Diese These stellt Onkel Melnitz immer wieder auf und bestätigt sie mit zahllosen Beispielen aus der europäischen Geschichte. Die Meijers wollen ihm jedoch nicht zuhören, weil er sie der Illusion beraubt, sich zu ihrer sozialen Umgebung zugehörig zu fühlen.

In der Figurenkonzeption lassen sich einige Parallelen zwischen Lewinskys François und Guggenheims Ruben Gidionovics ziehen. Beide werden als charakterschwach, übermütig und gefühlskalt dargestellt, beide streben auch nach einem schnellen Erfolg auf Kosten menschlicher Grundwerte. Unterschiedlich zeigt sich jedoch sowohl ihre soziale Umgebung als auch ihr Weg zum beabsichtigten Ziel: Während Ruben, als einziger in der Familie Gidionovics nicht bereit ist, sich in die Schweizer Gesellschaft zu integrieren und aus Angst vor der helvetischen Judenfeindlichkeit und dem nahenden Nationalsozialismus nach Amerika flieht, ergreift François eine Flucht aus dem Judentum und bleibt der einzige in seiner Familie, der vermittels Assimilation und Integration für sich eine bequeme Existenz außerhalb seiner Religionsgemeinschaft aufzubauen trachtet.

Mit allerlei Bezügen auf die europäische Kultur- und Sozialgeschichte des Judentums verweist Lewinskys in der Schweiz situierter Roman auf das Jüdische als nicht nur lokales, schweizerisches, sondern auch ein globales, nationenübergreifendes Kulturphänomen. Nichtsdestoweniger eröffnet sich dem Leser von *Melnitz* vor allem ein buntes und detailreiches Panorama der jüdischen Schweiz mit bedeutenden kulturellen und historischen Akzenten, die in die Einzelgeschichten der Familie Meijer eingebunden werden. Mit vielen jiddischen Ausdrücken geschmückt, die dann im Anhang in Form eines Glossars erläutert werden, präsentiert der ‚jüdische Schweizer Spiegel' vor allem den Blick auf die Eidgenossenschaft von innen – aus der Perspektive der Juden. So findet 1893 die Debatte um das Schächtverbot, die bereits erwähnte erste Volksinitiative in der Schweiz[31], in Endingen, dem Heimatdorf der Meijers, statt und verwandelt sich in eine Demonstration antisemitischer Haltungen: „wie bis in unsere Tage wurde

---

31 Zum Phänomen des Schächtverbots in der Schweiz vgl.: Beatrix Mesmer: *Das Schächtverbot von 1893*. In: Aram Mattioli, Anm. 27, S. 215–239.

der Abstimmungskampf auch damals längst nicht nur unter berechtigten tierschützerischen Aspekten geführt, sondern war auch geladen mit antijüdischen Ressentiments."[32]

Die eine große gesellschaftliche Resonanz auslösende Diskussion um rituelles Schlachten stellte für die damals gerade frisch erworbene Emanzipation des Schweizer Judentums eine beträchtliche Zäsur dar, was deren starke Akzentuierung in Lewinskys jüdischem Panoramabild der Schweiz zu legitimieren scheint. Dabei integrierte der Autor in die Meijer-Geschichte historisch belegbare Fakten, Zeitdokumente und Personen jener Debatte. Zum radikalsten Exponenten der judenfeindlichen Position bei der Schächtkampagne wird bei Lewinsky Dr. Jakob Stern, ein zum Atheisten gewordener ehemaliger Rabbiner aus Buttenhausen, der bei der Diskussion in Endingen als schärfster Gegner des jüdischen Metzgers und Schwiegersohns von Salomon Meijer, Pinchas Pomeranz, auftritt. Hinter der Figur Dr. Sterns verbirgt sich der für die Schweizer Schächtverbot-Initiative einflussreiche Ex-Rabbiner Jakob Stern, der von seiner Gemeinde wegen der „abweichenden Ansichten abgesetzt war"[33]. Seine 1880 in Zürich veröffentlichte Broschüre *Thierquälerei und Thierleben in der jüdischen Literatur* diente den Schächtverbot-Befürwortern – so auch in der in *Melnitz* veranstalteten Debatte – als Unterstützung der Argumente, das Schächten sei eine zwar im Talmud festgehaltene Regel und alte mosaische Tradition, finde jedoch keine Widerspiegelung im jüdischen Gesetz schlechthin.[34] Indem Dr. Stern in *Melnitz* das in Endingen versammelte Publikum auf seine Publikation verweist, „mit einem rabbinisch-theologischen Gutachten über das Schächten als Anhang" (258), macht er die sich dem Schächtverbot widersetzenden Juden auf die innerjüdische Spaltung hinsichtlich des mosaischen Kultus wie der Speisegesetze aufmerksam. Ähnlich wie der historische so beruft sich auch der fiktive Jakob Stern nämlich auf ein Gutachten des Frankfurter Reformrabbiners Leopold Stein[35], der sich in Deutschland für eine Modernisierung der jüdischen Sitten und Gesetze einsetzte, sich jedoch mit seiner fortschrittlichen Gesinnung gegenüber der orthodoxen Gemeinschaft, trotz einiger Erfolge, nicht durchsetzen konnte.

---

32 Claudia Kühner: *Vom Viehhändler zum feinen Herrn*. In: Tages-Anzeiger, 04.02.2006.
33 Beatrix Mesmer, Anm. 31, S. 223.
34 Vgl. ebd.
35 Vgl. ebd. Die Autorin Beatrix Mesmer behauptet in ihrem Beitrag, Jakob Stern habe das Gutachten des Rabbiners Leopold Stein als Anhang in seine Broschüre bereits nach dessen Tod aufgenommen, dies scheint jedoch kaum möglich zu sein; Sterns Publikation entstand 1880, Leopold Stein ist dagegen laut mehreren biographischen Eintragungen erst 1882 gestorben.

Es gibt kaum ein gesellschaftspolitisches Ereignis der Zeit, das nicht eine Auswirkung auf die Existenz der Meijers hätte:

> Ob Viehhändler oder Warenhausbesitzer, ob Schneider oder Metzger, Konvertit oder Talmudschüler oder zionistischer Aktivist – eine jede Figur in dem Roman hat ihre Funktion, die es dem Autor erlaubt, relevante Phänomene der Zeitgeschichte in seine Endinger Chronik einzubauen.[36]

So sind im Hintergrund des Romangeschehens nicht nur die Wirrungen des Ersten und des Zweiten Weltkrieges in Europa zu vernehmen, sondern sie beeinflussen unmittelbar auch das Leben der Familie. Vom Kriegsgeschehen sind Jankis Tochter Hinda und ihr Mann Zalman Kamionker betroffen, deren Sohn Ruben, in einer Rabbinerschule in Ostgalizien um 1914 in Lebensgefahr gerät und von seinem Vater zurück in die Schweiz in Sicherheit gebracht wird. Zalman Kamionker, eine der buntesten und komplexesten Figuren des Romans, repräsentiert einerseits das die Schweizer soziale Landschaft der ersten Hälfte des 20. Jahrhunderts prägende Ostjudentum, andererseits vertritt er aber auch die sich damals in der Eidgenossenschaft stark machenden Sozialisten – damit ergänzt Zalmans Figur Lewinskys jüdisches Panorama um wesentliche Elemente des Schweizbildes. 1893 aus Amerika zum Zürcher Sozialistenkongress angereist, findet der ursprünglich aus Ostgalizien stammende Kamionker in der Limmatstadt nicht nur eine Ehefrau, sondern auch einen Ort, an dem er seine soziale Berufung erfüllen kann. Als aktiver Gewerkschafter kämpft er beim Generalstreik 1918 „in vorderster Front für die Achtundvierzigstunden-Woche" (583), während des Ersten Weltkrieges gründet er einen Hilfsfonds für Flüchtlinge aus Galizien und wirkt aktiv bei der Unterstützung von Ostjuden mit. Als Schneider gründet Zalman in den 1930er Jahren eine Kleiderfabrik, um in erster Linie den in der Zeit der Wirtschaftskrise verarmten Ostjuden Arbeitsplätze zu geben:

> Die Krise traf vor allem die Ostjuden, denen man ihre Herkunft noch anhörte, und die, wenn man ehrlich sein wollte, von den alteingesessenen Schweizer Juden nicht sehr geschätzt wurden. Aus diesen eigentlich ganz gut eingeschweizerten Flüchtlingen waren plötzlich wieder fremde Fötzel geworden, die die Eidgenossenschaft überfremdeten und einem die knappen Stellen wegnahmen. (582)

Lewinsky legt dem Ostjuden Zalman Worte in den Mund, die die schweizerische Einbürgerungspolitik der 1930er und 1940er Jahre widerspiegeln. Zwar gelingt es dem mit einer alteingesessenen Schweizer Jüdin verheirateten Kamionker, in der Schweiz Fuß zu fassen, seine Position kann aber bei weitem nicht

---

36 Klara Obermüller: *Hell leuchtet die Menora*, Anm. 5.

als repräsentativ für seine aus Osteuropa angereisten Landsleute gelten. Die sich seit Ende des 19. Jahrhunderts in allen Kantonen vertiefende Diskriminierung von Ostjuden, die zwar gegenüber anderen Ausländern – etwa aus Frankreich, Deutschland und Italien – eine quantitativ unbedeutende Minderheit darstellten, nach Einschätzung der Behörden jedoch von völlig fremder Kultur und fremdem Geist geprägt waren, erreichte nach dem Ersten Weltkrieg ihren Höhepunkt und ging allmählich in eine institutionelle Ausgrenzung von allen sich um die Einbürgerung bewerbenden Juden über.[37] Jene Benachteiligung erfolgte bereits kurz nach 1900 auch in Form von beruflicher Ausgrenzung der Ostjuden etwa in den Kantonen Bern, Luzern und in der Stadt Zürich, indem man ihnen durch Verweigerung der Hausiererpatente die Handelsfreiheit einschränkte. Mit der Zeit wurde die Arbeitserlaubnis und Einbürgerung nicht nur den Emigranten verweigert, sondern auch Juden, die bereits in der zweiten Generation in der Schweiz ansässig waren, also auch dort geboren, jedoch noch nicht eingebürgert wurden.[38] Somit wurden viele Juden zur Auswanderung gezwungen, die in ein offiziell als ihre Heimat geltendes Land zurückkehren sollten, dessen Sprache und Kultur ihnen oft völlig fremd waren.

Die schwierige Situation der Ostjuden in der Schweiz der 1930er Jahre präsentiert Lewinskys Roman demnach vor der Folie der wirtschaftlichen Krise sowie der restriktiven Fremdenpolitik und exponiert mit der Figur Zalman Kamionkers einen Vertreter jenes benachteiligten Volkes, der den stereotypen Eigenschaften des Ostjuden kaum zu entsprechen scheint. Zalmans soziales Engagement wird vom Kampf für das Wohl der eigenen Familie begleitet, er präsentiert sich als fürsorglicher Ehemann und Vater sowie als ein nach religiöser Tradition lebender Jude. Die detailreiche Darstellung sowohl der alltäglichen als auch der feierlichen Rituale im Haushalt der Kamionkers, mit allerlei jiddischen Begriffen geschmückt, liefert dem Leser ein vielfältiges Bild des jüdischen Lebens in der Schweiz. Dem in Körper und Geist starken Zalman wird jedoch auch exemplarisch das tragische Schicksal der Juden im Zweiten Weltkrieg aufgebürdet. Nachdem sein Sohn Ruben, der als Rabbiner mit Ehefrau und vier Kindern nach Hitlers Machtübernahme in Deutschland, in Halberstadt, „einem Zentrum der jüdischen Orthodoxie" (564) lebt, die Rückkehr in die Schweiz verweigert hat, wird sein Verschollensein eindeutig mit dem Holocaust in Zusammenhang gebracht.

Der tödlichen Gefahr des Nationalsozialismus unbewusst, gibt Ruben seines Amtes wegen die schweizerische Staatsangehörigkeit auf, um die deutsche

---

37 Vgl. Patrick Kury. In: Aram Mattioli, Anm. 27, S. 435.
38 Vgl. Jacques Picard, Anm. 27, S. 67 f.

annehmen zu können. Mit dem deutschen Antisemitismus bereits vertraut, glaubt er gegen jede Art von Benachteiligung schon immun zu sein und kann zu diesem Zeitpunkt noch nicht voraussehen, dass das Dritte Reich unter dem Begriff der „Endlösung der Judenfrage" zur völligen Judenvernichtung bereit ist: „Sie schikanieren uns zwar, meinte er, aber wir Juden sind das ja gewöhnt. Umbringen werden sie uns nicht gerade." (564). Der Rabbiner Ruben – als einziger der weitverzweigten schweizerisch-jüdischen Familie Meijer – trägt stellvertretend die Last des Holocaust, der die sichere Schweizer Existenz seiner Angehörigen erschüttert und zugrunde richtet. Das herannahende Verhängnis macht der Familie wieder der untote Melnitz bewusst: „Ich spüre es in allen Knochen: es geht wieder los, ja." (689). Erst in dem mit dem Datum 1945 signierten Epilog verrät Melnitz den lange Jahre in Sehnsucht nach ihrem Sohn lebenden Kamionkers die Umstände seines Todes, die im Kontext der sechs Millionen getöteten Juden zu deren grausamer Geschichte verwoben werden:

> Er wusste zu sagen, wo man Ruben abgeholt hatte und wohin gebracht, an welchem Tag und zu welcher Stunde, wo er zuerst gewesen war und wo nachher hingekommen, auf welchem Weg und mit welchem Transport. Er erzählte, wo man ihn noch gesehen hatte und wo schon nicht mehr, berichtete, was mit ihm geschehen war, bevor sich seine Spur verlor, sich untrennbar vermischte mit den Millionen anderer Spuren, die Onkel Melnitz auch alle kannte, und von denen er auch alles zu erzählen wusste, an langen dunklen Tagen und in langen wachen Nächten. Er sprach ruhig und ohne Eile, wie einer, der weiß: die Geschichten werden mir nicht ausgehen. (759 f.)

Das schreckliche Bewusstsein, aus der Perspektive der sicheren Schweiz der jüdischen Vernichtung zusehen zu müssen, macht Lewinskys Figuren zu zwar vom Krieg verschonten, jedoch den Tod mittragenden Zeit- und Schicksalsgenossen der Shoah-Opfer.

5.2. Die ‚schweizerischen Spielarten' des Nationalismus

Indem Lewinsky in seinem Roman die immer lauter werdenden antisemitischen Stimmen auf Zürcher Straßen und an anderen öffentlichen Orten erklingen lässt, verweist er mit Nachdruck auf einen der dunkelsten Abschnitte der schweizerischen Judengeschichte, auf die sich am Nationalsozialismus orientierende judenfeindliche Propaganda des Frontismus[39], einer in der Schweiz aktiven Bewegung, die sich bereits nach dem Landesstreik 1918 als antikommunistische, nationalkonservative Gruppierungen bemerkbar machte, mit Hitlers Machtübernahme 1933 immer stärker wurde und bis zu ihrem Verbot Anfang der vierziger Jahre u.a. die

---

39 Vgl. dazu ebd., S. 51–59.

„Reinhaltung des Blutes, Verhinderung der Zuwanderung von Juden und Sondergesetzgebung für die bereits im Land ansässigen"[40] postulierte. Gerade in dem für *Melnitz* bestimmten Zeitrahmen 1871–1945 kristallisierten sich infolge von drei antisemitischen Wellen[41] innerhalb der Schweizer Gesellschaft die lange nachwirkenden judenfeindlichen Denkmuster heraus: Als erste antisemitische Welle galt die auch bei Lewinsky detailreich erörterte Diskussion um das Schächtverbot, die zur Annahme jenes Gesetzes führte und das Leben der Schweizer Juden wesentlich beeinträchtigte. Die zweite Welle begann gegen Ende des Ersten Weltkrieges, gestärkt durch die Auswirkungen der Flüchtlingspolitik jener Jahre und durch den Landesstreik 1918 und unterstützt durch die 1917 ins Leben gerufene Institution der Fremdenpolizei.[42] Bei Lewinsky sind es etwa die Schweizer Juden Janki und François, denen die Verachtung ihrer nichtjüdischen Mitbürger gilt sowie die um Zalman und dessen Kleiderfabrik versammelten Ostjuden und Immigranten, die von Ausgrenzung betroffen sind: „Es gab schon genügend Flüchtlinge in der Schweiz, sagten die Blicke, wo man es doch wegen des Krieges auch so schon schwer genug hatte." (548). Die dritte und zugleich heftigste antisemitische Welle hatte ihren Höhepunkt in der Frontenbewegung, deren Tätigkeit ebenfalls in *Melnitz* durch Demonstrationen, Versammlungen und Publikationsorgane[43] das Bild Zürichs sowie die öffentliche Meinung der Schweizer wesentlich prägt.

Der Schweizer Antisemitismus der ersten zwei Dekaden des 20. Jahrhunderts, genährt von den Überfremdungs-Ängsten angesichts der ins Land strömenden Immigranten des Ersten Weltkrieges, von rechtlich-behördlichen Restriktionen und zunehmender judenfeindlicher Agitation sowohl in katholisch-konservativer als auch in liberaler Presse[44] erhielt in den 1930er Jahren „eine aggressive

---

40 Separat-Abdruck aus der Zeitung Die Front, Nr. 16, 17 & 18 von 1942.
41 Vgl. Thomas Metzger: *Antisemitismus in der Stadt St. Gallen 1918–1939*. Academic Press Fribourg 2006, S. 71–77.
42 Vgl. dazu u.a. Patrick Kury: *Über Fremde reden. Überfremdungsdiskurs und Ausgrenzung in der Schweiz 1900–1945*. Veröffentlichungen des Archivs für Zeitgeschichte 4. Zürich: Chronos 2003; Uriel Gast: *Von der Kontrolle bis Abwehr. Die eidgenössische Fremdenpolizei im Spannungsfeld von Politik und Wirtschaft 1915–1933*. Zürich: Chronos 1997.
43 Neben der von Lewinsky in die Handlung seines Romans integrierten Zeitung „Die Front", haben in der Schweiz der 1930er und 1940er Jahre viele andere frontistische Presseorganen antisemitische Propaganda betrieben, u.a. „Der Eidgenosse", „Steiner Grenzbote", „Eiserner Besen", „Volksbund", „Schweizervolk". Vgl. dazu Thomas Metzger, Anm. 41, S. 75.
44 Vgl. dazu Patrick Kury, Anm. 42, S. 437 f; Urs Altermatt, Anm. 27.

Note"[45]. In Lausanne wurde 1932, und unmittelbar danach auch in anderen Regionen, eine Sektion des Front National ins Leben gerufen, der sich bald zum Ziel setzte, in der gesamten Schweiz Strukturen einer an der NSDAP orientierten faschistischen Partei aufzubauen.[46] Einen offensiven Antisemitismus betrieben auch Zeitungen wie etwa die Genfer „Homme de droit" und „Réaction", die sich in ihrem Untertitel unverhohlen als „antisemitisch" profilierten. In der immer aggressiveren, sich kämpferisch gebenden antijüdischen Agitation wurde auf den Zürcher Straßen der auch bei Lewinsky erklingende faschistische Aufruf „Juda verrecke" wahrnehmbar, genauso wie „Krawalle, Strassenkundgebungen, Aufmärsche, Schmiereien, nächtliche Telefonanrufe und Flugblätter"[47].

Seinen Höhepunkt erreichte der Schweizer antisemitische Aktionismus im April 1942, als in Europa die Massenvernichtung von Juden bereits in vollem Gange war, jedoch weder die Alliierten noch die Neutralen bereit waren, ihr Wissen um den Holocaust in ein Handeln umzusetzen.[48] Im helvetischen Payerne wurde zu dieser Zeit der jüdische Viehhändler Arthur Bloch von Anhängern einer Frontistengruppe in einem Stall bestialisch ermordet. So verwirklichte sich in der Schweiz der vielerorts von deutschen Nazisten mitfinanzierte und deren Vorgehensmethoden übernehmende Terror gegen die Juden, der nicht zuletzt aus gewissen, von eidgenössischen Intellektuellen inspirierten und geschaffenen Strukturen hervorging. Um 1930 gründeten die jungliberalen Studenten an der Universität Zürich die „Neue Front", eine sich als elitär definierende akademische Gruppierung, die sich 1933 mit der proletarisch-völkischen Nationalen Front zum „Kampfbund Neue und Nationale Front" zusammenschloss, um kurz danach die Partei Nationale Front ins Leben zu rufen.[49] In Koalition mit bürgerlichen Parteien erwarb die Nationale Front 1933 sogar einige Mandate im Nationalrat, in der gesamten Schweiz konnte sie sich jedoch angesichts einer mittlerweile stark gewordenen gesellschaftlichen Opposition nicht durchsetzen. Ab 1935 verlor die Nationale Front infolge innerer Konflikte und finanzieller Hindernisse immer mehr an Bedeutung, zumal ihre offizielle Anlehnung an den Faschismus sie als politische Partei bei den meisten Schweizer Wählern diskreditierte.

Lewinskys jüdisches Schweizbild ist geprägt von vielfältigen Perspektiven der Darstellung, sodass der Roman zu einem polyphonen Konstrukt wird, in

---

45 Jacques Picard, Anm. 27, S. 53.
46 Vgl. ebd., S. 56.
47 Ebd., S. 57.
48 Vgl. dazu ebd., S. 406–422.
49 Vgl. Hans Stutz: Frontisten und Nationalsozialisten in Luzern 1933–1945. Luzern: Raeber 1997; Jacques Picard, Anm. 27, S. 56.

dem neben den Juden selbst eine weltanschaulich heterogene Gesellschaft zu Wort kommen kann. Inmitten der in sich geschlossenen, homogenen jüdischen Gemeinschaft lässt der Erzähler nämlich Figuren erscheinen, die aufgrund ihrer ideologischen Ladung als Gegenspieler jener jüdischen Gestalten gelten und dadurch deren Gesamtansicht im Wesentlichen komplementieren. So öffnet sich dem Leser vor dem Hintergrund der sich verschärfenden antisemitischen Tendenzen der 1930er Jahre eine sich dynamisch entwickelnde, rauhe Freundschaft zwischen Hillel – dem Enkel von Zalman Kamionker und Sohn des jüdischen Lehrers Adolf Rosenthal – und dem Schweizer Frontisten-Freund Böhni. Vermittels dieser kompositorischen Maßnahme wird zum einen der direkte Einblick in das Milieu der Schweizer Nationalisten sowie in die von offenem Antisemitismus geprägte Zürcher Realität jener Zeit ermöglicht, zum anderen eine direkte Konfrontation zweier gegensätzlich gesinnter, doch eine scheinbar unmögliche, gemeinsame Verständnisebene findender junger Menschen zur Schau getragen. Mit der Figur des jüdischen Hillel Rosenthal wird dem Leser zugleich die Idee des Zionismus, mit Böhni dagegen die Ideologie der Frontbewegung näher gebracht.

Als Schüler der Zürcher Bauernschule Strickhof treffen sich die beiden Jungen – der Jude Hillel Rosenthal und der Fröntler-Freund Böhni – auf einem ideologisch neutralen Territorium und werden durch eine gemeinsame Aufgabe zur Kooperation bewogen – sie sollen nämlich mit einem Pferdegespann Milchkannen in die Molkerei bringen, dabei veranstalten sie jedoch in der Zürcher Innenstadt eine unkontrollierte Rennfahrt. Mit Schuld und Verantwortung an dem Streich gleich belastet, erhalten die Jungen Strafarbeit und kommen dabei einander immer näher. Ihre Bekanntschaft ist jedoch durch die permanente Reibung zweier Weltanschauungen gezeichnet, die wiederum eng mit der Herkunft der beiden zusammenhängen:

> Böhnis Eltern hatten immer hart gearbeitet, geschuftet hatten sie, und wussten doch nicht oft, wo sie zu den Kartoffeln das bisschen Fleisch hernehmen sollten. Das war nicht gerecht, und Böhni, der auf seine Art auch ein Denker war, war dankbar gewesen, als ihm jemand eine Erklärung dafür bot. Die Juden waren schuld, mit ihren Warenhäusern und Banken, die alle nur das Ziel hatten, den kleinen Mann auszusaugen und nicht hochkommen zu lassen. Er war selber nicht bei der Nationalen Front eingetreten, da musste man zu oft an Versammlungen und Aufmärsche, aber ihre Zeitung las er regelmäßig und fand, dass alles Hand und Fuß hatte, was dort stand. (581)

So wird die jüdisch-frontistische Quasi-Freundschaft – die beiden Jungen weigern sich nämlich, trotz immer größer werdender gegenseitiger Vertrautheit, einander als Freund zu betrachten – zum Barometer der aktuellen sozialen Verhältnisse in der Schweiz und das ihnen gegenwärtige Zürich wird dabei nicht selten zum Schauplatz allerlei Spannungen und antisemitischer Stimmungen. Während die beiden Jungen mit dem Pferdewagen durch die Zürcher Innenstadt fahren, wählt Hillel absichtlich den Weg über die Fortunagasse, wo

> das ‚Beth Hechaluz', ein Haus, in dem zwei Dutzend junge Pioniere, eben die Chaluzim, auf eine Gelegenheit warteten, nach Palästina weiterreisen zu können. Es waren alles Flüchtlinge, Deutsche und aus Deutschland abgeschobene Polen. (575)

In der Hoffnung, dort ein jüdisches Mädchen, „eine gewisse Malka Sofer aus Warschau" (576) mit der Kutsche beeindrucken zu können, fährt Hillel an der jüdischen Unterkunft vorbei und wird unverhofft Zeuge einer antisemitischen Demonstration: „graue Fröntler-Hemden hatten sie an und standen in Reih und Glied, fast militärisch. Ihre Fahne hatten sie auch dabei, die weißen Balken des Schweizerkreuzes bis zum Rand durchgezogen auf dem roten Grund." (576). Von judenfeindlichen Parolen begleitet („Geht zurück nach Polen, der Teufel soll euch holen", 576), gerät Hillels Kutsche gerade zu diesem Zeitpunkt außer Kontrolle, sodass es dem Jungen gelingt, mit galoppierenden Pferden die Frontisten auseinanderzutreiben.

Während seines Besuchs bei Hillel wird der nationalistisch gesinnte Böhni in eine Diskussion über Zionismus verwickelt, die der jüdische Kamerad mit dem Vater führt. Weder das Phänomen der zionistischen Idee verstehend, noch zu jeglichem konstruktiven Meinungsaustausch bereit, zeigt sich der junge Fröntler-Freund als ein unselbständig denkender, den nationalistischen Vorurteilen blind folgender Mitläufer. Bei jener Auseinandersetzung wird jedoch deutlich, wie an vielen anderen Stellen des Romans, dass man sich auch in der Schweiz bis zu den letzten Momenten vor dem Ausbruch des Zweiten Weltkrieges der herannahenden Katastrophe nicht bewusst sein wollte:

> Außerdem sei das mit den Flüchtlingen nur ein vorübergehendes Phänomen, der Hitler werde sich auch nicht ewig an der Macht halten, und bis so ein Staat in Palästina gegründet sei, hätte der Nationalsozialismus schon lange abgewirtschaftet. Lange mache der es nicht. (621)

Den Höhepunkt seiner Konfrontation mit dem antisemitischen Böhni erlebt Hillel, indem er eine vonseiten des Kameraden initiierte Wette eingeht, an einer Versammlung der Nationalen Front teilzunehmen. In der detailgenauen, einem chronikalischen Bericht ähnelnden Beschreibung jener Veranstaltung spiegelt sich die Idee der Frontbewegung wider, die einem der Redner als Schlusssatz in den Mund gelegt wird: „Juden kann man nicht bessern, man kann sich ihrer nur entledigen." (661). Die Frontisten beschränken sich nicht nur auf den verbalen Judenhass, sondern gehen zum Angriff über, sobald aufgedeckt wird, dass unter den Versammelten ein Jude ist. An dieser Stelle wird die Freundschaft der zwei weltanschaulich extrem verschiedenen jungen Männer unter Beweis gestellt:

> Der Ansturm der Fröntler kam von allen Seiten. Hillel hatte gar nicht die Zeit, sich zu fragen, warum der Böhni plötzlich Rücken an Rücken mit ihm stand und ihn verteidigte. Dabei waren sie sich doch herzlich unsympathisch, und Freunde, nein, Freunde waren sie ganz bestimmt nicht. (662)

Die Geschichte sowohl des deutschen als auch des schweizerischen Antisemitismus bindet Lewinsky nicht zuletzt auch an Arthur Meijer, Jankis und Chaneles jüngsten Sohn, der – im Gegensatz zu seinem französischen Vater und seinem französischen Bruder François – sich zum Schweizertum bekennt und symbolisch für die sich wandelnde Situation der Schweizer Juden im 20. Jahrhundert steht. Während seine Vorfahren unter rechtlicher Benachteiligung noch auf Viehhandel und Hausieren angewiesen waren, bringt es Arthur zum Arztberuf und erobert für sich gesellschaftliche Akzeptanz. Indem ihm jedoch im Roman eine Vermittler- und Retterrolle zukommt, wird er mit allerlei Krisensituationen konfrontiert, die das schweizerische und das deutsche Staats- und Gesellschaftssystem vor dem Hintergrund des fortschreitenden Nationalismus und Faschismus demaskieren.

Mit besonderer intellektueller Begabung, doch einem wesentlich kleinen Selbstwertgefühl ausgestattet, präsentiert sich Arthur in seinem Milieu als Außenseiter, der homosexuelle Neigungen in sich entdeckt und mit diesem Gefühl nicht klar kommen kann; emotional stark gebunden fühlt er sich jedoch an seine jüdischen Verwandten. „Es ist schön, zu einer Familie zu gehören" (371), bekennt er angesichts der Konversion seines älteren Bruders. Zu dem alten Salomon Meijer verspürt er bereits in seiner Kindheit eine besondere Nähe. Als der Viehhändler im Sterbebett liegt, wacht Arthur bei ihm und beobachtet seine Krankheit mit wissenschaftlicher Neugierde eines zukünftigen Arztes. Für jede Art Wohltätigkeit bereit, übernimmt Arthur die ärztliche Versorgung eines Kinderheimes, in dem auch jüdische Flüchtlingskinder aus NS-Deutschland betreut werden. Seine Bemühungen, die Rückkehr von zwei jüdischen Kindern in das von Hitler-Diktatur beherrschte Land zu verhindern, werden ihm zu einer richtigen Mission und geben dem Leser Einsicht in die Funktionsmechanismen des deutschen wie des schweizerischen Staates unter gewandelten politisch-gesellschaftlichen Umständen der 1930er Jahre.

Während Arthur angesichts des sich im Deutschen Reich verschärfenden nationalsozialistischen Terrors an die schützende Macht der Schweizer Neutralität und Demokratie glaubt, sind in seiner Umgebung gegenüber der helvetischen Unversehrtheit immer mehr skeptische Stimmen zu vernehmen:

Soll man wirklich abwarten, bis es auch bei uns so weit ist? Vielleicht wäre es klüger, rechtzeitig die Koffer zu packen? [...] – Lass dir von diesen Fröntlern keine Angst machen. In unserm Land werden sie nie eine Mehrheit finden. – Mag sein. Ich bin mir nur manchmal nicht sicher, ob das auch wirklich noch unser Land ist. (626 f.)

Diese ihrer Heimat geltende kritische Position bezieht Arthurs Cousine Désirée als Schweizer Jüdin aus direkter Konfrontation mit ihren Mitbürgern zur Zeit des sog. ‚Frontenfrühlings'[50] in der Schweiz, einer auf Hitlers Machtergreifung zurückgehenden Intensivierung von nationalkonservativen und rechtsradikalen Ideen und Parolen. Dazu gehörten allerlei judenfeindliche Gesten und Verhaltensweisen unter zynischer Berufung auf eine von der Verfassung der Eidgenossenschaft garantierte Meinungsfreiheit (Schriftzüge wie etwa die an einer Berner Synagoge – „Juda verrecke", aggressives Nachrufen auf der Straße nach Art von „Jud, Jud, hänkt dich an ein Schtud!", sowie der dem Nazideutschland entgegengebrachte Respekt: „dass man in seinem Land endlich aufräume und Ordnung mache" 627).

In Lewinskys Roman bündeln sich in dem jüdischen Laden wie in einer Linse die Stimmungen jener Zeit und es tritt dabei „die antisemitische Dynamik des Frontismus"[51] zum Vorschein. Die den Romanfiguren regelmäßig widerfahrenden judenfeindlichen Angriffe nehmen seit Anfang der 1930er Jahre ein gefährliches Ausmaß an: Désirée, Rachel, Hillel und nicht zuletzt Arthur werden aufgrund ihrer jüdischen Herkunft Opfer verbaler oder körperlicher Gewalt. Charles Lewinsky verschweigt in *Melnitz* nicht die Tatsachen, die in der Schweiz längst zum Gegenstand des öffentlichen und wissenschaftlichen Diskurses geworden sind. Die seit der Jahrhundertwende in der Schweiz ansteigenden antisemitischen Töne, die vor allem durch starke Migration emanzipierter Juden in die Städte sowie zunehmende Einwanderung der Israeliten aus Osteuropa[52] zu erklären waren, mündeten, stimuliert durch die Weltwirtschaftskrise einerseits und die Entwicklung des Nationalsozialismus andererseits, in „die schweizerischen Spielarten des Faschismus"[53] aus.

Der Schatten des Nationalismus, Frontismus und Antisemitismus legte sich über die Schweiz der ersten Hälfte des 20. Jahrhunderts. An Lewinskys

---

50 Vgl. dazu etwa Jacques Picard: *Die Schweiz und die Juden*, Anm. 27; Walter Wolf: *Faschismus in der Schweiz. Die Geschichte der Frontenbewegungen in der deutschen Schweiz 1930–1945*. Zürich: Flamberg Verlag 1969.
51 Jacques Picard, ebd., S. 51.
52 Vgl. dazu: Patrick Kury: «*Die Stilverderber, die Juden aus Galizien, Polen, Ungarn und Russland... Überhaupt die Juden.*» Ostjudenfeindschaft und die Erstarkung des Antisemitismus. In: Aram Matttioli, Anm. 27, S. 423–443.
53 Jacques Picard, Anm. 27, S. 51.

Melnitz-Figuren wird exemplarisch die jüdische Emanzipation und Diskriminierung innerhalb ihres helvetischen Lebensraums vorgeführt. Arthurs fester Glaube an die sichere Schweiz einerseits und seine anfängliche Geringschätzung der nationalsozialistischen Gefahr andererseits scheinen ein Resultat der gesellschaftlichen wie zivilisatorischen Entwicklung seiner Generation zu sein: Die modernen westeuropäischen Existenzformen und der schnelle Fortschritt in allen Lebensbereichen verstärkten auch bei den Schweizer Juden das Bewusstsein einer neuen Ära und das Vertrauen auf die endgültige Befreiung von dem Joch des ewig anhaltenden Judenhasses.

Diese Zuversicht begleitet alle jüdischen Figuren des Romans und wird allmählich durch die tragischen Schläge der Geschichte zerstört – Lewinsky nimmt ihnen nicht nur durch die Darstellung der äußeren, gegen Juden gerichteten Verhältnisse, sondern auch nachdrücklich durch die alles verdunkelnde Gestalt des Onkels Melnitz die Illusion, endlich in einem sicheren Zeitalter leben zu dürfen. So muss auch der optimistische Arthur von Melnitz eines Besseren belehrt werden:

> Aber es geht so weiter, sagte Onkel Melnitz. «Jedes Mal geht es so weiter.» «Wir leben im zwanzigsten Jahrhundert.» «Das ist natürlich etwas anderes.» Onkel Melnitz lachte und hustete und spuckte. «Etwas ganz, ganz anderes, ja. Im wunderschönen zwanzigsten Jahrhundert leben wir. Nicht mehr im schlimmen neunzehnten oder im bösen achtzehnten oder im schrecklichen siebzehnten.» «Das ist nicht dasselbe!» […] «Die Gegenwart ist immer etwas anderes. Und noch nie war sie so anders wie im ach so wunderbaren zwanzigsten Jahrhundert. Wo es elektrisches Licht gibt. Und Flugzeuge. Und Radio. Und nur noch gute Menschen. Da können solche Sachen natürlich nicht mehr passieren. Nie, nie mehr, nicht wahr, Arthur?» (611 f.)

Eine Ernüchterung erlebt Arthur Ende der 1930er Jahre, indem er mit der Schweizer Flüchtlingspolitik in Berührung kommt. Die beiden deutschen Flüchtlingskinder Irma und Moses Pollack betreuend, versucht er für deren Mutter, die als Jüdin im nationalsozialistischen Deutschland in akuter Lebensgefahr ist, vergebens eine Arbeitsbewilligung in der Schweiz zu besorgen. In seinem Gespräch mit einem Zürcher Beamten lassen sich, einem chronikalischen Bericht jener Zeit ähnlich, die „Anweisungen, Vorschriften, Richtlinien" (679) des Schweizer Staates bezüglich der Aufnahme von Asylsuchenden verfolgen, aus denen die judenfeindliche Fremdenpolitik zu erschließen ist:

> Noch ist unser Land gesund. Von der Krankheit des Antisemitismus sind wir zum Glück verschont geblieben. Weitgehend verschont. Aber wenn jetzt plötzlich an jeder Ecke ein Jude stünde, ein fremdländischer Jude auch noch – wie lange würde die Schweiz immun bleiben? Und wenn so eine Infektion erst einmal da ist … (681 f.)

Darüber hinaus zitiert der Beamte auswendig gelernte Vorschriften, denen gemäß Arbeitsbewilligungen an Ausländer nur in Fällen erteilt werden, wenn „kein ausreichendes Angebot an einheimischen Bewerbern vorliegt" (679). Der Standpunkt des die Arbeitsanträge bearbeitenden Beamten Herrn Bisang stimmt mit den Richtlinien der Flüchtlings- sowie der Überfremdungspolitik der Schweiz der Zwischenkriegszeit 1919–1939 überein.[54] Der Begriff ‚Überfremdung' wurde bereits um 1900 von dem Zürcher Armensekretär Carl Alfred Schmid in seiner Broschüre *Unsere Fremdenfrage* geprägt und entwickelte sich „zum Symbol eines Schlüsseldiskurses der schweizerischen Politik des gesamten 20. Jahrhunderts"[55]. Schon um die Jahrhundertwende erkannte Schmid die Einwanderung von Fremden als Invasion und sah „die Grenze des Unzulässigen erreicht"[56]. Die mit der Zeit immer stärker diskutierte ‚Fremdenfrage' und die institutionell sanktionierten Maßnahmen gegen die ‚Überfremdung' ließen den von Schmid lancierten Begriff „die Funktion eines allgemeinen kulturellen Codes"[57] annehmen. Während die Flüchtlingspolitik um 1900 hauptsächlich gegen die Ostjuden gerichtet war, kämpfte die 1917 gegründete Schweizer Fremdenpolizei nicht nur gegen die Einbürgerung von Fremden, sondern auch

---

54 In einem Kreisschreiben des Eidgenössischen Justiz- und Polizeidepartements an die Kantone vom März 1933 heißt es in Bezug auf die Zulassungspolitik: „Da die Schweiz übervölkert und überfremdet ist, steht jedem nicht zweifellos nur vorübergehenden Aufenthalt eines Ausländers *der allgemeine Gegengrund der Überfremdung* im Wege; nur wenn dieser durch stichhaltige und genügend starke Fürgründe überwogen wird, kann eine Bewilligung in Frage kommen. Das Gleiche gilt, wenn *die Lage des Arbeitsmarktes* dem Ausländer ungünstig ist und ebenso, wenn die *Erwerbstätigkeit* (auch ohne Stellenantritt) des Ausländers *volkswirtschaftlich nicht notwendig oder zum mindesten nicht ausgesprochen nützlich ist.*" [Hervorhebungen im Original – EM] Weisungen des EJPD zum Bundesgesetz über Aufenthalt und Niederlassung der Ausländer vom 26.03.1931, zit. nach: Patrick Kury, Anm. 28, S. 212 f.
55 Thomas Metzger, Anm. 41, S. 77.
56 Carl Alfred Schmid, hier zit. nach Stefan Mächler: *Kampf gegen das Chaos – die antisemitische Bevölkerungspolitik der eidgenössischen Fremdenpolizei und Polizeiabteilung 1917–1954.* In: Aram Mattioli (Hg.), Anm. 27, S. 361. Eine ähnliche Position zum Problem der Überfremdung vertrat auch der Schweizer Jurist Walter Burckhardt, der 1913 meinte: „Die Überfremdung ist für unsere politische Selbständigkeit und unsere nationale Individualität […] so gefährlich, dass es dringend notwendig ist, sie zum Gegenstand allgemeiner Diskussion zu machen und alles aufzubieten, diese friedliche, aber unheimliche Gefahr von unserem Vaterlande abzuwenden." Walter Burckhardt, hier zit. nach Stefan Mächler, ebd.
57 Urs Altermatt, Anm. 27, S. 132.

gegen die „berufliche Überfremdung"[58] der Schweiz. Gemäß den Richtlinien der Fremdenpolizei durften die Behörden die Aufenthalts- und Arbeitsbewilligung voneinander nicht trennen.[59] Was Arthur Meijer in Lewinskys Roman als Argument des Ausländeramtes gegen die Erteilung einer Arbeitserlaubnis für die deutsche Jüdin Rosa Polack hört, ist beinahe identisch mit dem 1934 veröffentlichten Kommentar des Juristen und zwischen 1920 und 1945 des ersten Adjunkten der Fremdenpolizei Max Ruth, der den Antisemitismus „für eine des rechten Schweizers unwürdige Barbarei"[60] hielt, gleichzeitig jedoch vor der Einlassung der Juden in die Schweiz warnte, denn „die kleine Schweiz ist nicht die Welt und kann sich nicht als Nationalpark auftun, in dem alle verfolgte Kreatur Schutz und freie Entfaltung findet"[61].

‚Überfremdung' wurde als ein wenig präzise definierter Begriff, je nach geschichtspolitischen Umständen entsprechend eingeengt oder erweitert, im Laufe des 20. Jahrhunderts diversen, nicht selten weltanschaulich extrem verschiedenen Institutionen, Gruppierungen und Individuen „zu einem Signum kulturellnationaler Identität"[62]. Dieser Logik zufolge war die Rhetorik der *Botschaft über die Organisation und die Aufgaben der schweizerischen Kulturwahrung und Kulturwerbung* von 1938 und der gesamten Konzeption der geistigen Landesverteidigung untergeordnet.[63] Infolge der „Ethnisierung der schweizerischen Staatsideologie"[64] wurde die autarke Eidgenossenschaft zum Idealbild erhoben und das Schweizertum zu einer hermetischen geistig-kulturellen Gemeinschaft, in der allerlei ‚fremde Elemente' als Störfaktoren galten und für das Land „verderblich"[65] waren.

Neben den zahllosen latenten wie ganz offenen Momenten des Schweizer Antisemitismus zwischen 1871 und 1945 greift Lewinskys Roman auch die letzte und extremste Phase der Judenverfolgung auf – kurz vor und während des Zweiten Weltkrieges – und schildert sie parallel aus dem Blickwinkel der neutralen

---

58 Stefan Mächler, Anm. 56, S. 371.
59 Vgl. ebd., S. 373.
60 Max Ruth, zit. nach Stefan Mächler, ebd.
61 Ebd.
62 Patrick Kury, Anm. 28, S. 208.
63 Vgl. dazu etwa: Urs Altermatt, Anm. 27, S. 132; Marc Tribelhorn: *Ein Volk von Murmeltieren. Als Gegenideologie zum Kommunismus und Faschismus definierte der Bundesrat vor 75 Jahren eine konservative Nationalkultur*. In: Neue Zürcher Zeitung, 7.12.2013.
64 Urs Altermatt, ebd.
65 Viktor von Ernst, zit. nach Urs Altermatt, ebd.

Schweiz und des Dritten Reiches. Dies kommt etwa zur Geltung, indem Arthur Meijer die deutsche Jüdin Rosa Pollack vor dem nationalsozialistischen Terror retten will und sich nach Deutschland begibt, um sie zu heiraten und um ihr und ihren Kindern somit den Aufenthalt in der Schweiz zu ermöglichen. In einem kühlen, sachlichen Erzählduktus wird über die Schikanen seitens der deutschen Grenzbeamten berichtet, die der jüdische Arzt über sich ergehen lässt, nachdem die Funktionäre eine Bescheinigung der Zürcher jüdischen Gemeinde in seinem Pass gefunden haben. Die vorsätzlich akkurat durchgeführte Grenzkontrolle nimmt sich in Einzelheiten wie folgt aus:

> Sie ließen ihm seine Unterhose, warfen nur kurz einen Blick hinein, einer nach dem anderen, und lächelten. Dann durfte er dabeistehen, während sie seine Sachen nach Schmuggelwaren durchwühlten. Sie taten es gründlich und mit einer gewissen Fürsorge. Als sie von seinen Schuhen die Absätze wegsäbelten, weil doch, man wusste ja nie, Diamanten darin verborgen sein konnten, legten sie anschließend die abgeschnittenen Teile sorgfältig wieder zurück, jeden ordentlich zu seinem Schuh, «nicht, dass es noch zu Verwechslungen kommt». [...] Den Saum seines Jacketts schnitten sie mit einer Rasierklinge auf, fanden aber weder Läuse noch Flöhe darin, und die neue Krawatte, die er für die Zeremonie eingepackt hatte, tauchten sie ins Tintenfass, zur Desinfektion, wie sie sagten. (726)

Den Briefen von Rosa Pollack dagegen, die sie vor ihrer Heirat 1937 an Arthur Meijer schickt, ist die dem Juden zuteil gewordene Lebensbedrohung inmitten des nationalsozialistischen Terrors zu entnehmen. Sie berichtet etwa von der Ermordung ihres Ehemannes durch die SA, eines vor 1933 Prozesse gegen die Nationalsozialisten führenden Anwalts, von judenfeindlichen Gesetzen, denen zufolge die Juden ihrer Häuser beraubt werden sowie von der im Namen des Rechts erfolgenden Beschlagnahme jüdischen Vermögens.

Das Bild des deutschen Antisemitismus und Totalitarismus wird in *Melnitz* von Felix Grün komplementiert, einem in die Schweiz gekommenen Berliner Flüchtling. Der ehemalige Kabarettist, der sich noch vor 1933 zusammen mit seinem Bühnenpartner erlauben konnte, dem Berliner Publikum politische Witze zu präsentieren, wird nach Hitlers Machtübernahme verhaftet und in ein Konzentrationslager gebracht. Im Sommer 1936 werden die beiden Künstler jedoch für die Zeit der Olympiade in Berlin freigelassen, damit die Touristen „ein weltoffenes Berlin sehen" (715) können. Sie dürfen, solange die Olympischen Spiele dauern, ihr altes Programm wieder auf der Bühne präsentieren: „Und wenn euch ein richtig scharfer Spruch zu uns einfällt, meinte der Mann in der braunen Uniform, dann nur keine Hemmungen. Wir sind nicht so. Wir haben Humor." (716 f.). In Grüns detailreicher, nahezu chronikalischer Schilderung der Berliner Realität der 1930er Jahre, gerade zu jener Zeit, als die Regierenden sich gegenüber der Weltöffentlichkeit bemühten, „dass keine peinlichen Details das schöne Gesamtbild störten" (716), werden die Mechanismen der nationalsozialistischen Propaganda enthüllt, die dann im Holocaust ihr tragisches Ende findet:

> Also waren am Kudamm die ‚Juden unerwünscht'-Kleber an den Ladentüren plötzlich nicht mehr erwünscht. Die Stürmerkästen rund ums Olympiastadion zeigten keine Hetzkarikaturen mehr, sondern nur noch Bilder von trutzig blickenden Athleten. Und im Strandbad Wannsee wurden die Schilder abmontiert, die ‚das Baden für Hautkranke und Juden' verboten. Berlin machte sich fein. Zog sich eine weiße Weste über das braue Hemd. (716)

Mit historischer Genauigkeit nimmt Lewinsky somit einen wesentlichen Abschnitt der NS-Geschichte in seinen Roman auf und stellt die Ereignisse um Hitlers Machterweiterung in den globalen Kontext der 1930er Jahre. Auf der einen Seite manifestiert sich gerade in der Herr-Grün-Geschichte aus der Zeit der Berliner Olympischen Spiele 1936 eine perfekt organisierte, die Weltöffentlichkeit erfolgreich täuschende nationalsozialistische Propaganda, auf der anderen Seite dagegen die erschreckende Passivität und mangelnde Wachsamkeit der Nationen, wie etwa der USA, wo trotz früherer Proteste und Aufrufe zur Boykottierung der Berliner Spiele die „New York Times" gegen Ende der Olympiade 1936 resümierte, „die Deutschen seien menschlicher geworden und in den Schoß der Nationen zurückgekehrt"[66]. Ungehört blieben die gegen die Veranstaltung der Olympischen Spiele im Deutschen Reich geäußerten Stimmen der vor 1936 verfolgten Juden und antifaschistischen Organisationen aus vielen Ländern.[67]

Mit der Figur des dem Tod im Konzentrationslager nur knapp entkommenen Felix Grün wird in *Melnitz* die Problematik des Holocaust anvisiert, in die der Roman letztlich mündet. All die individuellen jüdischen Geschichten, deren Zeuge und Wächter der unsterbliche Melnitz ist, sind in allerlei Verknüpfungen

---

66 Uwe Schmitt: *Wie Hitler Olympia-Gegner zum Schweigen brachte*. Die Welt, 08.05.2008.
67 Der nach Frankreich emigrierte Heinrich Mann rief zum Boykott der Olympiade in Berlin 1936 auf: „Ein Regime, das sich stützt auf Zwangsarbeit und Massenversklavung; ein Regime, das den Krieg vorbereitet und nur durch verlogene Propaganda existiert, wie soll ein solches Regime den friedlichen Sport und freiheitliche Sportler respektieren? Glauben Sie mir, diejenigen der internationalen Sportler, die nach Berlin gehen, werden dort nichts anderes sein als Gladiatoren, Gefangene und Spaßmacher eines Diktators, der sich bereits als Herr dieser Welt fühlt"; zit. nach Alexander Emmerich: *Olympia 1936: Trügerischer Glanz eines mörderischen Systems*. Köln: Fackelträger Verlag 2011, S. 13.

auf die Schweiz als gemeinsamen Nenner zurückzuführen. Ungeachtet der geopolitischen Sonderstellung der Eidgenossenschaft während des Zweiten Weltkrieges findet Lewinskys ‚jüdischer Schweizer Spiegel' seinen für 1945 markierten Ausgang in der Apokalypse des Holocaust. In dem narrativ gänzlich von Melnitz beherrschten Epilog wird die Erinnerung zum zentralen Anliegen – sowohl an die tragischen Figuren des Romans als auch an

> sechs Millionen neue Geschichten, ein dickes Buch, aus dem man eine Generation lang würde vorlesen können, ohne sich ein einziges Mal zu wiederholen. Geschichten, die nicht zu glauben waren, schon gar nicht hier in der Schweiz. (761)

Aus der Perspektive der Schweiz, „wo man all die Jahre auf einer Insel gelebt hatte" (761), schildert der sich permanent erinnernde Melnitz von Anfang an die jahrhundertelange, trübe Geschichte der Juden als Schicksal der Ausgegrenzten, Verfolgten und Leidenden, ohne jedoch von seinen Zeitgenossen gehört und verstanden zu werden. Sein jüdisches Panorama lässt Lewinsky in das Verhängnis der Shoah ausmünden, denn „für die jüdische Erinnerungskultur ist der Holocaust das zentrale Ereignis der Zeitgeschichte"[68]. Mit der Hervorhebung der Zäsur von 1945 wird der Roman darüber hinaus in einen globalen Kontext gestellt, Auschwitz gilt nämlich ununterbrochen als Symbol der Weltkatastrophe und prägt „nicht nur die jüdische, sondern auch die europäisch-abendländische Identität"[69]. Das Ende des Zweiten Weltkrieges markiert für den untoten Melnitz dagegen kaum einen neuen Anfang, vielmehr beweist der Krieg mit dessen Folgen die von ihm stets beschworene Unumkehrbarkeit und Kontinuität der Welt- und Judengeschichte:

> Man kennt es überall. Es ist auch überall üblich. Weil man es überall schon geübt hat. Es kommt nur manchmal aus der Mode, für ein Jahrhundert oder zwei. Aber dann fällt es ihnen wieder ein, und dann macht es ihnen auch wieder Spaß, ja. (752)

Melnitz trauert zwar mit den Trauernden, kann ihnen jedoch aufgrund seiner Erfahrung des ‚ewigen Juden' keinen Trost spenden, denn seine Berufung ist Mahnung und Erinnerung: „Es ist so wie immer, wiederholte er. Weil es immer so war. Wir vergessen es nur manchmal." (753).

Im Kontext des abschließenden, mit dem Datum 1945 überschriebenen Epilog-Kapitels des Romans ist zu betonen, dass Melnitz' Holocaust-Passagen nicht im anklagenden Ton, sondern als Teil des gesamten Erinnerungsdiskurses präsentiert werden. Nichtsdestotrotz ist bei Lewinsky die Schilderung der

---

68 Urs Altermatt, Anm. 27, S. 15.
69 Ebd., S. 16.

Judengeschichte aus der Opferperspektive deutlich zu erkennen.[70] Während die Optik der „Tätergesellschaft"[71] sich nämlich mit der Frage befasst, wie es zur Menschenvernichtung gekommen ist und die Mechanismen analysiert, die zu der „Verirrung des sich radikalisierenden Nazi-Staates"[72] geführt haben, ist aus der Opferperspektive die Frage nach dem Warum legitim, und diese „sucht nach den Langzeitfaktoren, die der monströsen Judenverfolgung mitten im 20. Jahrhundert den Weg bereiteten"[73]. Wie dies auch von Melnitz in allerlei Erzählfäden des Romans mit Nachdruck betont wird, hebt die Opfersicht die Tatsache hervor, dass die Juden allein aufgrund ihrer Herkunft zur Massenvernichtung verurteilt wurden, somit „führt die historiographische Beschäftigung mit der Shoah kategorisch zum Thema des Antisemitismus"[74].

Melnitz' Erinnerungsarbeit besteht demnach in der gegenüber seinen Zeitgenossen stets vorzunehmenden Bewusstmachung des jüdischen Schicksals über Jahrhunderte, eines Schicksals, das als Repetition des immer Gleichen zu begreifen ist, unabhängig von geschichtspolitischen Umständen und nationalen Konstellationen der Völker: „Es hat noch jedes Mal so angefangen", sagte Onkel Melnitz.

> Dass sich alle einreden, dass sie nichts mehr tun können, und dass es schon nicht schlimmer werden wird. Dass es von selber aufhört, weil es so doch nicht weitergehen kann. [...] Aber es geht so weiter, sagte Onkel Melnitz. Jedes Mal geht es so weiter. (611)

Der Schweiz schreibt Melnitz bei der Aufarbeitung der Apokalypse des Zweiten Weltkrieges nicht nur die Zuschauerrolle[75] zu, sondern akzentuiert an mehreren

---

70 Zum Diskurs der Täter- und Opferperspektive vgl. Dan Diner: *Das Jahrhundert verstehen. Eine universalhistorische Deutung.* München: Luchterhand 1999, S. 195–249; Urs Altermatt, Anm. 27, S. 17–19.
71 Urs Altermatt, ebd., S. 17.
72 Ebd., S. 18.
73 Ebd.
74 Ebd.
75 Urs Altermatt äußert sich im Kontext des Faschismus zum Phänomen des Zuschauers wie folgt: „Es ist heute nicht mehr möglich, bei der historischen Darstellung von Auschwitz allein von der Opfer-Täter-Dichotomie auszugehen und dabei die Zuschauer auszuklammern.[...] Es gehört zur Monstrosität der Shoah, dass das nationalsozialistische Deutschland im Verlaufe der wenigen Jahre von 1933 bis 1945 fast den ganzen europäischen Kontinent in seinen Vernichtungsfeldzug gegen die europäischen Juden einbezog. Mit der jüdischen Katastrophe waren in der Folge Staaten und Regierungen, Armeen und Polizeikorps, Kirchen, Verbände und Parteien, gar nicht zu reden von den zahllosen Individuen, auf vielfältige Weise verstrickt." Urs Altermatt, ebd., S. 22.

Stellen ihre direkte Mitschuld an der Judenvernichtung. Er sieht sich auch damit beauftragt, die Schweizer Juden der Illusion ihrer Sicherheit in der helvetischen Demokratie und Neutralität zu berauben:

> Richtig. Und das wäre zu undemokratisch, einen ins Land zu lassen und den anderen nicht. Viel besser, es bleiben alle draußen [...]. Ich will mir das nicht anhören, sagte Rachel. Ich bin selbst Schweizerin. Bist du dir da sicher?, fragte Onkel Melnitz. Bist du dir da ganz, ganz sicher? (643)

Mit einer lakonischen Bemerkung zu der helvetischen Grenzschließung im Zweiten Weltkrieg verweist Melnitz auf den inzwischen eingehend erforschten Abschnitt der Schweizer Geschichte, dem in der zweiten Hälfte des 20. Jahrhunderts zahllose innerschweizerische und internationale Debatten zum Verhalten der Eidgenossenschaft zwischen 1933–1945 folgten.[76] Bis der Bundesrat im August 1942 die Grenzschließung für jüdische Flüchtlinge verabschiedete, erfolgten in der Schweiz seit 1917 allmähliche, mit aller Härte und Konsequenz durch die Fremdenpolizei eingeführte Einschränkungen in der Einreise- und Asylpolitik bezüglich der Juden. Noch lange vor der wegen NS-Terror kritisch gewordenen Lage der jüdischen Flüchtlinge erhielten deren amtliche Dokumente in den Schweizer Behörden „mit Bleistift oder Tinte gezeichnete J-Zeichen oder rot gestempelte Davidsterne"[77]. Mit der Zeit kam es nach internen Richtlinien der Fremdenpolizei zu einer Verschärfung der Einbürgerungspolitik, indem der Mindestaufenthalt der Kandidaten auf zwanzig Jahre bestimmt wurde. Anfang der 1940er Jahre wurde sogar auf Antrag von Max Ruth der ‚Numerus clausus' für die Juden erlassen, dem zufolge jährlich nur zwölf jüdische Asylbewerber

---

76 Zum Verhalten der Schweiz während des Zweiten Weltkrieges vgl. etwa: Gaston Haas: „Wenn man gewusst hätte, was sich da drüben im Reich abspielte…" 1941–1943: was man in der Schweiz von der Judenverfolgung wusste. Basel, Frankfurt: Helbing & Lichtenhahn 1994; Walter Laqueur: Was niemand wissen wollte. Die Unterdrückung der Nachrichten über Hitlers Endlösung. Berlin: Ullstein 1984; Raul Hilberg: Täter, Opfer, Zuschauer. Die Vernichtung der Juden 1933–1945. Frankfurt: Fischer 1992; Heinz Roschewski: Auf dem Weg zu einem neuen jüdischen Selbstbewusstsein? Geschichte der Juden in der Schweiz 1945–1994. Basel, Frankfurt: Helbing & Lichtenhahn 1994; Eidgenössische Kommission gegen Rassismus: Antisemitismus in der Schweiz. Ein Bericht zu historischen und aktuellen Erscheinungsformen und Empfehlungen für Gegenmassnahmen. Bern 1998; Jürg Stadelmann: Umgang mit Fremden in bedrängter Zeit. Schweizerische Flüchtlingspolitik 1940–1945 und ihre Beurteilung bis heute. Zürich: Orell Füssli 1998; Thomas Maissen: Verweigerte Erinnerung. Nachrichtenlose Vermögen und die Schweizer Weltkriegsdebatte 1989–2004. Zürich: Verlag Neue Zürcher Zeitung 2005; Jacques Picard, Anm. 27; Aram Mattioli, Anm. 27.
77 Jacques Picard, Anm. 27, S. 62.

in der Schweiz eingebürgert werden konnten, soweit sie nach Einschätzung der Behörde ‚assimilationsfähig' waren.[78] Darüber hinaus waren nach Weisungen der Fremdenpolizei ab 1942 „"Flüchtlinge nur aus Rassengründen' nicht als politische Flüchtlinge anzusehen"[79] und trotz Proteste innerhalb der Bevölkerung und des Parlaments wurde der Beschluss vom Bundesrat im Dezember 1942 aufrechterhalten. Die hauptsächlich aus Frankreich vor Deportationen fliehenden Juden wurden zwischen 1942 und 1944 von den Schweizer Grenzen zurückgewiesen; die offiziell 24398 betragende, nachgewiesene Gesamtzahl von abgeschobenen Juden sollte in Wirklichkeit viel höher gewesen sein.[80] Nur im Jahre 1943 sollten von der Schweizer Grenze über dreitausend Flüchtlinge direkt in den Tod zurückgeschickt worden sein.[81]

Das von Lewinskys Figuren im Epilog geäußerte überraschte Entsetzen über die Tatsachen des Holocaust, die ihnen von dem Wiedergänger Melnitz immer wieder ins Bewusstsein gerufen werden, wirft ganz unaufdringlich die Frage auf nach dem Wissensstand sowohl des Schweizer Staates als auch dessen Bürger hinsichtlich der Judenvernichtung im Dritten Reich:

> Er saß ihnen gegenüber, wenn sie am Frühstückstisch ihre Zeitung lasen, und wenn sie beim Lesen erschraken und sagten: «Das haben wir nicht gewusst» – sie sagten es jeden Tag und erschraken jeden Tag neu –, wenn sie nicht zu Ende lasen und die Zeitung weglegten und von allem nichts mehr wissen wollten, weil sie das Wissen nicht ertrugen, dann tätschelte er tröstend ihre Hände und sagte: «Ihr hättet mich fragen müssen. Ihr hättet mich nur fragen müssen». Sie hatten ihn nicht gefragt, weil sie seine Antworten fürchteten. (758)

In seinem Roman behandelt Lewinsky somit den bis heute aktuellen Brennpunkt des Interesses vieler Holocaust- und Judentumsforscher, die immer wieder nach den Zusammenhängen und Ursachen des langen Schweigens der Weltöffentlichkeit angesichts der Judenvernichtung im Zweiten Weltkrieg fragen und jenen Diskurs weiterhin innerhalb des europäischen Erinnerungskanons führen. Als eine „Insel der Wissenden"[82] betrachtet die Schweiz im Zweiten Weltkrieg der hier bereits viel zitierte Historiker und Antisemitismusforscher Jacques Picard, der auf die Tatsache verweist, dass hinsichtlich der Informationserhaltung und -vermittlung die Schweiz eine ähnliche Haltung wie viele andere alliierte und neutrale

---

78 Vgl. ebd., S. 68.
79 Ebd., S. 415.
80 Vgl. ebd., S. 415.
81 Vgl. ebd., S. 422.
82 Ebd., S. 406.

Regierungen vertrat.[83] Bereits 1941 gelangten auf diversen Wegen in die Schweiz Nachrichten über Massenerschießungen von Juden, über Vergasungen in Chelmno und Auschwitz, 1942 kam in der Schweiz durch Fotografien der Schweizer Ärztemission der NS-Terror im Warschauer Getto ans Tageslicht. Bis 1943 jedoch, als die Tatsachen über die Massenvernichtung von Juden an die Schweizer Öffentlichkeit gelangten, wurden alle Informationen dazu streng geheim gehalten und viele Beamte und Zivilmenschen zum Schweigen verpflichtet.[84] Ein entsprechendes, gegen Hitlers Gräueltaten gerichtetes Handeln bzw. Entgegenwirken seitens der Alliierten und der Neutralen blieb eine zu lange Zeit aus.

Diese pessimistische, allerlei Illusionen beraubte Erkenntnis, die Geschichte des Judentums sei eine Geschichte der Ausgrenzung und Verfolgung in jeder Phase der menschlichen Zivilisation, vermittelt konsequent Lewinskys Schlüsselfigur Melnitz und verleiht somit dem gesamten Roman seine fundamentale Aussage. Obwohl die jüdischen Figuren auf ihrer Suche nach Glück und Akzeptanz von dem Wiedergänger immer eines Besseren belehrt und darauf hingewiesen werden, ihr Kampf um Anerkennung ähnele der Sisyphusarbeit, dürfen sie neben zahllosen Enttäuschungen und Niederlagen jeweils ihre kleinen Freuden genießen. Innerhalb der fünf Generationen wechseln immer wieder Leid, Liebe, aber allem voran große Hoffnung darauf, zur Gemeinschaft zu gehören, die sich als Utopie erweist. In der „Verflechtung von Individualhistorie und politischer Geschichte"[85] werden die vielen Einzelgeschichten zu einem repräsentativen Zeitgemälde der Schweiz aus jüdischer Perspektive verwoben. So verwirklichte Charles Lewinsky sein Vorhaben, der jüdisch-schweizerischen Familie Meijer einen exemplarischen Charakter zu verleihen. Sie steht für die Schweizer Juden, die sich einerseits einem latenten aber auch ganz offenen Antisemitismus, wie dieser außerhalb der Schweiz präsent ist, stellen müssen, andererseits aber die beiden Weltkriege auf sicherer Insel überleben, das Weltgeschehen also aus der Distanz beobachten und dabei denken dürfen: „Jenseits der Grenze, nur ein paar Kilometer von Zürich entfernt war die Welt aus den Fugen geraten." (625).

---

83 Vgl. ebd.
84 Vgl. ebd., S. 406–415, vgl. dazu auch Gaston Haas: *„Wenn man gewusst hätte, was sich da drüben im Reich abspielte..." 1941–1943: was man in der Schweiz von der Judenverfolgung wusste*, Anm. 76; Walter Laqueur: *Was niemand wissen wollte. Die Unterdrückung der Nachrichten über Hitlers Endlösung*, Anm. 76.
85 Hendrik Werner, Anm. 16.

6. Schlusswort

Durch die Zusammenstellung der vier zwischen 1921 und 2006 geschriebenen Romane wurde in der vorliegenden Arbeit möglich, die ihnen eigene Schweiz-Spiegelung in doppelter Hinsicht zu betrachten: Einerseits als eine allen hier angeführten Texten gemeinsame Verbindung der objektiven mit der subjektiven Geschichtsdarstellung und Vermittlung eidgenössischer Zeitbilder, die zu einer komplexen Schweiz-Collage zwischen 1871 und 1945 verwoben werden, andererseits als ein je individuell perspektiviertes, durch die Optik der eigenen Epoche fokussiertes Erzählen über die Schweiz. Somit bieten sich dem Leser zweierlei Wege und Lesarten, indem er zum einen die vier Werke in ihrem Ganzen und ihrer Verflochtenheit wahrnimmt – als eine sich kontinuierlich entfaltende, sich hier und da überschneidende Geschichte der Schweiz in der ersten Hälfte des 20. Jh. – und zum anderen die einzelnen Geschichten auf ihren zeittypischen Charakter hin betrachtet. Jeder der vier Autoren steht nämlich für seine Zeit, vermittelt deren Geist und ist bemüht, auf eigene Art und Weise, seine Schweiz zu erzählen.

So spiegelt sich in allen vier ‚Schweiz-Projekten' eine auf diversen soziopolitischen Erkenntnissen konstruierte Zeitdiagnose und zugleich eine von Text zu Text variierende Zukunftsvision, sodass in der langen Zeitspanne zwischen Jakob Bosshart und Charles Lewinsky der vielfältige Prozess schweizerischer Kulturentwicklung des 20. Jahrhunderts verfolgt werden kann. Als ein verzweifelter Schrei eines besorgten Zeitzeugen und ein pessimistisch gezeichnetes Panorama der herannahenden Katastrophe ist demnach das von Jakob Bosshart entworfene Schweiz-Bild zu verstehen. In individualisierten Geschichten drückt der Schriftsteller die allgemeine Zeitstimmung der ersten Dekaden des 20. Jahrhunderts aus – die Enttäuschung über die Kraft des Kapitalismus und Sozialismus, die soziale Ungerechtigkeit, im Besonderen das Elend der Arbeiterklasse sowie die Zerstörung bäuerlicher Tradition um materialistischer Partikularinteressen willen. Der Aufruf Reinhart Stapfers, der Hauptfigur Bossharts, zur geistigen Erneuerung und sein Kampf um Befreiung vom Materialismus als einem trügerischen Wohlstand und scheinbaren Frieden erweist sich, anders als dies bei Meinrad Inglin der Fall ist, als der Ruf eines Einsamen in der Wüste, als die vergebliche Bemühung eines Idealisten, seine Zeitgenossen von der ‚Samsara', dem Irrweg, wegzubringen. Die als Stationen komponierten Existenzphasen Stapfers führen ihn zu keinem befriedigenden, einem höheren Geistesprinzip verpflichteten Endziel, vielmehr enthüllen sie die das Land zersetzende Zeitkrankheit und lassen die zu sensible und ihrer Mission kaum gewachsene Hauptfigur an ihrer Aufgabe scheitern.

Obwohl Meinrad Inglins Schweiz-Darstellung genauso wie diejenige Bossharts im Bewusstsein einer Krise und aus der Perspektive der Zwischenkriegszeit verfasst wurde – *Ein Rufer in der Wüste* erschien 1921, *Schweizerspiegel* dagegen 1938 – entfaltet sich Inglins poetologisches Heimat-Konzept auf anderen Wegen und mit völlig anderer Zielsetzung als jenes von Bosshart. Während *Ein Rufer in der Wüste* vor dem Ersten Weltkrieg ansetzt und 1914 endet, vermittelt *Schweizerspiegel* aus helvetischer Perspektive die in der Schweiz zu vernehmende Ruhe vor dem Sturm des Krieges und die gesamte Kriegszeit. Zwar problematisiert Inglin die den ‚Schweizer Graben' vertiefenden internen Zerrissenheiten vor und während des Krieges, die im Generalstreik kulminierenden sozialen Missstände und zeigt die Gefahr der aufsteigenden nationalistischen Tendenzen, das gesamte Konfliktpotential wird hier jedoch in produktive Lösungs- und Versöhnungsvorschläge für die Schweiz umgemünzt. Im Gegensatz zu Bosshahrts Thesen besteht Inglins Hauptanliegen nämlich darin, die Eidgenossenschaft als vorbildhafte Willensnation zu präsentieren, deren Einheit unter dem Schirm der Neutralität jegliche Stürme von außen überdauern kann. *Schweizerspiegel* entlarvt demnach allerlei Defizite und konfrontiert gegensätzliche Kräfte miteinander, um exemplarisch auch den Weg zur Überwindung der Konflikte, zur Herstellung der Einheit zu weisen und somit den Schweizer Standpunkt zu vertreten. Darüber hinaus dokumentiert Inglin detailliert die helvetische Abwehrfront, die Einsatzbereitschaft und den Aktivdienst, und skizziert eine Soldatenexistenz, deren Sinn sich nicht im Gefecht, sondern im Gefechtsabbruch als einer humanen Leistung erfüllt. Während Bossharts Stapfer jeglichen Glauben an die Erneuerung des Geistes aufgeben muss, erkennen die Schlüsselfiguren des *Schweizerspiegel*, der Deutschschweizer Fred Ammann und der Romand Rene Junod, den vaterländischen Geist als ein Ideal und die Rückbesinnung auf nationale Werte als Rettung angesichts der äußeren Bedrohung, und nähern sich somit der Konzeption der geistigen Landesverteidigung.

Ähnlich wie bei Inglin gilt das Individuum auch in Kurt Guggenheims *Alles in Allem* als eine Komponente der Gemeinschaft, als Teil eines Ganzen und wird zum Prüfstein der Schweizer Toleranz und Humanität. Durch das Zürcher Beispiel, durch die Spiegelung der Kulturentwicklung der Stadt der ersten Hälfte des 20. Jahrhunderts, deren gesellschaftlicher, architektonischer und räumlicher Wandlungen, will Guggenheim ein Modell des europäischen Geisteslebens exemplifizieren. Vor allem jedoch – und hier ist eine klare Parallele zu *Schweizerspiegel* zu ziehen – geht Guggenheim von dem Standpunkt des Schweizer Sonderfalls aus, der bei Charles Lewinsky wiederum kompromisslos revidiert wird. Allerlei Zeiterscheinungen, die in *Melnitz* in den Vordergrund treten – wie etwa der helvetische Antisemitismus und Nationalismus – bleiben in der Zürcher Tetralogie am Rande, denn der Verfasser stilisiert die damalige Schweiz zu einer glücklichen Insel im Sturm der äußeren Bedrohung, einem Raum der gelungenen Integration der Juden und die Stadt Zürich zu einem Ort von Vernunft und Toleranz. Seine Stadt- und Schweizvision erschöpft sich in der Vereinigung gegensätzlicher Ideen, etwa von link und liberal, fremd und eigen, indem die Figuren auf Irr- und Umwegen zu einer bürgerlichen Gesinnung und letztlich zur ‚Verschweizerung' gelangen. Ähnlich wie Inglin vermittelt Guggenheim somit Carl Spittelers Postulat der Versöhnung und Überwindung innerer Zerrissenheiten. Die zu patriotisch bedingter Vernunft aufrufenden Stimmen dringen in *Schweizerspiegel* aus dem Parlament, dessen Vertreter Alfred Ammann ist, in *Alles in Allem* bleiben sie dagegen auf der Stadtebene und kommen vom Zürcher Stadtamt.

Das Problem der sozialen Integration und Assimilation wird bei Charles Lewinsky und Kurt Guggenheim zu einer das Schweizer Leben der ersten Hälfte des 20. Jahrhunderts dominierenden Zeiterscheinung. Während jedoch *Alles in Allem* als eine Chronik schweizerischer Friedenslösungen innerhalb der jüdischen Gemeinschaft zu deuten ist, erweist sich *Melnitz* als eine Allegorie des gegen die Juden gerichteten Ausgrenzungsprozesses. In den Roman Lewinskys ging die schwierige Geschichte der Emanzipation und die Sozialgeschichte der schweizerischen Juden bis 1945 ein: das Schächtverbot, die Schweizer Einbürgerungspolitik der 1930er Jahre sowie der Antisemitismus und die Tragik des Holocaust. Mit seinem so konstruierten Schweiz-Verständnis verabschiedete sich also Lewinsky von der bei Inglin und Guggenheim vorherrschenden Überzeugung vom Sonderfall Schweiz, somit vertritt er die im Geist des kritischen Patriotismus literarisch sozialisierte Nachkriegsgeneration. Obwohl Lewinsky die großen Themen des 20. Jahrhunderts nicht mehr kritisch im Sinne Nietzsches – etwa im Ton der noch in den 1960er und 1970er Jahren anklagenden Auseinandersetzung mit der neuesten Schweizer Vergangenheit verfasste, sondern vielmehr antiquarisch, indem er eine jüdische Familiengeschichte schlicht und einfach zu erzählen hat, markiert er doch die wesentlichsten dunklen Abschnitte der schweizerischen Juden-Historie.

Der moderne Schweizer Literatur-Diskurs räumt der nationalen Ästhetik kaum noch Platz ein, „das Problem der postheroischen Schweiz", so Peter von Matt, „ist ein Problem der kollektiven Erinnerung"[1]; als eine „Krise der

---

[1] Peter von Matt: *Das nationale Symbol in der postheroischen Gesellschaft*. In: Ders: *Das Kalb vor der Gotthardpost. Zur Literatur und Politik der Schweiz*. München: Carl Hanser 2012, S. 101–114, hier S. 107.

Erinnerungskultur"[2] diagnostiziert von Matt nämlich den aktuellen Zustand der öffentlichen Kulturdebatten in der Schweiz. Die nach dem Jahr 2000 publizierten, breit angelegten Familienromane, für die Lewinskys *Melnitz* exemplarisch steht, beweisen dennoch, dass die literarische Erinnerungsarbeit auch auf anderen ästhetischen Wegen stattfinden kann als dies in den nationale Mythen überwindenden Texten der 1960er und 1970er Jahre erfolgte – nämlich mit Lust am Erzählen und im Bewusstsein der eigenen Wurzeln, denn – um es wieder mit Peter von Matt zu formulieren – „als Einzelner wird man ohne Erinnerung zum Idioten. Eine Person bin ich nur insofern, als ich weiß, was ich war."[3]

---

2 Ebd.
3 Ebd., S. 112.

7. Bibliografie

Primärliteratur

Bosshart, Jakob: Ein Rufer in der Wüste. Roman. Frankfurt a.M.: Suhrkamp Weißes Programm Schweiz 1990.

Guggenheim, Kurt: Alles in Allem. Mit einem Nachwort und Illustrationen von Hans Falk und Arnold Kübler neu herausgegeben von Charles Linsmayer, Frauenfeld: Huber 2009.

Inglin, Meinrad: Schweizerspiegel. Roman. Ungekürzte Ausgabe. Berlin: Ullstein 1998.

Lewinsky, Charles: Melnitz. München, Wien: Nagel & Kimche 2006.

Sekundärliteratur

Adorno, Theodor W.: Minima Moralia. Reflexionen aus dem beschädigten Leben. Frankfurt a.M.: Suhrkamp 2014.

Altermatt, Urs: Katholizismus und Antisemitismus. Mentalitäten, Kontinuitäten, Ambivalenzen. Zur Kulturgeschichte der Schweiz 1918–1945. Frauenfeld: Huber 1999.

Altermatt, Urs; Bosshart-Pfluger, Catherine; Tanner, Albert (Hg.): Die Konstruktion einer Nation. Nation und Nationalisierung in der Schweiz, 18.–20. Jahrhundert. Bd. 4. Zürich: Chronos 1998.

Altorfer, Sabine: Eine politische Rede kostete Carl Spitteler fast den Literatur-Nobelpreis. In: Aargauer Zeitung, 1.04.2014.

Amrein, Ursula: «Los von Berlin!» Die Literatur- und Theaterpolitik der Schweiz und das «Dritte Reich». Zürich: Chronos 2004.

Angst, Doris; Weingarten, Ralph; Guggenheim, Willy: Juden in der Schweiz. Glaube, Geschichte, Gegenwart. Küsnacht, Zürich: Edition Kürz 1982.

Annen, Daniel: Der Gefechtsabbruch als Leistung. Meinrad Inglins ‚Schweizerspiegel' Annäherung an eine Lesart. In: Neue Zürcher Zeitung, 13./14.10.1990.

Baechtold, Jakob: Geschichte der deutschen Literatur in der Schweiz. Frauenfeld: Huber 1919.

Barkhoff, Jürgen; Heffernan, Valerie (Hg.): Schweiz schreiben. Zu Konstruktion und Dekonstruktion des Mythos Schweiz in der Gegenwartsliteratur. Berlin, New York: Walter de Gruyter 2010.

Bättig, Joseph; Leimgruber, Stephan (Hg.): Grenzfall Literatur. Die Sinnfrage in der modernen Literatur der viersprachigen Schweiz. Freiburg: Universitätsverlag Freiburg Schweiz 1993.

Benn, Kay-Oliver: Leonhard Ragaz. Religiöser Sozialist, Pazifist, Theologe und Pädagoge. Darmstadt: Lingbach 1986.

Bichsel, Peter: Des Schweizers Schweiz. Aufsätze. Frankfurt a.M.: Suhrkamp 2013.

Birrer, Sibylle: Die Stimme der Nation und ihr Nachklang. Zum 100. Geburtstag von Jean Rudolf von Salis. In: Neue Zürcher Zeitung, 12.12.2001.

Birrer, Sybille: Wenn Camels die Curva schneiden. In: Neue Zürcher Zeitung, 18.11.2010.

Bloch, Peter André; Hubacher, Edwin (Hg.): Der Schriftsteller in unserer Zeit. Schweizer Autoren bestimmen ihre Rolle in der Gesellschaft. Eine Dokumentation zu Sprache und Literatur unserer Zeit. Bern: Francke 1972.

Bodenheimer, Alfred: Zwischen Tantalus und Riesenfisch. Religion in Charles Lewinskys Roman *Melnitz* (2006). In: Albrecht Grözinger, Andreas Mauz, Adrian Portmann (Hg.): Religion und Gegenwartsliteratur. Spielarten einer Liaison. Interpretation interdisziplinär, Band 6. Würzburg: Königshausen und Neumann 2009, S. 83–89.

Böhler, Michael: Schweizer Literatur im Kontext deutscher Kultur unter dem Gesichtspunkt einer „Ästhetik der Differenz". In: Text und Kontext. Sonderreihe 30 (1991), S. 73–100.

Böhler, Michael; Horch, Hans Otto (Hg.): Kulturtopographie deutschsprachiger Literaturen. Perspektivierungen im Spannungsfeld von Integration und Differenz. Tübingen: Niemeyer 2002.

Bosshart, Jakob: Bausteine zu Leben und Zeit. Zusammengestellt und herausgeben von Elsa Bosshart-Forrer. Leipzig, Zürich: Grethlein 1929.

Brunschwig, Anette; Heinrichs, Ruth; Huser, Karin: Geschichte der Juden im Kanton Zürich. Von den Anfängen bis in heutige Zeit. Zürich: Orell Füssli 2005.

Bucheli, Roman: An der Schicksalslosigkeit leiden. Über die lang anhaltende Macht eines Topos in der Schweizer Literatur. Neue Zürcher Zeitung Nr. 69, 23/24.03.2002.

Bucheli, Roman: Die Geschichte einer jüdischen Familie als Melodrama. In: Neue Zürcher Zeitung, 04.02.2006.

Büchi, Christophe: Röstigraben. Das Verhältnis zwischen deutscher und welscher Schweiz. Geschichte und Perspektiven. Zürich: Verlag Neue Zürcher Zeitung 2000.

Burger, Hermann: Die Schweizer Literatur nach 1968. In: Ders.: Als Autor auf der Stör. Frankfurt a.M.: Fischer 1987, S. 219–242.

Burns, Barbara; Pender, Malcolm (Hg.): Konstruktionen der Vergangenheit in der Deutschschweizer Literatur. Würzburg: Königshausen & Neumann 2015.

Caduff, Corina (Hg.): Figuren des Fremden in der Schweizer Literatur. Zürich: Limmat 1997.

Caduff, Corina; Gamper, Michael (Hg.): Schreiben gegen die Moderne. Beiträge zu einer kritischen Fachgeschichte der Germanistik in der Schweiz. Zürich: Chronos 2001.

Caduff, Corina; Sorg, Reto (Hg.): Nationale Literaturen heute – ein Phantom? Die Imagination und Tradition des Schweizerischen als Problem. München: Wilhelm Fink Verlag 2004.

Capitani, François de; German, Georg (Hg.): Auf dem Weg zu einer schweizerischen Identität 1848-1914. Probleme, Errungenschaften, Misserfolge. Freiburg: Universitätsverlag 1987.

Catani, Stephanie: Geschichte im Text. Geschichtsbegriff und Historisierungsverfahren in der deutschsprachigen Literatur der Gegenwart. Tübingen: Narr Francke Attempto 2016.

Challié, Charlotte: Heimdurchsuchungen. Deutschschweizer Literatur, Geschichtspolitik und Erinnerungskultur seit 1965. University of British Columbia 2004.

Charbon, Rémy: „Die Schweiz als Staat ist für mich kein Thema. Die Schweiz als Lebensraum schon". Zum Heimatbegriff in der Schweizer Literatur des 20. Jahrhunderts. In: Fabienne Liptay, Susanne Marschall und Andreas Solbach (Hg.): Heimat. Suchbild und Suchbewegung. Remscheid: Gardez! Verlag 2005, S. 145-171.

Charbon, Rémy: »Kein Rückzug in die Innerlichkeit«. Demokratische Tendenzen in der Deutschsprachigen Schweizer Literatur nach 1948. In: Walter Erhart, Georg Jäger u.a. (Hg.): Internationales Archiv für Sozialgeschichte der deutschen Schweiz, Bd. 26. (2001), H. 2. Tübingen: Niemeyer, S. 158-172.

Charbon, Rémy: Zweieiige Zwillinge? Schweizer Schriftsteller und Deutsches Reich 1871-1914. In: Corina Caduff (Hg.): Figuren des Fremden in der Schweizer Literatur. Zürich: Limmat 1997, S. 109-129.

Comment, François: Der Erzähler Jakob Bosshart. Typoskript. Bern 1988.

Dean, Martin R.: Fremd gehen. In: www.germanistik.ch, Verlag für Literatur- und Kulturwissenschaft.

Dewulf, Jeroen: Vom Diskurs in der Enge zum Diskurs in die Weite. Hugo Loetschers Konzept der „Pluralen Heimat" als Schlüsselbegriff in der neueren Literatur der deutschsprachigen Schweiz. In: German Quarterly, Vol. 86, Nr. 2 (2013).

Diner, Dan: Das Jahrhundert verstehen. Eine universalhistorische Deutung, München: Luchterhand 1999.

Dobois, Paul: «Wir sind neutral, weil wir pazifistisch sind». Neutralitè morale. Zürich 1915.

Dürrenmatt, Friedrich: Gesammelte Werke. Zürich: Diogenes 1996.

Eggert, Hartmut; Profitlich, Ulrich; Scherpe, Klaus R. (Hg.): Geschichte als Literatur. Formen und Grenzen der Repäsentation von Vergangenheit. Stuttgart: Metzler 1990.

Egyptien, Jürgen: Zwischen Autobiographie, Parabolik, Postmodernität und Pararealismus. Zur deutschsprachigen Prosa in der Schweiz der achtziger Jahre. In: Walter Delabar, Werner Jung, Ingrid Pergande (Hg.): Neue Generation, neues Erzählen. Opladen: Westdeutscher Verlag 1993, S. 219–236.

Ehrlich, Ernst Ludwig: Die Beziehungen zwischen Juden und Katholiken. In: Ernst Braunschweig (Hg.): Antisemitismus – Umgang mit einer Herausforderung. Festschrift zum 70. Geburtstag von Sigi Feigel. Zürich: Jordan-Verlag 1991, S. 75–89.

Eidgenössische Kommission gegen Rassismus: Antisemitismus in der Schweiz. Ein Bericht zu historischen und aktuellen Erscheinungsformen und Empfehlungen für Gegenmassnahmen, Bern 1998.

Emmerich, Alexander: Olympia 1936: Trügerischer Glanz eines mörderischen Systems. Köln: Fackelträger Verlag 2011.

Ermatinger, Emil: Dichtung und Geistesleben der deutschen Schweiz. München: Beck 1933.

Etter, Philipp: Geistige Landesverteidigung. Sonderabdruck aus der Monatsschrift des Schweizerischen Studentenvereins 1937.

Faulhaber, Daniel: Hat die Schweiz als literarische Kulisse ausgedient? In: TagesWoche, 6.11.2015.

Fringeli, Dieter: Von Spitteler zu Muschg. Literatur der deutschen Schweiz seit 1900. Basel: Friedrich Reinhardt Verlag 1975.

Frisch, Max: Die Poesie wühlt um. Ein Interview. In: Konkret, H. 4, Hamburg 1983, S. 90–92.

Frisch, Max: Gesammelte Werke in zeitlicher Folge 1931–1944. Frankfurt a.M.: Suhrkamp 1976.

Frisch, Max: Gesammelte Werke, Bd. 4. Frankfurt a.M.: Suhrkamp 1998.

Fulda, Daniel; Tschopp, Sivia Serena (Hg.): Literatur und Geschichte. Ein Kompendium zu ihrem Verhältnis von der Aufklärung bis zur Gegenwart. Berlin: Walter de Gruyter 2002.

Gast, Uriel: Von der Kontrolle bis Abwehr. Die eidgenössische Fremdenpolizei im Spannungsfeld von Politik und Wirtschaft 1915–1933. Zürich: Chronos 1997.

Geppert, Hans Vilmar: Der historische Roman. Geschichte umerzählt – von Walter Scott bis zur Gegenwart. Tübingen: Francke 2009.

Girardet, Giorgio: Der Melnitz-Komplex. Jüdischer Schweizerspiegel oder Schweizer Judenspiegel? In: Basler Zeitung, 11.03.2006.

Górecka, Marzena (Hg.): Alles in mir heisst: Du! Meinrad und Bettina Inglin. Briefwechsel. Zürich: Ammann 2009.

Górecka, Marzena (Hg.): Meinrad Inglin: Erinnerungen an die internierten Polen in der Schweiz. Freiburg: Stiftung Archivum Helveto-Polonicum 2002.

Górecka, Marzena: Tendenzen der Innerlichkeit in der Deutschschweizer Literatur der Zwischenkriegszeit. Studien zu Meinrad Inglin und Albin Zollinger. Lublin: Wydawnictwo KUL 2006.

Greyerz, Otto von: Jakob Bossharts preisgekrönter Roman. In: Der Bund, Nr. 170, 23.04.1922.

Guggenheim, Kurt: Einmal nur. Tagebuchblätter 1925–1950. Frauenfeld: Huber 1981.

Guggenheim, Kurt: Einmal nur. Tagebuchblätter 1951–1970. Frauenfeld: Huber 1982.

Guggenheim, Kurt: Heimat oder Domizil. Die Stellung des Deutschschweizer Schriftstellers in der Gegenwart. Zürich: Artemis 1961.

Günther, Werner: Jakob Bosshart. In: Ders.: Dichter der neueren Schweiz, Bd. 1, Bern: Francke 1963, S. 281–330.

Haas, Gaston: „Wenn man gewusst hätte, was sich da drüben im Reich abspielte…" 1941–1943: was man in der Schweiz von der Judenverfolgung wusste. Basel, Frankfurt: Helbing & Lichtenhahn 1994.

Hartman, Geoffrey H.; Assmann, Aleida (Hg.): Die Zukunft der Erinnerung und der Holocaust. Konstanz: Konstanz University Press 2012.

Hauswirth, Alfred: Kurt Guggenheim: Die Romane und autobiographischen Bücher, besonders im Hinblick auf die Entwicklung der Hauptgestalten. Zürich: Juris Druck Verlag 1971.

Heer, Gottlieb Heinrich: Alles in Allem. Zum III. Band des Romans von Kurt Guggenheim. In: Neue Zürcher Zeitung, 26.11.1954.

Heer, Gottlieb Heinrich: Alles in Allem. Zum neuen Roman von Kurt Guggenheim. In: Neue Zürcher Zeitung, 12.12.1952.

Helbling, Carl: Kurt Guggenheim: Alles in Allem. In: Neue Zürcher Zeitung, 05.12.1953.

Helbling, Carl: Schweizerspiegel. Der neue Roman Meinrad Inglins. In: Neue Zürcher Zeitung, 08.12.1938.

Hilberg, Raul: Täter, Opfer, Zuschauer. Die Vernichtung der Juden 1933–1945, Frankfurt: Fischer 1992.

Hilty, Hans Rudolf: Schweizer Waffenhandel, dramatisch. In: Der Tagesanzeiger, 4.12.1987.

Hohl, Ludwig: Von den hereinbrechenden Rändern. Nachnotizen. Aus dem Nachlass hg. von Johannes Beringer u. Hugo Sarbach. Frankfurt a.M.: Suhrkamp 1986.

Hubatka, Paul Werner: Schweizergeschichte im Schweizerspiegel. Versuch einer geschichtlichen Ortung von Meinrad Inglins Roman. Bern, Frankfurt a.M.: Peter Lang 1985.

Huber-Bindscheidler, Berta: Jakob Bosshart. Frauenfeld, Leipzig: Huber 1929.

Hunziker, Fritz: Nachwort zu Jakob Bosshart: Träume der Wüste. Orientalische Novellen und Märchen, Gedichte. Frauenfeld: Huber 1951, S. 317–338.

Isenschmid, Andreas: Jüdischer Schweizer Spiegel. In: Neue Zürcher Zeitung am Sonntag, 29.01.2006.

Jabłkowska, Joanna: „Wie klein unser Land ist?" Zum Problem der Enge in der Schweizer Nachkriegsliteratur. In: Dariusz Komorowski (Hg.): Jenseits von Frisch und Dürrenmatt. Raumgestaltung in der gegenwärtigen Deutschschweizer Literatur. Würzburg: Königshausen & Neumann 2009, S. 39–48.

Job, Jakob: Jakob Boßhart als Erzähler. Stuttgart: Verlag Bruno Dummert 1923.

Jost, Hans-Ulrich: Aufklärung von den Rändern her. Über das komplexe Zusammenspiel von Literatur und Historiografie. In: Neue Zürcher Zeitung, 22.01.2011.

Käser-Leisibach, Ursula; Stern, Martin (Hg.): Kein einig Volk. Fünf schweizerische Zeitstücke 1933–1945. Bern, Stuttgart, Wien: Verlag Paul Haupt 1993.

Keckeis, Peter: Kurt Guggenheim (1896 – 1983). Ein helvetischer Don Quichotte. In: Joseph Bättig, Stefan Leimgruber (Hg.): Grenzfall Literatur. Die Sinnfrage in der modernen Literatur der viersprachigen Schweiz. Freiburg: Paulusverlag Schweiz 1993, S. 159–174.

Keller, Gottfried: Jeremias Gotthelf: Zeitgeist und Berner Geist. In: Gottfried Keller: Sämtliche Werke in drei Bänden. Bd. 3. München: Carl Hanser 1963.

Keller, Gottfried: Martin Salander. In: Ders.: Sämtliche Werke in drei Bänden. Bd. 3. München: Hanser 1958.

Keller, Gottfried: Züricher Novellen: Das Fähnlein der sieben Aufrechten. In: Ders.: Sämtliche Werke in drei Bänden. Bd. 2. München: Carl Hanser 1970.

Komitee Schluss mit dem Schnüffelstaat (Hg.): Schnüffelstaat Schweiz. Hundert Jahre sind genug. Zurich: Limmat 1990.

Komorowski, Dariusz (Hg.): Jenseits von Frisch und Dürrenmatt. Raumgestaltung in der gegenwärtigen Deutschschweizer Literatur. Würzburg: Königshausen & Neumann 2009.

Komorowski, Dariusz: Zur Dialektik des Familienbildes in Schweizerspiegel von Meinrad Inglin. In: Beatrice Sandberg (Hg.): Familienbilder als Zeitbilder. Erzählte Geschichte(n) bei Schweizer Autoren vom 18. Jahrhundert bis zur Gegenwart. Berlin: Frank & Timme 2010, S. 121–135.

Konzelmann, Max: Jakob Bosshart. Eine Biographie. Zürich, Leipzig: Rotapfel Verlag 1929.

Korrodi, Eduard: Ein Rufer in der Wüste. In: Neue Zürcher Zeitung, Nr. 1822, 19.12.1921.

Korrodi, Eduard: Schweizerische Literaturbriefe. Frauenfeld: Huber 1918.

Kraft, Martin: Schweizerhaus. Das Haus-Motiv im Deutschschweizer Roman des 20. Jahrhunderts Bern, Frankfurt a.M.: Herbert Lang 1971.

Kreis, Georg: Insel der unsicheren Geborgenheit. Die Schweiz in den Kriegsjahren 1914–1918. Zürich: Verlag Neue Zürcher Zeitung 2014.

Kröger, Ute: <Nirgends Sünde, nirgends Laster>. Zürich inspiriert Literaten. Zürich: Limmat Verlag 2012.

Kühner, Claudia: Vom Viehhändler zum feinen Herrn. In: Tages-Anzeiger, 04.02.2006.

Kunisch, Hans Peter: Die großen Verpfuscher des Lebens. In: Süddeutsche Zeitung, 03.06.2006.

Kupfer, Claude; Weingarten, Ralph: Zwischen Ausgrenzung und Integration. Geschichte und Gegenwart der Jüdinnen und Juden in der Schweiz. Zürich: Sabe 1999.

Kury, Patrick: Über Fremde reden. Überfremdungsdiskurs und Ausgrenzung in der Schweiz 1900 – 1945. Veröffentlichungen des Archivs für Zeitgeschichte 4. Zürich: Chronos 2003.

Kury, Patrick: Wer agiert? Der Überfremdungsdiskurs und die schweizerische Flüchtlingspolitik, In: Franz X. Eder (Hg.): Historische Diskursanalysen: Genealogie, Theorie, Anwendungen. Wiesbaden: Verlag für Sozialwissenschaften 2006, S. 205–222.

Laqueur, Walter: Was niemand wissen wollte. Die Unterdrückung der Nachrichten über Hitlers Endlösung. Berlin: Ullstein 1984.

Lerch, Fredi; Simmen, Andreas (Hg.): Der leergeglaubte Staat. Kulturboykott. Gegen die 700-Jahr-Feier der Schweiz. Dokumentation einer Debatte. Zürich: Rotpunktverlag 1991.

Liehr, Dorothee: Skandal und Intervention. Adolf Muschg und seine Eingriffe in die Fichen-Affäre 1989/90 – zur Rolle der Intellektuellen seit den 1990er Jahren. In: Ingrid Gilcher-Holtey (Hg.): Zwischenden Fronten. Positionskämpfe europäischer Intellektueller im 20. Jahrhundert. Berlin: Akademie Verlag 2006, S. 231–256.

Linsmayer, Charles und Andrea (Hg.): Frühling der Gegenwart. Schweizer Erzählungen 1890–1950, Bd. 1. Frankfurt a.M.: Suhrkamp 1990.

Linsmayer, Charles: Der Kaddisch für einen Juden, an dessen Grab ein Kreuz stand. Wie der Erste Weltkrieg zwischen 1914 und 2006 in der Schweizer Literatur zur Darstellung gelangte. Der Erste Weltkrieg in der Schweizer Literatur. In: www. linsmayer.ch.

Linsmayer, Charles: Ein Prophet, der von seinem Volke nicht erkannt wurde? Der Schweizer Utopist Jakob Vetsch und sein Roman Die Sonnenstadt. In: Zygmunt Mielczarek (Hg.): Flucht und Dissidenz. Außenseiter und Neurotiker in der Deutschschweizer Literatur. Unter Mitwirkung von Robert Rduch. Frankfurt a.M.: Peter Lang 1999, S. 31–59.

Linsmayer, Charles: Manchmal ist die Resignation der Triumph. Minute des Lebens und Der heilige Komödiant im Spiegel von Kurt Guggenheims Tagebüchern. In: Kurt Guggenheim: Werke IV: «Minute des Lebens», «Der heilige Komödiant». Mit einem biographischen Nachwort neu herausgegeben von Charles Linsmayer. Frauenfeld: Stuttgart, Wien: Huber 1999.

Linsmayer, Charles: Vom jungen Revoluzzer zum Landi-Klassiker: heute von 100 Jahren wurde der Schweizer Erzähler Meinrad Inglin (1893–1971) geboren. - Patriot und Gründer avant la lettre. In: Der Bund, 28. Juli 1993.

Linsmayer, Charles: Zu gut für ein Preisausschreiben. Der Schweizer Zeitungsromanwettbewerb 1936/38, Kurt Guggenheims ‹Riedland› und dessen Spiegelung in ‹Sandkorn für Sandkorn›. In: Kurt Guggenheim: Werke II «Riedland», «Sandkorn für Sankorn». Mit einem biographischen Nachwort neu herausgegeben von Charles Linsmayer. Frauenfeld: Huber 1999.

Liptay, Fabienne; Marschall, Susanne; Solbach, Andreas (Hg.): Heimat. Suchbild und Suchbewegung. Remscheid: Gardez! Verlag 2005.

Looser, Heinz; Braunschweig, Hansjörg: Die Schweiz und ihre Skandale. Mit einem Vorwort von Urs Widmer. Zürich: Limmat 1995.

Lützeler, Paul Michael: Klio oder Kalliope? Literatur und Geschichte: Sondierung, Analyse, Interpretation. Berlin: Erich Schmidt 1997.

Lützeler, Paul Michael; Martinez, Matias; Hartmann, Regina (Hg.): Einheit in der Vielfalt? Der Europadiskurs der SchriftstellerInnen seit der Klassik; Vielheit und Einheit des Erzählens? Möglichkeiten einer historischen Narratologie;

Globalisierung – eine kulturelle Herausforderung für die Literaturwissenschaft? Germanistische Abgrenzungen. Frankfurt a.M.: Peter Lang 2012.

Maissen, Thomas: Verweigerte Erinnerung. Nachrichtenlose Vermögen und die Schweizer Weltkriegsdebatte 1989–2004. Zürich: Verlag Neue Zürcher Zeitung 2005.

Manthey, Jürgen: Gefechtsabbruch. 1.11.1991. In: www.diezeit.de.

Marti, Fritz: Schweizerische Belletristik. In: Neue Zürcher Zeitung, Nr. 350, 18.12.1901.

Matt, Beatrice von (Hg.): Lesarten: Zur Schweizer Literatur von Walser bis Muschg. Zürich: Artemis 1985.

Matt, Beatrice von: Die schweizerische Nation als poetisches Projekt: Keller bis Hürlimann. In: Gisela Holfter, Marjeke Krajenbrink, Edward Moxon-Browne (Hg.): Beziehungen und Identitäten: Österreich, Irland und die Schweiz. Bern: Peter Lang 2004, S. 57–73.

Matt, Beatrice von: Marie Salander und die Tradition der Mutterfiguren im schweizerischen Familienroman. In: Gottfried Keller-Gesellschaft: Achtundfünfzigster Jahresbericht 1989. Zürich: Verlag der Gottfried Keller-Gesellschaft 1990, S. 3–17.

Matt, Beatrice von: Meinrad Inglin – der bürgerliche Rebell. In: Dies.: Lesarten. Zur Schweizer Literatur von Walser bis Muschg. Zürich: Ex Libris 1985, S. 53–71.

Matt, Beatrice von: Meinrad Inglin. Eine Biographie. Zürich: Atlantis 1976.

Matt, Peter von: Das Kalb vor der Gotthardpost. Zur Literatur und Politik der Schweiz. München: Carl Hanser 2012.

Matt, Peter von: Die tintenblauen Eidgenossen. Über die literarische und politische Schweiz. München, Wien: Carl Hanser 2001.

Matt, Peter von: Die Trieblizenz des historischen Erzählens. Am Beispiel von Gotthelfs »Kurt von Koppigen«. In: Hartmut Eggert, Ulrich Profitlich und Klaus Scherpe (Hg.): Geschichte als Literatur. Formen und Grenzen der Repräsentation von Vergangenheit. Stuttgart: Metzler 1990, S. 161–171.

Matt, Peter von: Hingerissen und erbittert. Neue Zürcher Zeitung, 8.02.2008.

Mattioli, Aram: Zwischen Demokratie und totalitärer Diktatur. Gonzague de Reynold und die Tradition der autoritären Rechten in der Schweiz. Zürich: Orell Füssli 1994.

Metzger, Thomas: Antisemitismus in der Stadt St. Gallen 1918–1939. Academic Press Fribourg 2006.

Mielczarek Zygmunt: Kurze Prosaformen in der deutschsprachigen Schweizer Literatur der sechziger und siebziger Jahre. Katowice: Uniwersytet Śląski 1985.

Mielczarek, Zygmunt: Sonderwege in der Literatur. Schweizer Schriftsteller im Außenseiterdiskurs. Wrocław, Dresden: Neisse Verlag 2007.

Mielczarek, Zygmunt: Zum Problem des Regionalismus in der schweizerischen Literatur. In: Germanica Wratislaviensia, Nr. 21, 1975, S. 37-54.

Mooser, Josef: Die «Geistige Landesverteidigung» in den 1930er Jahren. In: Schweizerische Zeitschrift für Geschichte, Jg. 47, Nr. 4 (1997), S. 685-708.

Morawiec, Małgorzata: Literatura w autarkii. Niemieckojęzyczna proza szwajcarska lat 1933-1945. Wrocław: Wydawnictwo Uniwersytetu Wrocławskiego 1991.

Morgenthaler, Hans: Ich selbst. Gefühle. Zürich: Orell Füssli 1923.

Moßmann, Walter; Schleuning, Peter: Die Wacht am Rhein, in: Dies.: Alte und neue politische Lieder. Entstehung und Gebrauch. Texte und Noten. Hamburg: Rowohlt Verlag 1978, S. 17-80.

Müller, Dominik: Die ganze Schweiz in einem Buch. Panoramatische Romane aus der Zeit der Geistigen Landesverteidigung. In: Marek Hałub, Dariusz Komorowski, Ulrich Stadler (Hg.): Die Schweiz ist nicht die Schweiz. Studien zur kulturellen Identität einer Nation. Wrocław: Wydawnictwo Uniwersytetu Wrocławskiego 2004, S. 149-162.

Muschg, Adolf: Apfelschuß war nicht verlangt. In: Der Spiegel, Nr. 33, 9.08.1971.

Muschg, Adolf: Außer Spesen nichts gewesen? Adolf Muschg über Meinrad Inglin: Schweizerspiegel (1938). In: Marcel Reich-Ranicki: Romane von gestern – heute gelesen. Bd. 3 1933-1945. Ort: Fischer 1990, S. 163-170.

Muschg, Adolf: Wenn Auschwitz in der Schweiz liegt – Über die Nichtanerkennung historischer Schuld und den langen Schlaf der Selbstgerechten. In: Die Zeit, 07.02.1997.

Nietzsche, Friedrich: Vom Nutzen und Nachteil der Historie für das Leben. In: Ders.: Unzeitgemässe Betrachtungen. Mit einem Nachwort von Alfred Baeumler. Stuttgart: Alfred Kröner 1938.

Nizon, Paul: Diskurs in der Enge. Verweigerers Steckbrief. Schweizer Passagen. Hg. u. mit einem Vorwort versehen von Peter Henning. Frankfurt a.M.: Suhrkamp 1990.

Obermüller, Klara (Hg.): Wir sind eigenartig ohne Zweifel. Die kritischen Texte von Schweizer Schriftstellern über ihr Land. München, Wien: Nagel u. Kimche 2003.

Obermüller, Klara: Hell leuchtet die Menora. In: Die Weltwoche 05/2006.

Odermatt, Christine (Hg.): «Dieser Krieg ist uns zum Heil». 1914 – Wortgefechte in Texten der Zeit. Zürich: Limmat 2014.

Osterkamp, Ernst: Janki, der Held. Was die Schweiz bewegt: Charles Lewinskys *Melnitz*. In: Frankfurter Allgemeine Zeitung, 11.03.2006.

Picard, Jacques: Die Schweiz und die Juden 1933–1945. Schweizerischer Antisemitismus, jüdische Abwehr und internationale Migrations- und Flüchtlingspolitik, Zürich: Chronos 1997.

Polzer, Brita: Jenseits der Städte. Künstlerkolonien auf dem Land Barbizon - Worpswede – Monte Verita. In: Dies. (Hg): Kunst und Dorf: künstlerische Aktivitäten in der Provinz. Zürich: Scheidegger und Spiess 2013, S. 163–217.

Pulver, Elsbeth: Als es noch Grenzen gab: Zur Literatur der deutschen Schweiz seit 1970. In: Robert Acker, Marianne Burkhard (Hg.): Blick auf die Schweiz: zur Frage der Eigenständigkeit der Schweizer Literatur seit 1970. Amsterdam: Rodopi 1987, S. 1–42.

Pulver, Elsbeth: Riedland. Annäherung an Kurt Guggenheim. In: Dies.: Tagebuch mit Büchern. Essays zur Gegenwartsliteratur. Unter Mitarbeit der Autorin herausgegeben von Anna Stüssi, Zürich: Theologischer Verlag 2005, S. 107–112.

Ragaz, Leonhard: Die Abrüstung als Mission der Schweiz. Zürich 1924.

Reinacher, Pia: Warum die Schweiz ohne junge Schweizer Literatur auskommen muß. In: Frankfurter Allgemeine Zeitung, 19.08.2003.

Ries, Marcus: Katholischer Antisemitismus in der Schweiz. In: Aram Mattioli (Hg.): Antisemitismus in der Schweiz 1848–1960. Zürich: Orell Füssli 1998, S. 45–57.

Roschewski, Heinz: Auf dem Weg zu einem neuen jüdischen Selbstbewusstsein? Geschichte der Juden in der Schweiz 1945–1994. Basel, Frankfurt: Helbing & Lichtenhahn 1994.

Rougemont, Denis de: Die Schweiz, Modell Europas. Der schweizerische Bund als Vorbild für eine europäische Föderation. Aus dem Französischen übertragen von Sigmund Eisler. Wien, München: Molden 1965.

Ruoss, Hardy: Verlorene Söhne. Romane von Jakob Bosshart und Jakob Vetsch in Neuausgaben. In: Neue Zürcher Zeitung, Nr. 235, 8/9.10.1983.

Rusterholz, Peter; Solbach, Andreas (Hg.): Schweizer Literaturgeschichte. Stuttgart: Metzler 2007.

Salis, Jean Rudolf von: Schwierige Schweiz. Beiträge zu Gegegenwartsfragen. Zürich: Orell Füssli 1968.

Sandberg, Beatrice (Hg.): Familienbilder als Zeitbilder. Erzählte Geschichte(n) bei Schweizer Autoren vom 18. Jahrhundert bis zur Gegenwart. Berlin: Frank & Timme 2010.

Schmid, Karl: Unbehagen im Kleinstaat. Untersuchungen über Conrad Ferdinand Meyer, Henri-Frédéric Amiel, Jakob Schaffner, Max Frisch, Jakob Burkhardt. In: Ders.: Gesammelte Werke. Bd. 4, 1961–1965, hg. von Thomas Sprecher und Judith Niederberger. Zürich: Verlag Neue Zürcher Zeitung 1998.

Schmitt, Uwe: Wie Hitler Olympia-Gegner zum Schweigen brachte. Die Welt, 08.05.2008.

Scholdt, Günter: Ein Vorspiel nur. Der Zürcher Literaturstreit 1966. In: Sezession 27, Dezember 2008.

Schult, Klaus-Dieter: Zwischen Selbstbehauptung und Selbstbeschränkung. Die Literatur der Jahrzehnte vor und nach dem zweiten Weltkrieg. In: Klaus Pezold (Hg.): Geschichte der deutschsprachigen Schweizer Literatur im 20. Jahrhundert. Berlin: Volk und Wissen 1991, S. 83–112.

Schütt, Julian: Germanistik und Politik. Schweizer Literaturwissenschaft in der Zeit des Nationalsozialismus. Zürich: Chronos 1997.

Schütz, Erhard; Hartwig, Wolfgang (Hg.): Keiner kommt davon. Zeitgeschichte in der Literatur nach 1945. Göttingen: Vandenhoeck & Ruprecht 2008.

Schweizerisches Sozialarchiv, Archivfindmittel, Signatur: Art. 19, http://findmittel.ch/Archive/archTec/Ar19.pdf.

Senft, Gerhard: Marktwirtschaft ohne Kapitalismus. In: Die Zeit, 10.09.1993.

Sośnicka, Dorota: Den Rhythmus der Zeit einfangen: Erzählexperimente in der Deutschschweizer Gegenwartsliteratur unter besonderer Berücksichtigung der Werke von Otto F. Walter, Gerold Späth und Zsuzsanna Gahse. Würzburg: Königshausen & Neumann 2008.

Sośnicka, Dorota: Der schweizerische Nobelpreisträger Carl Spitteler – ein Epigone oder Bahnbrecher der modernen Erzählkunst in der Deutschschweizer Literatur? In: Colloquia Germanica Stetinensia, Nr. 19. Szczecin 2011, S. 37–55.

Sośnicka, Dorota: Die Last des Vergangenen. Zur Aufarbeitung der Schweizer Zeitgeschichte in den Romanen „Zeit des Fasans" von Otto F. Walter und „Sommerwende" von Urs Faes. In: Carsten Gansel, Paweł Zimniak (Hg.): Reden und Schweigen in der deutschsprachigen Literatur nach 1945. Fallstudien. Wrocław – Dresden 2006, S. 112–134.

Sośnicka, Dorota; Pender, Malcolm (Hg.): Ein neuer Aufbruch? 1991–2011. Die Deutschschweizer Literatur nach der 700-Jahr-Feier. Würzburg: Königshausen & Neumann 2012.

Spieler, Willy: «Die neue Schweiz» – die Erinnerung an eine Zukunftsvision von Leonhard Ragaz. In: Neue Wege, Bd. 92 (1998), H. 11.

Spiess, Heiner; Erismann, Peter Edwin (Hg.): Friedrich Glauser. Erinnerungen von Emmy Ball-Hennings u.a. Zürich: Limmat 1996.

Spitteler, Carl: Unser Schweizer Standpunkt. In: Ders.: Gesammelte Werke, Bd. 8: Land und Volk. Zürich: Artemis 1947, S. 579–594.

Stadelmann, Jürg: Umgang mit Fremden in bedrängter Zeit. Schweizerische Flüchtlingspolitik 1940–1945 und ihre Beurteilung bis heute. Zürich: Orell Füssli 1998.

Staiger, Emil: Literatur und Öffentlichkeit. In: Sprache im technischen Zeitalter 22 (1967), S. 90–97.

Stutz, Hans: Frontisten und Nationalsozialisten in Luzern 1933–1945. Luzern: Raeber 1997.

Tanner, Jakob: Geschichte der Schweiz im 20. Jahrhundert. München: Beck 2015.

Tanzer, Ulrike: Ein unbequemer Eidgenosse. Adolf Muschg und die Vergangenheitsdebatte in der Schweiz. In: Joanna Jabłkowka, Małgorzata Półrola (Hg.): Engagement, Debatten, Skandale. Deutschsprachige Autoren als Zeitgenossen. Łódź: Wydawnictwo Uniwersytetu Łódzkiego 2002, S. 477–485.

Tribelhorn, Marc: Ein Volk von Murmeltieren. Als Gegenideologie zum Kommunismus und Faschismus definierte der Bundesrat vor 75 Jahren eine konservative Nationalkultur. In: Neue Zürcher Zeitung, 7.12.2013.

Unabhängige Expertenkommission Schweiz – Zweiter Weltkrieg (Hg.): Die Schweiz und die Goldtransaktionen im Zweiten Weltkrieg. In: www.uek.ch.

Utz, Peter: Hinhören auf den fernen Donner. In: Neue Zürcher Zeitung, 17.10.2014.

Voswinckel, Ulrike: Freie Liebe und Anarchie: Schwabing – Monte Verità. Entwürfe gegen das etablierte Leben. München: Allitera 2009.

Waldmann, Thomas: Ein rotes Kissen für Urs Widmers Zwerg. Liebevolle Zwischennutzung des Strauhofs. In: Basler Zeitung, 18.03.2015.

Weber, Eugen: Gedenkblatt für Jakob Bührer. In: Profil. Sozialdemokratische Zeitschrift für Politik, Wirtschaft und Kultur. Bd. 55 (1976), H. 1, S. 8–10.

Werner, Hendrik: Und da kam Onkel Melnitz. In: Die Welt, 04.02.2006.

Widmann, Josef Victor: Bossharts Berner Novelle. Die Barettlitochter. In: Der Bund, Nr. 345, 13.12.1901.

Widmer, Paul: Die Schweiz als Sonderfall. Zürich: Verlag Neue Zürcher Zeitung 2008.

Wiegmann-Schubert, Eva C.: Kulturkritik und Naturverbundenheit im Werk von Meinrad Inglin. Von der antimodernen Verweigerung zur konstruktiven Kulturkritik. Essen: Klartext Verlag 2012.

Wilhelm, Egon: Meinrad Inglin. Weite und Begrenzung. Roman und Novelle im Werk des Schwyzer Dichters. Atlantis: Zürich 1957.

Wolting, Monika; Białek, Edward (Hg.): Erzählen zwischen geschichtlicher Spurensuche und Zeitgenossenschaft. Dresden: Neisse Verlag 2015.

Zeller, René: Kaiserwetter. Staatsbesuch Kaiser Wilhelm II. In: Neue Zürcher Zeitung, 1.09.2012.

Zimmermann, Christian von; Annen, Daniel (Hg.): Kurz nach Mittag aber lag der See noch glatt und friedlich da. Neue Studien zu Meinrad Inglin, Zürich: Chronos 2013.

8. Personenregister

A
Acker, Robert 47, 211
Adorno, Theodor 91, 201
Altermatt, Urs 131, 172, 180, 187, 188, 191, 192, 201
Altorfer, Sabine 23, 201
Amiel, Henri-Frédéric 41, 212
Amrein, Ursula 19, 20, 22, 29, 87–89, 92, 112, 113, 118, 120, 127, 160, 201
Angst, Doris 152, 154, 168, 201
Annen, Daniel 85–87, 103–106, 113, 115–117, 119, 201, 214
Assmann, Aleida 10, 205
Attenhofer, Elsie 32

B
Baechtold, Jakob 19, 201
Ball, Hugo 25, 148
Ball-Hennings, Emmy 28, 212
Balzac, Honoré de 125, 145
Barkhoff, Jürgen 9, 15, 16, 201
Bättig, Joseph 113, 129, 202, 206
Beckett, Samuel 131
Beidler, Franz 135
Benn, Kay-Oliver 75, 202
Bergson, Henri 126
Białek, Edward 48, 213
Bichsel, Peter 9, 38, 42, 47, 202
Billeter, Robert 156, 158
Birrer, Sybille 49, 134, 202
Blatter, Silvio 38
Bloch, Peter André 38, 181, 202
Bodenheimer, Alfred 172, 173, 202
Böhler, Michael 202
Bonsels, Waldemar 71

Bosshart, Jakob 9, 11–14, 27, 51–63, 65–69, 71, 73–77, 81, 82, 197, 198, 201–203, 205–207, 211, 213
Bosshart-Forrer, Elsa 54, 55, 202
Bosshart-Pfluger, Catherine 131, 201
Brambach, Rainer 47
Braunschweig, Ernst 172, 204
Braunschweig, Hansjörg 38, 208
Brecht, Bertolt 131
Bruckner, Ferdinand 33
Brunschwig, Anette 152, 202
Brupbacher, Fritz 142
Bucheli, Roman 42, 164, 165, 167, 173, 202
Büchi, Christophe 24, 68, 202
Bührer, Jakob 20, 21, 29, 32, 33, 51, 56, 59, 213
Burger, Hermann 42, 202
Burkhard, Marianne 47, 211
Burkhardt, Jakob 41, 212
Burns, Barbara 9, 13, 41, 203

C
Caduff, Corina 9, 19, 20, 203
Camenisch, Arno 48
Capitani, François de 17, 203
Catani, Stephanie 10, 203
Cervantes, Miguel de 145
Cezanné, Paul 126, 127
Challie, Charlotte 9
Charbon, Rémy 17–19, 48, 203
Comment, François 51–53, 55, 56, 59, 61, 73, 78, 203
Coster, Charles de 145

D
Dean, Martin R. 44, 203
Delabar, Walter 43, 204
Delamuraz, Jean-Pascal 46
Dewulf, Jeroen 45, 203
Dickens, Charles 145
Diggelmann, Walter Matthias 36, 46, 133
Diner, Dan 192, 203
Dostojewskij, Fiodor 145
Dubois, Paul 24
Dürrenmatt, Friedrich 9, 12, 36, 39, 40, 41, 46, 83, 127, 132–134, 139, 163, 204, 206, 207

E
Eder, Franz X. 173, 207
Eggert, Hartmut 10, 44, 204, 209
Egyptien, Jürgen 43, 47, 204
Ehrlich, Ernst Ludwig 172, 204
Einstein, Albert 136
Emmerich, Alexander 190, 204
Erismann, Peter Edwin 28, 212
Ermatinger, Emil 19, 20, 204
Etter, Philipp 29, 30, 120, 127, 204

F
Fabre, Jean-Henri 124–126, 135, 139, 160
Faes, Urs 16, 43, 44, 46, 212
Faesi, Robert 23, 26, 27
Faulhaber, Daniel 48, 204
Federspiel, Jörg 38
Feigel, Sigi 172, 204
Flaubert, Gustave 51, 125, 145, 164
Fontane, Theodor 164
Frei, Otto 121
Freud, Sigmund 83
Frey, Jakob 17, 18
Fringeli, Dieter 21, 23, 33, 53, 56, 85, 204

Frisch, Max 9, 12, 16, 34–43, 56, 83, 127, 132–134, 139, 163, 176, 204, 206, 207, 212
Fröhlich, Abraham Emmanuel 17

G
Gahse, Zsuzsanna 38, 212
Gansel, Carsten 43, 212
Gast, Uriel 180, 204
Geiser, Christoph 46, 47
Genet, Jean 131
German, Georg 17, 203
Gesell, Silvio 72, 73
Gilcher-Holtey, Ingrid 45, 208
Girardet, Giorgio 11, 12, 164, 205
Glauser, Friedrich 28, 85, 212
Górecka, Marzena 83, 85, 87, 205
Gotthelf, Jeremias 16, 17, 36, 44, 52, 103, 105, 106, 145, 206, 209
Greyerz, Otto von 12, 57, 58, 205
Grözinger, Albrecht 172, 202
Guggenbühl, Adolf 123, 160
Guggenheim, Kurt 9, 11–14, 56, 62, 76, 121–146, 149, 150, 152, 153, 155, 156, 159–161, 163–165, 167, 168, 175, 198, 199, 201, 205
Guggenheim, Werner J. 32, 33
Guisan, Henri 136, 156
Günther, Werner 53, 58, 84, 89–91, 100, 205

H
Haas, Gaston 193, 195, 205
Häberlin, Paul 86, 126
Hałub, Marek 88, 210
Hamsun, Knut 145
Hänny, Reto 38
Hartman, Geoffrey 10, 95, 99, 205
Hauptmann, Gerhart 81, 115
Hauswirth, Alfred 121, 136–138, 146, 147, 205

Havel, Vaclav 39
Heer, Gottlieb Heinrich 134, 139, 140, 142, 205
Heer, Jakob Christoph 21, 26, 51, 52, 56
Heffernan, Valerie 9, 15, 16, 201
Heinrichs, Ruth 152, 202
Helbling, Carl 89, 123, 134, 136, 140, 143, 205
Henning, Peter 41, 210
Hesse, Hermann 71, 84, 88
Hilberg, Raul 193, 206
Hiltbrunner, Hermann 34, 35
Hilty, Carl 30
Hilty, Hans Rudolf 32, 206
Hitler, Adolf 148, 155, 166, 178, 179, 183–185, 189, 190, 193, 195, 207, 212
Hodler, Ferdinand 136
Hohl, Ludwig 28, 34, 85, 206
Holfter, Gisela 9, 209
Holz, Hans Heinz 40
Homer 145
Horch, Hans Otto 202
Hubacher, Edwin 38, 202
Hubatka, Paul Werner 90, 102, 106, 206
Huber, Fortunat 123, 160
Huber-Bindscheidler, Berta 51, 52, 56, 82, 206
Hugo, Victor 125
Humbel, Stefan 103, 105, 106
Hunziker, Fritz 56, 82, 206
Hürlimann, Martin 35, 89
Hürlimann, Thomas 9, 16, 38, 46, 209
Huser, Karin 152, 202

I
Illg, Paul 51, 59
Inglin, Meinrad 9, 11, 12, 14, 26, 29, 56, 59, 62, 76, 83–94, 97, 99–106, 108–110, 112–120, 138, 141, 155, 164, 197–199, 201, 205–210, 213, 214
Isenschmid, Andreas 11, 12, 164, 165, 206

J
Jabłkowska, Joanna 41, 45, 206, 213
Jenny, Zoë 47
Job, Jakob 51–53, 56, 59, 206
Jost, Hans-Ulrich 10, 62, 206
Jung, Carl Gustav 83
Jung, Werner 43, 204

K
Käser-Leisibach, Ursula 31, 206
Keckeis, Peter 129, 152, 206
Keller, Gottfried 9, 12, 16–18, 20, 21, 36, 52, 57, 58, 82–84, 103, 105–107, 110, 116, 145, 163, 164, 206, 209
Kirchner, Ernst Ludwig 55
Klöti, Emil 156, 158
Komorowski, Dariusz 11, 41, 88, 116, 139, 163, 206, 207, 210
Konzelmann, Max 53, 56, 207
Korrodi, Eduard 12, 53, 57, 84, 107, 207
Kortner, Fritz 165
Kraft, Martin 93, 95, 207
Krajenbrink, Marjeke 9, 209
Kreis, Georg 21, 207
Kröger, Ute 161, 207
Krohn, Tim 47
Kühner, Claudia 176, 207
Kunisch, Hans Peter 163, 164
Kupfer, Claude 167, 207
Kury, Patrick 173, 178, 180, 185, 187, 188, 207

L
Langhoff, Wolfgang 33
Laqueur, Walter 193, 195, 207

Leimgruber, Stephan 113, 129, 202, 206
Lenin, Wladimir 74, 136, 149–151
Lerch, Fredi 45, 207
Lesch, Walter 32, 123
Lewinsky, Charles 11–14, 44, 139, 154, 163–169, 171, 173, 175–181, 184–186, 188, 190, 191, 194, 195, 197–202, 211
Liehr, Dorothee 45, 46, 208
Lienert, Meinrad 27, 52, 56
Linsmayer, Andrea 20, 30, 208
Linsmayer, Charles 20, 21, 26, 27, 30, 33–35, 56, 58, 85, 121, 123–127, 129, 135, 139, 141, 146, 160, 201, 205
Liptay, Fabienne 9, 48, 203, 208
Loetsher, Hugo 9, 38, 40, 45, 203
Loos, Cécile Ines 29, 121
Looser, Heinz 38, 208
Loosli, Carl Albert 32, 51, 56
Lubrich, Oliver 119

M
Mächler, Stefan 187, 188
Maissen, Thomas 46, 193, 209
Mann, Heinrich 190
Manzoni, Alessandro 145
Marschall, Susanne 9, 48, 203, 208
Marti, Fritz 54, 209
Marti, Hugo 84, 121
Matt, Beatrice von 9–11, 59, 84–58, 99, 102, 104, 114, 116, 119, 209
Matt, Peter von 15–17, 19, 35, 37, 42, 44, 48, 133, 199, 200, 209
Mattioli, Aram 31, 172, 175, 178, 187, 193, 209, 211
Mauz, Andreas 172, 202
Meienberg, Niklaus 46
Mesmer, Beatrix 175, 176
Metzger, Thomas 176, 177, 180, 187, 209

Meyer, Conrad Ferdinand 41, 52, 53, 212
Meyer, E.Y. 38
Mielczarek, Zygmunt 27–29, 42, 58, 208–210
Moeschlin, Felix 26, 27, 29, 52, 56, 59, 89
Monet, Claude 126
Mooser, Josef 30, 31, 210
Morawiec, Małgorzata 83, 210
Morgenthaler, Hans 28, 29, 52, 210
Moser, Milena 47
Moßmann, Walter 68, 210
Moxon-Browne, Edward 9, 209
Müller, Dominik 11, 12, 88, 90, 91, 139, 163, 164, 210
Munch, Edvard 59, 60
Muschg, Adolf 9, 16, 21, 23, 37, 38, 45–47, 53, 85, 88, 102, 112, 115, 133, 163, 204, 208–210, 213
Muschg, Walter 34, 84

N
Nadj Abonji, Melinda 48
Niederberger, Judith 20, 42, 212
Nietzsche, Friedrich 16, 17, 83, 86, 199, 210
Nizon, Paul 9, 38, 40–42, 45, 47, 49, 133, 210

O
Obermüller, Klara 9, 17, 36, 38, 133, 164, 165, 177, 210
Odermatt, Christine 24–26, 210
Osterkamp, Ernst 163, 169, 211

P
Pender, Malcolm 9, 13, 41, 47, 203, 212
Pergande, Ingrid 43, 204
Pestalozzi, Hans Konrad 35, 156, 157
Pezold, Klaus 125, 212

Picard, Jacques 172, 178, 181, 185, 193, 194, 211
Pilgram-Frühauf, Franziska 86
Plechanow, Georgi 149
Półrola, Małgorzata 45, 213
Polzer, Brita 78, 211
Portmann, Adrian 172, 202
Pourtalès, Guy de 85–87, 104, 119
Profitlich, Ulrich 10, 44, 204, 209
Proust, Marcel 126
Pulver, Elsbeth 47, 124, 211

R

Ragaz, Leonhard 75–77, 86, 126, 136, 141, 202, 211, 212
Rduch, Robert 58, 208
Reinacher, Pia 42, 47, 48, 211
Renn, Ludwig 33
Reynold, Gonzague de 31, 209
Ries, Marcus 172, 211
Roschewski, Heinz 193, 211
Rougemont, Denis de 25, 211
Ruoss, Hardy 56, 58, 211
Rusterholz, Peter 29, 85, 211
Ruth, Max 173, 188, 193

S

Salis, Jean Rudolf von 37, 134, 202, 211
Sandberg, Beatrice 29, 116, 207, 211
Sartre, Jean-Paul 131
Schaffner, Hans 32
Schaffner, Jakob 29, 33, 41, 52, 56, 59, 212
Schleuning, Peter 68, 210
Schmid, Carl Alfred 187
Schmid, Karl 20, 38, 41, 42, 104, 133, 212
Schmitt, Uwe 190, 212
Schneckenburger, Max 68
Schneider, Felix 99, 102, 141, 177
Schnetzler, Kaspar 93

Scholdt, Günter 40, 212
Schopenhauer, Arthur 71
Schult, Klaus-Dieter 125, 138, 212
Schütt, Julian 212
Schwarzenbach, Annemarie 28, 121
Schweikert, Ruth 47
Senft, Gerhard 72, 73, 212
Simmen, Andreas 45, 207
Sisley, Alfred 126
Solbach, Andreas 9, 29, 48, 85, 203, 208, 211
Sośnicka, Dorota 23, 38, 43, 47, 212
Späth, Gerold 38, 212
Spieler, Willy 76, 77, 212
Spiess, Heiner 28, 78, 211, 212
Spitteler, Carl 16, 19, 21–24, 26, 27, 39, 53, 91, 92, 133, 157, 199, 201, 204, 212, 213
Sprecher, Thomas 20, 42, 212
Stadelmann, Jürg 193, 213
Stadler, Ulrich 88, 210
Staiger, Emil 23, 40, 41, 132, 133, 213
Stamm, Karl 58
Steffen, Albert 33
Stern, Jakob 176
Stern, Martin 31–33, 35, 51–53, 57, 60, 71, 73, 78, 80–82, 206
Stutz, Hans 181, 213

T

Tanner, Albert 131, 201
Tanner, Jakob 37, 213
Tanzer, Ulrike 45, 213
Tavel, Rudolf von 26
Tolstoi, Leo 83, 90, 114, 145
Tribelhorn, Marc 188, 213
Turel, Adrien 52

U

Utz, Peter 23, 27, 213

V
Veteranyi, Aglaya 47
Vetsch, Jakob 56, 58, 208, 211
Vogt, Walter 38
Voswinckel, Ulrike 78, 213

W
Waldmann, Thomas 121, 213
Walser, Robert 27, 28, 41, 47, 52, 83, 85, 88, 209
Walter, Otto F. 9, 38, 43, 44, 46, 212
Waser, Maria 21
Weber, Eugen 33, 213
Weber, Peter 47
Weber, Robert 17
Weingarten, Ralph 152, 154, 167, 168, 201, 207
Welti, Jakob Albert 129
Welti-Hug, Eva 124
Werner, Hendrik 165, 167, 195, 213
Widmann, Josef Victor 54, 213
Widmer, Paul 213
Widmer, Urs 38, 121, 208, 213
Wiegmann-Schubert, Eva 86, 213
Wilhelm, Egon 94, 213
Wilker, Gertrud 121
Wille, Ulrich 156
Wirz, Otto 29, 52, 81
Wolf, Ferdinand 33
Wolting, Monika 48, 213

Z
Zahn, Ernst 21, 26, 29, 51, 52
Zeller, René 62, 214
Zimmermann, Christian von 85–87, 92, 103–106, 113, 115–117, 119, 214
Zimniak, Paweł 43, 212
Zola, Emil 125–127
Zollinger, Albin 29, 41, 83, 87, 89, 128, 136, 148, 205
Zurlinden, Hans 26
Zweifel Azzone, Annarosa 41

Danziger Beiträge zur Germanistik

Herausgegeben von Prof. Dr. Andrzej Kątny, Dr. Katarzyna Lukas und Prof. Dr. Czesława Schatte

Band 1 Jacek Szczepaniak: Zu sprachlichen Realisierungsmitteln der Komik in ausgewählten aphoristischen Texten aus pragmalinguistischer Sicht. 2002.

Band 2 Monika Bielińska: Verben des Sterbens und des Tötens. Eine semantische Untersuchung. 2002.

Band 3 Wioletta Knütel: Verlorene Heimat als literarische Provinz. Stolp und seine pommersche Umgebung in der deutschen Literatur nach 1945. 2002.

Band 4 Anna Pilarski: Die Operation *Merge* im Verbalkomplex des Polnischen und des Deutschen. 2002.

Band 5 Eliza Pieciul: Literarische Personennamen in deutsch-polnischer Translation. Eine kontrastive Studie aufgrund von ausgewählten Prosawerken von Thomas Mann. 2003.

Band 6 Michail L. Kotin: Die *werden*-Perspektiven und die *werden*-Periphrasen im Deutschen. Historische Entwicklung und Funktionen in der Gegenwartssprache. 2003.

Band 7 Małgorzata Płomińska: Farben und Sprache. Deutsche und polnische Farbbezeichnungen aus kontrastiver Sicht. 2003.

Band 8 Magdalena Lisiecka-Czop: Verstehensmechanismen und Lesestrategien von fremdsprachigen Fachtexten. 2003.

Band 9 Barbara Komenda: Sekundäre Bedeutungen von Nationalitäts- und Länderbezeichnungen im Deutschen und Polnischen. Unter besonderer Berücksichtigung der semantischen Gebrauchstheorie. 2003.

Band 10 Marek Cieszkowski/Monika Szczepaniak (Hrsg.): Texte im Wandel der Zeit. Beiträge zur modernen Textwissenschaft. 2003.

Band 11 Marek Gładysz: Lexikalische Kollokationen in deutsch-polnischer Konfrontation. 2003.

Band 12 Grażyna Zenderowska-Korpus: Sprachliche Schematismen des Deutschen und ihre Vermittlung im Unterricht DaF. 2004.

Band 13 Sprachen leben und lieben: Festschrift für Zdzisław Wawrzyniak zum 60. Geburtstag. Herausgegeben von Zofia Bilut-Homplewicz und Zygmunt Tęcza. 2004.

Band 14 Aldona Sopata: Universalgrammatik und Fremdsprachendidaktik. 2004.

Band 15 Andrzej Kątny (Hrsg.): Das literarische und kulturelle Erbe von Danzig und Gdańsk. 2004.

Band 16 Mariola Wierzbicka/Małgorzata Sieradzka/Jaromin Homa (Hrsg.): Moderne deutsche Texte. Beiträge der Internationalen Germanistenkonferenz Rzeszów 2004. 2005.

Band 17 Anna Pieczyńska-Sulik: Idiolektale Figurencharakteristik als Übersetzungsproblem. Am Beispiel der *Unkenrufe* von Günter Grass. 2005.

Band 18 Andrzej S. Feret: Das Partizip im Deutschen und Polnischen. Eine typologische Studie. 2005.

Band 19 Susanne Eva Patzke: Bedeutung von Appellativa der Nationszugehörigkeit am Beispiel „Deutscher" und „Ausländer". Eine empirisch-semantische Untersuchung. 2006.

Band 20 Paweł Bąk: Die Metapher in der Übersetzung. Studien zum Transfer der Aphorismen von Stanisław Jerzy Lec und der Gedichte von Wisława Szymborska. 2007.

Band 21 Aleksandra Łyp-Bielecka. Verben der Nahrungsaufnahme des Deutschen und des Polnischen. Eine semanto-syntaktische Vergleichsanalyse. 2007.

Band 22 Janusz Pociask: Zu Status und Funktion der idiomatischen Einheit in Pressetexten. Dargestellt an Textbeispielen aus der Neuen Zürcher Zeitung. 2007.

Band 23 Ryszard Lipczuk: Geschichte und Gegenwart des Fremdwortpurismus in Deutschland und Polen. 2007.

Band 24 Ilona Kromp: Eigennamen in der deutschen und polnischen Kinderliteratur unter textlinguistischem und translatorischem Aspekt. 2008.

Band 25 Peter Oliver Loew: Das literarische Danzig – 1793 bis 1945. Bausteine für eine lokale Kulturgeschichte. 2009.

Band 26 Hans-Jörg Schwenk: Die Semantik der Imperfektiv-Perfektiv-Opposition im Polnischen und ihr Niederschlag in polnisch-deutschen Wörterbüchern. Versuch einer aspektologisch-aspektographischen Neuorientierung. 2009.

Band 27 Robert Rduch: Unbehaustheit und Heimat. Das literarische Werk von Arnold Ulitz (1888–1971). 2009.

Band 28 Marta Turska: Internationalismen in der Fachsprache der Gastronomie und Kochkunst im fünfsprachigen Vergleich. 2009.

Band 29 Paweł Bąk/Małgorzata Sieradzka/Zdzisław Wawrzyniak (Hrsg.): Texte und Translation. 2010.

Band 30 Andrzej Kątny/Anna Socka (Hrsg.): Modalität/Temporalität in kontrastiver und typologischer Sicht. 2010.

Band 31 Lech Zieliński: Ideologie und Lexikographie. Die Ideologisierung des *Wörterbuchs der deutschen Gegenwartssprache* von Ruth Klappenbach und Wolfgang Steinitz. 2010.

Band 32 Monika Bielińska: Lexikographische Metatexte. Eine Untersuchung nichtintegrierter Außentexte in einsprachigen Wörterbüchern des Deutschen als Fremdsprache. 2010.

Band 33 Maria Krysztofiak (Hrsg.): Probleme der Übersetzungskultur. 2010.

Band 34 Mariola Wierzbicka/Zdzisław Wawrzyniak (Hrsg.): Grammatik im Text und im Diskurs. 2011.

Band 35 Lech Zieliński/Klaus-Dieter Ludwig/Ryszard Lipczuk (Hrsg.): Deutsche und polnische Lexikographie nach 1945 im Spannungsfeld der Kulturgeschichte. Unter redaktioneller Mitwirkung von Patryk Mączyński. 2011.

Band 36 Katarzyna Bizukojć: Neue Nominalkomposita in deutschen Newsletter-Texten. 2011.

Band 37 Agnieszka Poźlewicz: Syntax, Semantik und Pragmatik der Operatorpartikeln des Deutschen. Versuch einer Systematik. 2011.

Band 38 Monika Schönherr: Modalität im Diskurs und im Kontext. Studien zur Verwendung von Modalitätsausdrücken im Althochdeutschen. 2011.

Band 39 Andrzej Kątny / Katarzyna Lukas (Hrsg.): Germanistik in Polen. Geschichte – Perspektiven – interdisziplinärer Dialog. 2011.

Band 40 Justyna Duch-Adamczyk: Funktionsdistribution der Abtönungspartikeln des Deutschen und des Polnischen. 2012.

Band 41 Olena Materynska: Typologie der Körperteilbenennungen. 2012.

Band 42 Jan Sikora: Sprechhandlungen im publizistischen Material der *Danziger Neuesten Nachrichten*. 2013.

Band 43 Zofia Bilut-Homplewicz: Prinzip Perspektivierung. Germanistische und polonistische Textlinguistik – Entwicklungen, Probleme, Desiderata. Teil I: Germanistische Textlinguistik. 2013.

Band 44 Werner Abraham: Schriften zur Synchronie und Diachronie des Deutschen. Herausgegeben von Andrzej Kątny, Michail Kotin, Elisabeth Leiss, Anna Socka. 2014.

Band 45 Elżbieta Kazimierska: Direktionalia im Deutschen und im Polnischen. 2014.

Band 46 Izabela Kujawa: Der politische Diskurs als Gegenstand der linguistischen Analyse am Beispiel der Integrationsdebatte in Deutschland 2006–2010. 2014.

Band 47 Magdalena Urbaniak-Elkholy: Komplexe deutsche Nominalphrasen und ihre polnischen Entsprechungen. Eine konfrontative Studie. 2014.

Band 48 Deutsch im Kontakt und im Kontrast. Festschrift für Prof. Andrzej Kątny zum 65. Geburtstag. Herausgegeben von Katarzyna Lukas und Izabela Olszewska. 2014.

Band 49 Agnieszka Marta Kurzyńska: Das deutsche Poplied als Textsorte. Eine Studie über neue deutsche Liedtexte aus textuell-stilistischer Sicht. 2015.

Band 50 Magdalena Pieklarz-Thien: Gesprochene Sprache in der philologischen Sprachausbildung. Theoretische Grundlagen – Empirische Befunde – Exemplarische Anwendungen. 2015.

Band 51 Jolanta Mazurkiewicz-Sokołowska: Zur individuell-subjektiven Prägung der Bedeutung am Beispiel ausgewählter Ess- und Trinkwaren. 2015.

Band 52 Joanna Woźniak: Fachphraseologie am Beispiel der deutschen und der polnischen Fassung des Vertrags von Lissabon. 2016.

Band 53 Magdalena Duś / Robert Kołodziej / Tomasz Rojek (Hrsg.): Wort – Text – Diskurs. 2016.

Band 54 Ewa Mazurkiewicz: Die gespiegelte Schweiz. Erzählte Zeitgeschichte in ausgewählten Romanen von Jakob Bosshart, Meinrad Inglin, Kurt Guggenheim und Charles Lewinsky. 2017.

www.peterlang.com